ANNA MAAS

DIE HAPPINESS-LÜGE

WENN POSITIVES DENKEN TOXISCH WIRD

Eden BOOKS

IMPRESSUM

Anna Maas
Die Happiness-Lüge
Wenn positives Denken toxisch wird
ISBN: 978-3-95910- 314-5

Eden Books
Ein Verlag der Edel Verlagsgruppe
Copyright © 2021 Edel Germany GmbH, Neumühlen 17, 22763 Hamburg
www.edenbooks.de | www.edel.com
1. Auflage 2021

Einige der Personen im Text sind aus Gründen des Persönlichkeitsschutzes
anonymisiert.

Projektkoordination: Juliane Noßack und Julia Gommel-Baharov
Lektorat: Tanja Bertele
Umschlaggestaltung: zero-media.net, München
Autorinnenporträt: © Michael Jacobus Maas
Layout und Satz: Datagrafix GSP GmbH, Berlin | www.datagrafix.com
Druck und Bindung: GGP Media GmbH, Pößneck

Printed in Germany

Dieses Buch ist auch als E-Book erhältlich.

Partner des Naturparks
Nossentiner/Schwinzer Heide

Eden Books unterstützt bei der Produktion dieses Buches das Projekt »Junge
Riesen für die nächsten 100 Jahre«. Damit wird ein Anteil der unvermeidbaren
CO_2-Emissionen kompensiert.

INHALTSVERZEICHNIS

EINLEITUNG: DIE SACHE MIT DEM GLÜCK

Weißt du noch, wie sich dieses Kribbeln im Bauch angefühlt hat, wenn du als Kind in die tosenden Wellen des Meeres gerannt bist? Und erinnerst du dich daran, wie dich Aufregung und Glück durchströmt haben, als sich beim ersten Spaziergang mit deiner Partnerin oder deinem Partner wie zufällig eure Hände berührt haben und ihr beide leise in euch hineingegrinst habt? Glücksgefühle tun so unfassbar gut. Wer frisch verliebt ist, gerade einen großen beruflichen Erfolg gefeiert oder ein persönliches Ziel erreicht hat, weiß, wovon ich rede. Unser Körper schüttet einen Cocktail an Glückshormonen aus, und wir könnten die ganze Welt umarmen. Es ist die berühmte rosarote Brille. Ein paar Tage lang kann einem kein Problem der Welt etwas anhaben.

Kein Kaffee mehr da? Macht nichts, dann gönne ich mir beim Zwischenstopp am Coffeeshop noch einen leckeren Bagel zum Frühstück!

Stau? Endlich Zeit, um einen tollen Podcast zu hören!

Die Joggingrunde fällt wegen Rückenproblemen aus? Genau der richtige Moment, um mit Yoga zu starten – ist doch sowieso wahnsinnig gesund!

Wer gut drauf ist, schwebt voller Optimismus durch den Alltag. Jede Situation hat eine gute Seite, auf die wir uns sofort konzentrieren. Kein Wunder, dass wir dieses Hochgefühl am liebsten für immer festhalten wollen. Glücksratgeber rund ums Thema »Positive Thinking« vermitteln uns, dass genau das möglich ist. Schon 1952 erschien *Die Kraft positiven Denkens* von Norman Vincent Peale. Seine Aussage ist genau die gleiche, die sich auch heute in unterschiedlicher Formulierung in fast jedem Glücksratgeber findet:

> Probleme, Sorgen und Schwierigkeiten sind da, um überwunden zu werden. Wir dürfen es nie zulassen, daß sie

unser Leben beherrschen. Wir müssen uns kategorisch weigern, ihre Herrschaft anzuerkennen, und sollen geistige positive Kräfte an ihrer Stelle auf uns wirken lassen. (...) Dieses Buch zeigt Ihnen, wie Sie die gegenwärtigen Lebensumstände ändern und verbessern und wie Sie die Kontrolle über die Verhältnisse gewinnen können (...). Ihre Beziehungen zu anderen Menschen werden sich verbessern und vertiefen; Sie werden als Persönlichkeit gewinnen, mehr geachtet und geliebt werden. (...) Ihre Einflußsphäre wird sich erweitern, und Ihre Fähigkeiten werden sich steigern.[1]

Na, klingt das gut? Eigentlich scheint es doch ganz simpel zu sein: Du kontrollierst deine Gedanken, deine Gedanken kontrollieren deine Gefühle – somit kannst du jederzeit glücklich sein, wenn du nur die richtigen Knöpfe drückst und dein Gehirn »umprogrammierst«.

Spürst du schon den Druck? Denkst du auch: Ach, Mist, ich müsste auch mal wieder an meinem Glück arbeiten, meditieren, mein Dankbarkeitstagebuch beginnen und ein bisschen »Me-Time« einschieben – dann wäre mein Leben viel leichter? Kennst du die Hoffnung, dass vielleicht deine Beziehungen einfacher wären, du längst befördert worden wärst und deine Kreativität viel ausgeprägter wäre, wenn du es nur *endlich schaffen* würdest, positiver zu denken?

Stattdessen hast du vielleicht schon heute Morgen entnervt den Boden gewischt, weil dein Kind ein Glas Milch umgeworfen hat, warst mal wieder zu spät im Büro, hast dein vorgekochtes Mittagessen zu Hause im Kühlschrank vergessen und dich dann über Kritik deiner Vorgesetzten geärgert. Uff.

Vielleicht geht es dir auch psychisch und/oder physisch gerade nicht gut, du oder geliebte Menschen um dich herum sind krank, dein Alltag wird auf den Kopf gestellt und zusätzlich musst du dir finanzielle Sorgen machen, weil du deinem Job kaum noch nachgehen kannst. Alles wird zu viel.

Willkommen im echten Leben. Keiner von uns ist davor gefeit, Unglück, Schmerz, Trauer oder den ganz alltäglichen Stress zu erleben. Doch mit dem Heilsversprechen der »Glücksritter«, die in Form von Achtsamkeitsseminaren, Selfcare- und Glücksratgebern daherkommen, wächst der Druck, vom trotzigen Kleinkind bis zum schweren Schicksalsschlag stets alles gelassen wegzulächeln. Wer von Grund auf positiv denke, führe ein glücklicheres Leben, so die Annahme. Du kannst die Umstände nicht ändern, aber du kannst ändern, was du draus machst.

Das bedeutet im Umkehrschluss aber auch: *Wer nicht glücklich ist, ist selbst schuld.* Wenn du ein Tief hast, wenn du genervt bist, wenn du dich unfair behandelt fühlst, dann ist das *dein* Problem. *Du* musst umdenken. *Du* bist verantwortlich für deine Emotionen. *Du* musst dich dafür *entscheiden*, glücklich zu sein. Ja, man müsste eigentlich so weit gehen zu sagen: Selbst wenn du nicht gesund wirst, ist das *dein* Fehler. Jede*r weiß doch, dass die Psyche eine große Rolle bei der Heilung des Körpers und für das Immunsystem spielt, also bist *du* dafür verantwortlich, wenn du krank bist. Das wäre zumindest die logische Konsequenz dieser Denkweise.

Da stimmt doch etwas nicht. Schon seit Längerem störte mich etwas an diesem Heile-Welt-Narrativ. Es erschien mir zu simpel, nicht weit genug gedacht, die leeren Worthülsen berühren mich nicht. Und die Täter-Opfer-Umkehr ließ mich schon öfter mehr als stutzig werden.

Als ich während der Coronakrise dann all die Motivationssprüche auf Instagram las, all die »Good Vibes Only«-Postings und »Macht das Beste draus«-Ratschläge, wurde ich richtig wütend. Schön für euch, wenn ihr jetzt motivierter und glücklicher denn je seid, Leute. Ich bin raus, mir geht's nicht gut. Bin ich jetzt eine Versagerin? Ich begann zu recherchieren, begegnete dem Begriff »Toxic Positivity« und dachte: Das ist es! Ich las weiter und vergrub mich immer tiefer in das Thema. Nach und nach wurde mir bewusst, wie viele Lebensbereiche der Druck des positiven Denkens berührt und dass sich längst zahlreiche gesellschaftliche Normen etabliert haben, die genau auf diesem Happiness-Narrativ beruhen.

In diesem Buch möchte ich dich an meinen Gedanken, meinen Gefühlen und den Ergebnissen meiner Recherche teilhaben lassen. Ich möchte dir zeigen, wie die von Psychologin Susan David sogenannte »Diktatur der Zuversicht«[2] jedes Individuum sowie unsere gesamte Gesellschaft betrifft und was toxische Dosen an positivem Denken anrichten können.

Natürlich soll es auch darum gehen, wie wir es besser machen können. Wie wir im Umgang miteinander und mit uns selbst neue, hilfreichere Wege finden, statt ständig unsere Sorgen und unangenehmen Gefühle wegzulächeln.

Du wirst hier keine Schritt-für-Schritt-Anleitung für ein besseres Leben finden. Ich bin weder Psychologin noch Soziologin, sondern Journalistin und Texterin. Ich lese, ich höre in mich hinein, ich spreche mit Expert*innen, Freund*innen und erzähle von meinen Erfahrungen und auch von meinen Unsicherheiten. Du wirst in den nächsten Kapiteln Beobachtungen und Gedanken aus meinem Alltag und meiner Vergangenheit finden, die zeigen, in welchen Lebensbereichen mir persönlich Toxic Positivity begegnet ist. Zudem gibt es Denkanstöße von Expert*innen, die zumindest mir geholfen haben, umzudenken. Vielleicht findest du dich an der ein oder anderen Stelle wieder.

Vor allem hoffe ich, dass du am Ende des Buches etwas weniger Last auf deinen Schultern spürst und merkst: Es ist in Ordnung, sich auch mal nicht in Ordnung zu fühlen.

»DAS IST DEINE CHANCE! NUTZE SIE!«

ZWISCHEN KRISENSTIMMUNG UND HAPPINESS-WAHN IN DER CORONAKRISE

WIE ALLES BEGANN ... ODER: KACK-CORONAKRISE

Ich saß an meinem Schreibtisch, rechts neben meinem Laptop lagen ein paar zusammengeknüllte Taschentücher, links stand eine Tasse Ingwer-Zitronen-Tee. Ich trug Jogginghose und Kapuzenpullover. Der ätzende Schnupfen wollte einfach nicht besser werden. Während mein Sohn seinen Mittagsschlaf machte, erledigte ich noch schnell ein paar Dinge am Computer. Mein Smartphone leuchtete auf und vibrierte kurz. Meine Freundin Janne, die in Mailand lebt, hatte eine Sprachnachricht geschickt. Obwohl ich eigentlich anderes zu tun hatte, hörte ich sie mir sofort an.

»Corona ist angekommen«, erzählte Janne. »Hier ist alles zu. Das ist wirklich gruselig. Wir dürfen ohne triftigen Grund nicht mal mehr spazieren gehen. Ich war gestern einkaufen, das ist jetzt unser Highlight der Woche. Obwohl das auch echt nervig ist, da man immer anstehen muss. Zum Glück hat der Aufpasser gesehen, dass ich schwanger bin, und mich vorgelassen. Heute war ich dann mit meiner Tochter kurz draußen. Als wir uns auf eine Wiese setzen wollten, wurden wir direkt verjagt und mussten wieder reingehen. Ich bin ja mal gespannt, wie lange das so weitergehen soll ...«

Ich trank einen Schluck Tee und schüttelte den Kopf. Irgendwie begriff ich immer noch nicht, was hier vor sich ging. Es war der 11. März 2020 – der Tag, an dem die WHO eine weltweite Pandemie ausgerufen hatte. Die Lage spitzte sich täglich zu. Es fühlte sich unwirklich an. Hier war doch alles wie immer. Wieso sollte sich dann plötzlich unser ganzes Leben ändern?

Als der Virologe Christian Drosten noch am selben Tag dazu riet, dass Großeltern ihre Enkel nicht mehr sehen sollten, sagte ich endgültig den Heimatbesuch ab, auf den ich mich so gefreut hatte. Eigentlich hatte ich geplant, vom 13. bis zum 15. März zu meiner Mutter zu fahren, die Geburtstag hatte, und bei dieser

Gelegenheit noch ein paar Freundinnen von früher zu treffen. Während ich weg war, am 14. März, sollte zudem mein Mann Micha wieder in Hamburg ankommen, der als Kameramann gerade bei einem Dreh auf einer spanischen Insel unterwegs war. Alles war gut durchgeplant, und als mein Sohn Anfang März eine Bronchitis bekam, hatte ich nicht einmal darüber nachgedacht, ob es eventuell Covid-19 sein könnte. Und selbst wenn: War das nicht sowieso bloß eine Art Grippe? Wozu die ganze Aufregung?

Doch in den folgenden Tagen änderte sich vieles in meinem Kopf. Hier ging es nicht nur um eine Grippe. Es ging um unser Gesundheitssystem, das gerade zusammenzubrechen drohte. Es ging um die Risikogruppen, die wir schützen mussten. Und die Langzeitfolgen von Covid-19, die noch niemand genau einschätzen konnte. Janne war in Italien mittendrin. Und wir in Deutschland steuerten direkt auf die Katastrophe zu. Noch konnten wir das Worst-Case-Szenario verhindern – doch dafür waren drastische Maßnahmen nötig. Nach und nach machten in ganz Deutschland die Kitas und Schulen dicht. Scheiße. Auch für uns brach die Kitabetreuung weg. Wie lange würde das so bleiben? Was war mit den Gebühren? Und wie sollten wir arbeiten? Keiner hatte Antworten auf diese Fragen. Eltern waren ahnungslos, wie es weitergehen sollte. Die Unsicherheit und Unvorhersehbarkeit der Situation machte allen zu schaffen – inklusive mir.

Mein Sohn und ich waren beide erkältet: Husten, Schnupfen, das volle Programm. Wir befanden uns demnach in freiwilliger Quarantäne. Kind krank, ich selbst krank, und abends, wenn der Kleine schlief, musste ich meine Freelancer-Aufträge abarbeiten, statt mich ausruhen zu können. Gleichzeitig rückte Corona näher, immer mehr Fälle wurden in Deutschland bekannt. Mir ging es dabei gar nicht gut. Ich fühlte mich traurig, erschöpft und überfordert und konnte diese Pandemie nur schwer begreifen. Ich vermisste den persönlichen Austausch mit

Freund*innen, und mir fehlte Micha. Nun blieb nur zu hoffen, dass er zurückreisen durfte.

»Ich kann nicht mehr«, jammerte ich ins Telefon, als ich am nächsten Tag mit meinem Mann telefonierte. »Ich bin so verschnupft, fühle mich komplett erschlagen und würde am liebsten den ganzen Tag im Bett liegen. Aber der Kleine braucht Bespaßung und muss etwas Vernünftiges essen. Sieh zu, dass du noch rechtzeitig von der Insel wegkommst, bevor du in Quarantäne musst.«

Mir graute vor dem Fall, dass ich zu Hause noch tagelang auf mich allein gestellt sein würde, ohne Unterstützung, ohne Kita, isoliert von der Außenwelt.

»Keine Panik, die lassen mich hier schon raus. Die wollen uns doch loswerden«, beschwichtigte mich Micha. Aber ich hörte an seiner Stimme, dass auch er sich nicht mehr ganz sicher war. Inzwischen waren in einigen Hotels in Spanien Covid-19-Fälle aufgetreten; alle Gäste mussten 14 Tage in Quarantäne. Das hätte auch ihm passieren können.

Am 14. März, dem geplanten Abreisetag, verhängte Spanien den nationalen Notstand – zu diesem Zeitpunkt saß Micha zum Glück schon im Flieger. Als ich online verfolgte, wie er abhob und planmäßig landete, weinte ich vor Erleichterung. Das abgesagte Wochenende in der Heimat war mir inzwischen egal. Ich wollte bloß meine kleine Familie um mich haben.

Gesundheitlich ging es in den nächsten Tagen wieder aufwärts, die Erkältung verschwand, Micha war wieder zu Hause. Alles gut? Von wegen. Ich machte mir zunehmend Sorgen um meine Mutter, die aufgrund mehrerer Faktoren zur Risikogruppe gehörte. Besuchen durfte ich sie natürlich nicht. Was wäre, wenn sie sich infizieren würde? Würde sie dann allein im Krankenhaus liegen, ohne Besuch, ohne eine Hand, die ihre hält? Ich versuchte, diese Gedanken zu verdrängen.

Zudem brachen Micha und mir als Freelancer-Ehepaar mehr und mehr Jobs weg. Michas anstehende Dreharbeiten wurden auf einen unbekannten Zeitpunkt verschoben, und meine Auftraggeber*innen gaben immer weniger Texte an Externe raus.

»Wir verdienen bald nichts mehr, was machen wir denn dann?«, fragte ich Micha.

»Es geht doch gerade allen so«, sagte er. »Die werden uns schon nicht das Haus wegnehmen.«

Ich riss die Augen auf. Darüber hatte ich noch gar nicht nachgedacht.

Mein Mann sah meine Angst: »Anna, dieses Problem haben nicht nur wir. Die Unternehmen werden nicht ewig auf Freiberufler verzichten können. Und im Zweifel gibt es Soforthilfen vom Staat. Wir werden nicht pleitegehen, garantiert nicht. Und Rücklagen haben wir auch noch.«

Michas Gelassenheit beruhigte mich ein wenig, aber meine Existenzsorgen ließen mich trotzdem nicht los. Ich geriet immer tiefer in einen Strudel an negativen Gedanken, zweifelte an unserer Entscheidung, uns selbstständig zu machen, und hinterfragte unser gesamtes Lebensmodell. Von Woche zu Woche war ich überzeugter davon, dass nicht nur die Pandemie, sondern vor allem mein fehlendes Talent daran schuld war, dass ich keine Aufträge mehr bekam. Andere hatten doch auch noch zu tun! Wieso lief es bei mir nicht?

Neben den Selbstzweifeln machten mich die Nachrichten fertig. Die Bilder aus den italienischen Kliniken, die unendlich traurigen Geschichten, in denen alte Menschen allein und isoliert im Krankenhaus sterben mussten. Ich weiß noch, wie ich Ende März mit Tränen in den Augen vor dem Fernseher saß. Das war kein Katastrophenfilm, keine düstere Dystopie, die man mit Popcorn in der Hand im Kino anschaute. Das war die Realität. Die Straßen dieser Welt waren leer gefegt. Restaurants, Bars, Cafés,

Kinos, Geschäfte, Büros, Kitas, Schulen – alles geschlossen. Mir jagten diese Bilder Angst ein. Was war geschehen? Wie sollte es weitergehen?

Mit meinen Ängsten war ich in guter Gesellschaft. Laut einer Studie des National Opinion Research Center (NORC) der Universität Chicago, die vom 30. Mai bis zum 8. Juni durchgeführt wurde, sagten 72 Prozent der befragten US-Amerikanerinnen und US-Amerikaner unter 45 Jahren aus, dass sie in den letzten sieben Tagen »negative« Emotionen wie Angst, Depression, Einsamkeit und Hoffnungslosigkeit gespürt hätten.[3] Die Coronakrise ging nicht spurlos an uns Menschen vorbei.

Ich habe bei der psychologischen Psychotherapeutin Amanda Nentwig nachgefragt, wieso diese Krise für viele Menschen so schwierig zu verarbeiten war. Sie erklärte mir: »Wir gehen in der Psychologie davon aus, dass wir Menschen gewisse emotionale Bedürfnisse haben. Während des Lockdowns in der Coronazeit wurden wir insbesondere in der Pflege unserer zwischenmenschlichen Bindungen, in unserer Freiheit, Sicherheit und in unserem Lustgewinn eingeschränkt: Social Distancing, keine Feiern, weniger Urlaub, eine Wirtschaftskrise, die unsere finanzielle und existenzielle Sicherheit bedroht, der ›Zwang‹, eine Maske zu tragen und sich an Regeln zu halten. Corona hat uns somit in fast allen Bereichen in unterschiedlichem Ausmaß eingeschränkt. Und das sorgt für ein emotionales Ungleichgewicht.«

Laut der NORC-Studie aus Chicago waren Frauen (66 Prozent) häufiger als Männer (56 Prozent) von diesen »negativen« Emotionen betroffen. »Ich kenne die kausale Ursache nicht, kann also nur spekulieren, wieso dies der Fall ist«, so Amanda Nentwig. »Aber Frauen übernehmen zu Hause oft mehr Aufgaben. Sie haben häufiger einen höheren Mental Load als Männer. Zudem gibt es eine interessante Studie aus Spanien, die besagt, dass Frauen generell stressanfälliger seien und insbesondere innerhalb der Familie ein höheres Stressempfinden hätten als Männer.[4] Ich denke, dass auch bei diesem Ergebnis die Doppelbelastung mit Job und Familie eine große Rolle spielt.«

Berufliche Unsicherheit, Kitaschließung – und dann war da noch unsere Hochzeit. 2018 hatten Micha und ich standesamtlich geheiratet, am 2. Mai 2020 sollte die große Party folgen. Wir hatten eine wunderschöne Scheune als Location gebucht, eine Eventagentur engagiert, mit der wir Deko und Licht planten, der DJ war beauftragt, das Foto-Team auch, mit der Hochzeitsrednerin hatten wir bereits in einem dreieinhalbstündigen Gespräch unsere freie Trauung besprochen und ihr unsere Geschichte erzählt. Die Lieder zur Trauung standen fest. Viele Gäste hatten Züge und Hotelzimmer gebucht, ich hatte mein Traumkleid gefunden. Sogar einen Friseurtermin hatte ich schon vereinbart. Ich freute mich wie ein kleines Kind auf diesen Tag.

Ende März wurde uns langsam klar, dass eine Feier mit über achtzig Gästen inmitten einer weltweiten Pandemie so wahrscheinlich nicht stattfinden könnte. Immer häufiger fragten mich Freundinnen und Freunde, wie denn nun der Stand sei mit unserer Hochzeit.

»Wir müssen so langsam mal eine Entscheidung treffen, damit die Leute ihre Zimmer noch stornieren können«, sagte ich zu Micha.

»Wir warten darauf, dass die Location uns absagt«, antwortete er. »Sonst bleiben wir noch auf den Kosten sitzen.«

Ich war genervt. Immer wieder ein Hin und Her, immer wieder ein Hoffen und Bangen. »Momentan sind noch bis zu hundert Leute erlaubt«, sagte ich. »Solange diese Regelung gilt, wird die Location nicht absagen. Aber es macht doch keinen Sinn, das durchzuziehen.«

»Wir warten ab«, sagte er. Uff.

Schließlich rief tatsächlich noch im März die Eventplanerin an, die sich bereits mit der Location abgesprochen hatte. Auch ihnen war glücklicherweise noch vor dem offiziellen Verbot klar, dass die Kontaktsperren voraussichtlich verschärft werden würden und eine Hochzeit in diesem Umfang Anfang Mai nicht würde stattfinden können. Das hieß also: absagen! Tatsächlich war ich nach dem Warten und Bangen weniger enttäuscht, sondern einfach nur erleichtert, alle informieren zu können: »Storniert eure Hotels, cancelt eure Reisepläne, bleibt zu Hause und bleibt gesund.«

Zudem vereinbarten wir sofort einen neuen Termin für 2021. »Dann erst recht« – so der Plan, auch wenn es noch mehr als 14 Monate bis dahin waren. In diesen unsicheren Zeiten tat diese Entscheidung gut. Endlich etwas, das nicht unklar im leeren Raum rumeierte, sondern sicher war. Haken dahinter. Und auch finanziell war es mir ganz recht, dass nicht mitten in der Krise sämtliche Rücklagen für eine Hochzeitsfeier draufgingen.

Wir informierten unsere Dienstleister*innen über den neuen Termin und hofften, dass sie auch an diesem Tag Zeit hätten. Unser Foto-Team reagierte super, der DJ ebenfalls. Bloß unsere Hochzeitsrednerin stellte sich quer. Sie tat überrascht, verwies in ihrer Mail darauf, dass es doch noch gar keine behördliche Anordnung gebe. Zudem wies sie uns zurecht, dass man Ausweichtermine zuerst mit Dienstleister*innen absprechen sollte, bevor man diese festlegt. Sie habe an unserem neuen Termin bereits eine andere Hochzeit und müsse gucken, ob sie das kombinieren könne.

Ich kam gerade aus der Dusche und stand mit meinem Handy in der Hand im Schlafzimmer, als die Mail mich erreichte. Sofort heulte ich los. Klar, ich wusste, alles, was sie schrieb, war sachlich korrekt – doch ihr patziger Ton, das Zurechtweisen von oben herab und die fehlende Empathie machten mich fertig.

»Sie ist Freelancerin, wir sind es auch. Wir sitzen doch alle in einem Boot«, sagte ich schluchzend zu Micha. »Wie kann man so sein? Ich dachte, vor Corona sind wir alle gleich, das wird doch überall behauptet ...«

Ich versuchte, trotz des patzigen Tonfalls nett und freundlich zu antworten, einen Kompromiss zu finden. Die Nerven im Zaum halten. Doch in den kommenden Wochen wurde unser Schriftwechsel so unangenehm, dass ich es kaum mehr aushielt. Wenn ich nur den Namen unserer Hochzeitsrednerin in meinem E-Mail-Postfach sah, legte ich das Handy weg. Es ging mittlerweile nicht mehr darum, eine gemeinsame Lösung für das Problem zu finden, sondern – wie war es anders zu erwarten – nur noch ums Geld. Immer wieder wies uns die Traurednerin darauf hin, dass sie rein faktisch gesehen weiterhin in der Lage wäre, die Trauung durchzuführen. Dass unsere geplante Feier mit über achtzig Leuten mittlerweile verboten war (inzwischen gab es eine behördliche Anordnung), tangiere ihren Job rechtlich gesehen nicht, so ihre Aussage. Theoretisch könnten wir uns zu dritt treffen, damit wäre ihre Aufgabe erledigt.

Selbst wenn formell und juristisch alles richtig war, was sie sagte – ich kochte vor Wut. Das Herz schlug mir bei jeder Mail von ihr im wahrsten Sinne des Wortes bis zum Hals, und selbst Micha, der normalerweise die Ruhe selbst ist, verlor zwischendurch die Fassung. Was, wenn nicht eine Pandemie, wäre ein triftigerer Grund, um eine Trauung zu verschieben? Es wäre ja völlig in Ordnung gewesen, wenn sie uns komplett abgesagt und uns unsere Anzahlung zurückerstattet hätte. Aber sie blieb hartnäckig. »Meine Arbeit ist zu neunzig Prozent erledigt«, erklärte sie immer wieder.

Das Ganze ging so weit, dass Rechtsanwälte aus dem Bekanntenkreis eingeschaltet wurden, sowohl auf unserer als auch auf ihrer Seite. Nach dem fiesen Schriftwechsel hatte ich schon längst keine Lust mehr darauf, von ihr getraut zu werden. Es ging nur noch darum, ob wir ihr wirklich neunzig Prozent ihres Honorars schuldeten, ohne dass je eine Trauung stattfinden würde. Ich zog mich aus den Mails raus, die emotionale Belastung wurde mir zu heftig.

Am Ende zahlten wir viele Hundert Euro. Immerhin schickte sie uns dafür ihre Traurede. Diese dürfen wir zwar nicht für unsere Trauung nutzen, aber wenigstens musste sie beweisen, dass sie für ihr Geld auch wirklich gearbeitet hatte. Ich konnte die Sache endlich abhaken. Doch ein fauler Nachgeschmack blieb.

Von wegen, Corona verbindet uns und bringt uns trotz Social Distancing einander näher. Von wegen, wir sitzen alle im selben Boot. Ich fühlte mich naiv und wie ein kleines, dummes Mädchen, weil ich an diese Nachricht tatsächlich geglaubt hatte. Unsere eigene Erfahrung zeigte mir, dass das Gerede über die positiven Aspekte der Krise zwar schön klingt, aber mit der Realität nur selten etwas zu tun hat.

MITTEN IM LOCKDOWN – UND SCHWUPS IN DIE TOXIC-POSITIVITY-FALLE GETAPPT

All die Erlebnisse, all die Zweifel, Sorgen und Ängste, mit denen ich während der Coronakrise konfrontiert wurde – sie alle wurden von völlig gegensätzlichen Aussagen aus dem Außen begleitet. »Lasst euch bloß nicht eure Frühlingsgefühle nehmen!«, las ich in einem Instagram-Post. »Don't forget to smile!«, in einem anderen.

Glaubte man den sozialen Medien, vertrieben sich die Menschen die Zeit während des Lockdowns damit, ihre Kleiderschränke auszumisten, den Keller aufzuräumen, ihre Wohnungen zu renovieren und mit einem Fitnessprogramm zu starten. Gefühlt las jeder Mensch mindestens ein wahnsinnig kluges Buch pro Woche, ging täglich 15 Kilometer joggen und »nutzte« nebenbei noch die Zeit, um eine Online-Weiterbildung zu machen. Selbstverständlich galt dabei stets: Tue Gutes und rede, äh, poste darüber. Bücher wurden online rezensiert, die Joggingrunden mit Distanz, Pace und Streckenverlauf täglich geteilt und On-line-Seminare empfohlen. Innerhalb weniger Wochen gab es neue Geschäftsideen, Gründungen, zig Online-Stammtische und -Seminare sowie digitale Co-Working-Gruppen.

Ich verfolgte all diese Entwicklungen und dachte nur: Wie bitte? Woher nehmen all diese Menschen die Energie und Zeit? Ich fühlte mich schlecht. Statt aktiv zu werden und das Beste aus der Situation zu machen, hatte ich mit negativen Gedanken zu kämpfen und war froh, wenn ich geduscht, vernünftig an-gezogen und geschminkt war. Und wenn ich mal einen Tag keine dicken Augen vom Weinen hatte.

Auf die Frage, ob es wirklich möglich war, dass die Menschen um mich herum die negativen Gefühle einfach übersprungen hatten und tatsächlich total positiv gestimmt waren, antwortete Psychotherapeutin Amanda Nentwig: »Ich kann mir vorstellen, dass es eine Form des ›Copings‹ ist, also eine Bewältigungs-strategie. Wenn emotionale Bedürfnisse nicht erfüllt werden, dann rutschen wir oft in einen automatischen ›Überlebens-modus‹. So kann Person X durch Corona das Gefühl haben, nie genug zu machen, macht deshalb besonders viel und teilt dies mit der Umwelt, um sich vor anderen nicht unzulänglich zu fühlen. Es kann auch der Versuch sein, Kontrolle in einer un-kontrollierbaren Situation zu gewinnen. Möglich, dass Influen-cer*innen um ihr Einkommen fürchten und dadurch noch mehr Content pushen. Vielleicht ist es aber auch so, dass Menschen tatsächlich helfen wollen, ohne dabei zu merken, dass ihre be-tont positive Art für andere Menschen auch belastend sein kann. Die Beweggründe für diese ›Überkompensation‹ sind auf jeden Fall meistens in Gefühlen und Bedürfnissen zu suchen.«

Irgendwie beruhigend, dass hinter der glitzernden Social-Media-Fassade in vielen Fällen oftmals auch nur verunsicherte Seelen stecken. Dennoch: In der akuten Situation ging mir das

Happiness-Getue der anderen schlichtweg auf den Keks. In unserem Alltag war von Glück und Frohmut nur wenig zu sehen: Mein Sohn war zu Hause, Micha zum Glück auch, und wir teilten uns die Betreuung untereinander auf. An »freien« Tagen wurde gearbeitet, geputzt, ein wenig Sport gemacht. Ich versuchte, Artikel für meinen Blog zu schreiben und bei (potenziellen) Auftraggeber*innen anzuklopfen. Es war mühsam. Es zahlte sich nicht aus. Meine Produktivität lief ins Leere, meine Motivation sank von Tag zu Tag. Ich zweifelte sowieso schon. Und sobald ich dann online all die gut gelaunten, erfolgreichen Krisenbewältiger sah, wurden mein schlechtes Gewissen und meine Selbstzweifel nur noch größer.

Wenn man auf den Themenbereich Familie schaut, sah es nicht wirklich anders aus. Mama-Bloggerinnen zeigten auf ihren Instagram-Profilen Ausflüge ins Grüne, kreative Bastelideen und leckeren Kuchen. In Facebook-Gruppen wurden Beschäftigungs- und Rezeptideen ausgetauscht. Es wirkte, als seien einige Mamas richtig erleichtert, endlich mal Zeit mit der Familie verbringen zu dürfen. In einer WhatsApp-Mama-Gruppe, in die ich irgendwie reingerutscht war, wurden stolz die letzten Bastelarbeiten der Kleinen herumgeschickt. Von beruflichem Chaos durch fehlende Betreuung und von gähnender Langeweile, weil man niemanden treffen durfte, las ich wenig.

Ich saß also im Sandkasten hinter unserem Haus – mein Sohn buddelte neben mir –, scrollte lustlos durch meinen Instagram-Stream und bekam dabei ein zunehmend schlechtes Gewissen. Schnell steckte ich das Smartphone weg. Statt mich zu grämen, sollte ich doch eigentlich genießen, dass die Sonne schien und wir einen Sandkasten im Garten hatten. Ich sollte mit meinem Sohn die Zeit auskosten, statt mir Sorgen zu machen und mich zu langweilen, weil ich zum zwanzigsten Mal Sand mit dem Spielzeugbagger von einer Ecke in die andere schaufelte. Sollte, müsste, könnte. Ich spürte den Druck des gesellschaftlichen Narrativs auf mir: Glück und Genuss sollten jederzeit im Vordergrund stehen. Wir sollten *alles* tun, um *das Beste* aus jedem Moment rauszuholen. Schlechte Gedanken ziehen uns selbst und unsere Liebsten nur runter. Also, reiß dich zusammen, Anna! Im Sinne aller. Sei mal ein bisschen positiver und verstrick dich nicht in deinen Sorgen! Plan Ausflüge, back Kuchen – und zwar nicht nur aus Sand! Denk dir neue Spiele aus! Und im Hintergrund kann dein Gehirn gleichzeitig doch bestimmt noch irgendeine schlaue Geschäftsidee entwickeln, oder? Andere kriegen das doch auch hin. Mach doch mal, los jetzt!

Meine Freundin Lisa startete zu dieser Zeit die »Three Good Things«, eine Art Dankbarkeitstagebuch in Form von Sprachnachrichten. Jeden Tag schickte sie eine lange Nachricht an all ihre Freundinnen, in der sie erzählte, welche drei Dinge ihr am Vortag gute Laune gemacht hatten. Ein Stück Kuchen, ein Spaziergang am Deich, ein frischer Blumenstrauß. Sie rief dazu auf, es ihr gleichzutun und ebenfalls drei persönliche Highlights des Vortags rumzuschicken. Am dritten Tag der »Three Good Things«-Aktion – zu diesem Zeitpunkt war ich noch erkältet, mit krankem Kind in Quarantäne und voller Unsicherheit – erklärte ich Lisa, dass ich ihr Engagement zu schätzen wisse und verstünde, dass sie es nur gut meinte, aber dass mir diese Nachrichten gerade überhaupt nicht guttaten. Dabei verstand ich im ersten Moment selbst gar nicht, wieso. Auch meine Freundin fühlte sich von meiner Ablehnung vor den Kopf gestoßen. »Positives Denken kann doch nicht schaden, sondern nur helfen!«, sagte Lisa. Hatte sie recht? War ich zynisch, depressiv, eine Pessimistin? Das mit dem Dankbarsein und dem positiven Denken hatte ich schließlich auch schon tausendmal gehört. Wieso wehrte ich mich dann so sehr dagegen?

Ich ging auf die Suche, um mein Gefühl besser einordnen zu können. Die Happy-Peppy-Glitzerwelt von Instagram und Co., in der alles toll und nichts doof ist, war mir schon lange auf den Geist gegangen. Jetzt in der Krise war der ganze »Good Vibes Only«-Hype mit einem Mal so präsent – und mir so zuwider – wie nie zuvor. Als ich schließlich auf einige englischsprachige Artikel stieß, die mir erklärten, dass dieses Phänomen einen Namen hatte, war ich erleichtert. »Toxic Positivity« – das war es! Hatte ich zuerst die leise Befürchtung gehabt, dass ich einfach ein zutiefst neidischer, fieser Mensch war, der anderen ihr Glück nicht gönnte, wurde ich nun eines Besseren belehrt. Daran lag es nicht. Es waren weder Neid noch Missgunst, die mich runterzogen – es waren giftige Mengen an zwanghaftem positivem Denken.

»Der Begriff ›Toxic Positivity‹ beschreibt das Konzept, dass eine positive Lebenseinstellung der einzig richtige Weg ist, sein Leben zu leben. Es geht darum, sich ausschließlich auf positive Dinge zu konzentrieren und alles abzulehnen, was negative Emotionen triggern könnte«,[5] beschreibt Konstantin Lukin, Autor und Psychologe, das Phänomen auf psychologytoday.com. Doch diese Vermeidungsstrategie führe dazu, dass Probleme und negative Emotionen größer würden, statt dass sie verschwänden. Und es sei auch gar nicht wünschenswert, dass wir nur noch positiv denken, denn: Schwierige Emotionen und Gefühle stecken voller wertvoller Informationen, so Lukin. Ein Angstgefühl kann uns auf eine Gefahrensituation hinweisen. Traurigkeit zeigt, dass uns Dinge, Menschen oder unser Umfeld wichtig sind. In jeder Emotion steckt ein Wert. Und jede Emotion ist es wert, gehört zu werden.

Wer mit anderen Menschen über Sorgen, Ängste oder unangenehme Gefühle spricht und ein »Sieh's doch mal positiv!« als Antwort bekommt, fühlt sich abgefertigt und nicht ernst genommen. Die eigenen Gefühle verlieren an Wichtigkeit – einzig und allein das Erfüllen des gesellschaftlichen Glücksideals scheint wichtig zu sein. In solch einer Welt stellt Glück keinen Ausnahmezustand dar, sondern die Norm. Wer es nicht »schafft«, die gute Laune zu behalten, zieht sich in Krisenzeiten einfach zurück und schämt sich ein bisschen.

»Tut mir leid, dass ich mich so lange nicht gemeldet habe«, schrieb mir eine Bekannte nach drei Wochen Schweigsamkeit während des Lockdowns. »Mich hat die Krise hart getroffen, und ich wollte einfach nicht mehr kommunizieren. Ich bin deshalb komplett abgetaucht.«

Ich konnte es ihr nicht verübeln. Denn wenn man gerade finanzielle Sorgen hat, als Single vor Einsamkeit fast durchdreht oder zwischen mehreren Kindern keine Minute zum Durchatmen findet, wirken die Botschaften auf Social-Media-Plattformen, die auch gute Freund*innen oft teilen oder sogar in persönlichen Gesprächen zitieren, fehl am Platz.

Als Lisa ihre »Three Good Things«-Aktion startete, hatte ich das Gefühl, dass sie an meinen Problemen keinerlei Interesse hatte (auch wenn das nicht der Wahrheit entsprach!). Ich erzählte ihr davon und versuchte, meine Emotionen zu beschreiben: »Ich hab einfach gerade keine gute Phase. Es ist ein Auf und Ab, aber miese Tage sind einfach miese Tage.«

»Aber es müssen ja auch nicht immer die großen Dinge sein«, erwiderte Lisa. »Ich glaube, dass es schon hilft, wenn man sich drei minikleine Dinge bewusst macht, die schön waren. Eine ausgiebige Dusche, ein leckeres Essen, ein Lachanfall des Kindes.«

Ich wusste, dass sie es gut meinte und irgendwo ja auch recht hatte. Das Glück liegt im Kleinen. Ich verstand ihren Ansatz und ja, ich freute mich für sie, dass ihr diese Einstellung half. Doch für mich funktionierte das gerade einfach nicht, mir machte die »Verpflichtung«, Glücksmomente zu suchen und zu teilen, viel zu viel Druck. Das Ganze wirkte auf mich wie eine Art Selbstdarstellung, nach der mir gerade nicht der Sinn stand. Schließlich zog ich mich aus der Aktion endgültig raus: »Ich will einfach nicht irgendetwas Positives an den Haaren herbeiziehen, wenn es mir gerade nicht gut geht«, erklärte ich Lisa entschuldigend. Sie meldete sich eine Weile nicht mehr bei mir.

Während ich in den folgenden Tagen noch mehr Texte zum Thema »Toxic Positivity« las, hinterfragte ich mich auch selbst. Trotz meines inneren Widerstands gegen das zwanghafte Glücklichsein hatte auch ich längst einige Denkmuster verinnerlicht, die »schlechte« Gefühle wegdrückten. Sowohl bei mir selbst als auch bei anderen. Oft hatte ich schon Dinge gesagt wie »Konzentrier dich auf die schönen Dinge« und »Gönn dir einfach mal wieder ein bisschen Me-Time«. Leere Worthülsen, kaum mehr als Kalendersprüche, in denen keinerlei Empathie für die Probleme und Lebensumstände meines Gegenübers steckte.

Teilweise ging ich sogar mit mir selbst so um und fragte mich, wieso es denn nicht klappte. Ich lag bei Kerzenschein in der Wanne, weil man das nach einem harten Tag doch genau so machen sollte, um sich selbst etwas zu gönnen – nur wieso fühlte ich mich dann trotzdem noch schlecht? Wieso brach ich mit Micha einen Streit vom Zaun, obwohl ich nach einer »Deep Stretch & Relax«-Yoga-Einheit eigentlich hätte tiefenentspannt sein sollen? Ich tat so vieles von dem, was man tun sollte, um glücklich zu sein, aber irgendwie funktionierte es nicht. Oft machten genau diese Dinge sogar alles nur noch schlimmer. Denn zu den Sorgen, die sowieso schon da waren, gesellte sich dann auch noch das schlechte Gewissen, dass man es nicht mal hinbekam, positiver zu denken. Eine Negativspirale. Mit dem Konzept der Toxic Positivity fand ich endlich eine Erklärung dafür. Positives Denken allein war eben *nicht* die Lösung aller Probleme.

Im August – der Lockdown war lange vorbei und die Welt wieder etwas normaler – saß ich bei meiner Friseurin und erzählte ihr von meinen Gedanken. »Dazu habe ich eine schöne Geschichte«, sagte sie. »Eine Kundin von mir ist auch freie Journalistin und hatte in der Krise keinen einzigen Auftrag. Ihrem Business ging es miserabel. Und sie sagte zu mir den Satz: ›Wenn mir noch einmal jemand erzählt, dass jetzt wieder Delfine in Venedig schwimmen, dann spring ich der- oder demjenigen mit dem nackten Arsch ins Gesicht.‹« Ich lachte laut auf. Schöner kann man den Effekt von Toxic-Positivity-Aussagen wohl kaum erklären.

Ein wichtiger Hinweis: In meinem Leben und in meinem direkten Umfeld geht es meist um »kleine« Probleme, selbst wenn sie sich zwischenzeitlich groß anfühlen. Noch viel gefährlicher sind die »Think positive!«-Beiträge hinsichtlich anderer, größerer Probleme. Während des Lockdowns beispielsweise berichteten Medien von der möglichen Zunahme häuslicher Gewalt. Erste Zahlen bestätigen die Befürchtungen. So hat laut dpa die Berliner Gewaltschutzambulanz im Juni 2020 bei Fällen von häuslicher Gewalt einen Anstieg von dreißig Prozent im Vergleich zum Juni 2019 verzeichnet. In Hamburg stieg in den Monaten Januar bis Juni 2020 die Anzahl an Delikten im Bereich der Beziehungsgewalt auf 2.252 Fälle, im gleichen Zeitraum des Vorjahrs waren es noch 1.812 Fälle gewesen.[6] Frauenhäuser sind sowieso schon chronisch überlastet. Kinder waren während des Lockdowns der »Kontrolle« durch Lehrer*innen, Erzieher*innen oder andere Aufsichtspersonen entzogen und konnten »unbemerkter« misshandelt werden – die steigende Zahl der Anrufe bei der bundesweiten Kinderschutzhotline während der Coronakrise[7] ist ein Indikator dafür, dass auch hier ein Zuwachs an Gewalt stattfand.

So, und nun sagt diesen Frauen und Kindern, die zu Hause während des Lockdowns verprügelt und misshandelt wurden, doch noch mal, dass in jeder Krise auch eine Chance steckt.

Dass sie einfach ein bisschen optimistischer in die Zukunft blicken sollen und diese neue Situation auch gute Seiten hat. Und dass sie sich einfach an den kleinen Dingen wie einem guten Stück Kuchen erfreuen sollen. Am Ende hat schließlich jede*r sein Leben selbst in der Hand – das Glück ist nur eine Frage der inneren Einstellung. Oder?

»GOOD VIBES ONLY«

DER GANZ NORMALE SOCIAL-MEDIA- UND MEDIEN-WAHNSINN

DIE WERBUNG SAGT: ALLES IST GUT! ICH SAGE: ECHT JETZT?

Seit einigen Jahren arbeite ich als Texterin für werbliche Formate. Ich schreibe Advertorials (das sind kurz gesagt redaktionell anmutende Werbeanzeigen), Artikel für Unternehmensblogs oder auch klassische Slogans. Egal aus welchem Themenbereich die Kund*innen kommen, Beauty, Food, Auto, Technik, Finanzen oder Familie, sie alle haben eines gemeinsam: Sie möchten positiv präsentiert werden. Die häufigste Kritik, die ich in meinen Jahren als Texterin geerntet habe, war: »Dieser Satz ist uns noch etwas zu negativ. Bitte positiver formulieren!«

Meinen Auftraggeber*innen geht es darum, dass jedes Wort, jeder Satz und jede Anekdote in meinen Texten bei den Endkund*innen für ein gutes Gefühl sorgen soll. Marken wollen, dass die Verbraucher*innen sich mit ihren Produkten oder Dienstleistungen wohlfühlen und dieses wohlige Gefühl mit der Marke assoziieren. Und selbst wenn das beworbene Produkt ein Problem löst, soll dieses Problem bestenfalls nicht klar benannt werden. Probleme sind böse. Marken stehen nicht für Probleme, sondern für Lösungen.

Ein Beispiel: Einmal habe ich einen Text für eine Antifaltencreme geschrieben. Die Zielgruppe: weiblich. Die Realität ist eigentlich jeder und jedem bekannt: Frauen werden älter, bekommen Falten, ärgern sich und kaufen deshalb ein Produkt, das ihnen bestenfalls dabei hilft, sich beim Blick in den Spiegel wieder jünger und wohler in ihrer Haut zu fühlen. Ob das funktioniert, ist ein anderes Thema. Die Frage, wieso das Altern so negativ konnotiert ist, ebenfalls. Doch die rein faktische Aussage, dass Frauen älter werden und Falten bekommen, sich womöglich auch noch darüber ärgern, ist in den Augen des Kunden ... na ja, sagen wir's mal so: unschön. Älter werden, Falten, sich ärgern? Das alles klingt nach einem unguten Gefühl. Keiner mag ungute Gefühle.

Bereits der (komplett faltenfreie!) Satz »Das mit dem Altern ist so eine Sache« wurde mir gestrichen. Das klinge so leidend. Und dieses Wort, »Altern«, das könne man doch bestimmt umgehen? Ähm, okay. Meine Herausforderung lautete also: Wie schaffe ich es, die Lösung für das Problem zu präsentieren, ohne dabei das Problem klar zu benennen? Letztendlich wand ich mich um die »schwierigen« Aussagen herum, indem ich davon erzählte, wie großartig es doch sei, mit den Jahren immer gelassener zu werden. Ich beschrieb das Gefühl, mit beiden Beinen fest auf dem Boden zu stehen und zu wissen, wer man ist. Man werde klüger, entspannter, wisse die Dinge besser einzuschätzen. Und die Antifaltencreme der Marke XY helfe dabei, genau dieses Selbstbewusstsein auch auszustrahlen. Zack, der Kunde war glücklich! Und ich fühlte mich zwar ein kleines bisschen schuldig, mal wieder daran mitgearbeitet zu haben, die Heile-Welt-Fassade in der Werbung aufrechtzuerhalten, doch gleichzeitig – das gebe ich zu – tanzte mein Texterherz. Ich hatte den Eisberg mit meinem sprachlichen Geschick gut umschifft.

Etwas Ähnliches ist mir kürzlich bei einem Werbespot im Fernsehen aufgefallen. Es geht in diesem Werbespot um Tiefkühlpizza. Ja, zugegeben, ich zähle mich zur Zielgruppe. Wir haben immer Tiefkühlpizza zu Hause. Wenn der Tag hektisch war, ich beim Blick ins Schlafzimmer vor lauter Wäschebergen das Bett nicht sehe, auf dem Laptop noch fünf Mails darauf warten, beantwortet zu werden, und der Kühlschrank sowieso fast leer ist, habe ich einfach keine Lust mehr auf Einkaufen, Kochen und das anschließende Aufräumen der Küche. An solchen Tagen rettet Tiefkühlpizza mir den Abend. Ich weiß, ernährungstechnisch gibt es bessere Fast-Food-Alternativen. Aber Vernunft und Hunger passen eben nicht immer zusammen ...

Ich sitze also auf unserer Couch, die Pizza, die ich gerade aus dem Ofen geholt habe, vor mir, und im Fernsehen läuft diese

Werbung. Der Spot setzt sich aus verschiedenen Szenen zusammen: Drei Männer, alle tiefenentspannt und gut aussehend, bereiten mit ganz viel Gefühl eine Tiefkühlpizza als kulinarischen Hochgenuss für ihre Liebste zu. Weiches Licht und italienische Musik vermitteln, dass die Pizza keine Notlösung, sondern eine Offenbarung ist. Beim romantischen Candle-Light-Dinner schneidet dann eine der Frauen – ein absolutes Topmodel natürlich! – winzige Stückchen der Pizza ab, während sie und ihr Liebster sich feurige Blicke zuwerfen. Selbstverständlich schmeckt das Ding wie beim Lieblingsitaliener, nur dass das private Umfeld für noch mehr Intimität sorgt und so Platz für die ganz großen Gefühle ermöglicht.

Uff. Mal abgesehen von dem abgedroschenen Klischee, dass Männer selbst für ein romantisches Date offenbar nicht mehr als eine Tiefkühlpizza zustande bringen, ist das gesamte Bild einfach völlig realitätsfern. Allein schon wie diese Frau die Pizza schneidet: diese winzige Ecke! Hallo, wer macht denn so was? Ich schüttle den Kopf, nehme mir ein großes Pizzastück und beiße genüsslich hinein. Dabei tropft etwas Soße auf meinen Kapuzenpullover. Was soll's. Hallo, Realität!

Analysiert man einzelne Werbeanzeigen und Spots mit solch einem realistischen Blick, kann man darüber gelassen schmunzeln. Doch oft nehmen wir Werbung nur nebenbei wahr. Wir denken nicht allzu viel darüber nach, wie dieses Medium aufgebaut ist und ob die gezeigten Szenen so wirklich stattfinden würden. Auf diese Weise wird uns Tag für Tag ein Bild des »guten Lebens« eingetrichtert. Dieses Leben beinhaltet keine Emotionen, die sich schlecht anfühlen. Es zeigt, dass man aus jeder Situation das Beste machen kann, dass es allen immer gut geht, dass wir mit einem positiven Blick durchs Leben gehen und dabei, na klar, jede Menge konsumieren sollten. Ich möchte das Thema Konsumkritik hier gar nicht aufmachen, es geht mir an dieser

Stelle allein um die Botschaft, die sich bei uns verfestigt, nämlich: Das optimale Leben, also das Leben, das gesellschaftlich anerkannt ist, besteht aus guten, positiven Gefühlen. Uns wird nicht nur die oft diskutierte und vielfach kritisierte Idealfigur, sondern ein ganzes Idealleben präsentiert. Und in diesem gilt vor allem: Sei glücklich!

Kein Wunder, dass wir uns »falsch« fühlen, wenn unser Leben anders als in der Werbung aussieht. Es könnte sein, dass das Date ziemlich mies läuft, wenn man Tiefkühlpizza auf den Tisch bringt. Es könnte sein, dass sich Altern manchmal gar nicht nach Gelassenheit und »voll im Leben stehen« anfühlt, sondern dass man einfach nur frustriert ist, dass der Körper nicht mehr so aussieht wie früher – und dass diese beknackte Creme daran einfach mal gar nichts ändert! Frust, Ärger und Wut kommen in diesem medialen Idealleben nicht vor. Genauso kritisch, wie wir die Speckröllchen im Spiegel betrachten, die nicht der Idealfigur entsprechen, schauen wir auch auf unsere unangenehmen Gefühle. Sie sind ein Makel, den wir beheben sollten, um auch ja das ideale Leben zu führen. Ja, das ist Toxic Positivity. Und ja, dieser Message begegnen wir tagtäglich.

GLAMOUR, GLITZER, GROSSES GLÜCK? DIE WELT DER INFLUENCER*INNEN

Die Medienwelt besteht seit Jahren nicht mehr nur aus Printmagazinen und TV-Spots. Heutzutage begleitet uns das Internet, vor allem die Social-Media-Welt, durch unseren Alltag. Laut des »Digital Report 2019« von We Are Social in Zusammenarbeit mit Hootsuite verbringen Menschen weltweit täglich etwa zwei Stunden und 16 Minuten mit Social Media, in Deutschland ist es täglich knapp über eine Stunde.[8] So konnte sich in den letzten Jahren ein völlig neues Berufsbild etablieren: der*die Influencer*in. Laut einer Bitkom-Studie von 2018 haben 56 Prozent aller Social-Media-Nutzer*innen bereits von diesem Begriff gehört, inzwischen dürften es noch mehr sein. In der Altersgruppe der 14- bis 29-Jährigen folgte schon 2018 fast die Hälfte (44 Prozent) bestimmten Social-Media-Stars.[9]

Der Großteil dieser Influencer*innen verkörpert ein strahlend schönes Idealbild. Sie zeigen sich fröhlich, gut gelaunt, reisen an die schönsten Orte der Erde, treffen die angesagtesten Persönlichkeiten, feiern viel, genießen gutes Essen und bekommen dabei auch noch eine Menge geschenkt. Die Social-Media-Kanäle der Influencer*innen vermitteln das Gefühl, dass sie ihren Follower*innen jeden Tag Einblicke in ihr echtes Leben gewähren, man kann ihren (oft glamourösen) Alltag verfolgen und vermeintlich authentische Augenblicke miterleben. Dabei sind sie immer gut drauf und betonen stets, wie unendlich dankbar sie für jede Minute ihres Lebens sind.

Natürlich gibt es auch einen passenden Hashtag dazu, *#blessed*, der unter so ziemlich jedes Bild gepostet wird, das man sich nur vorstellen kann. Die Suche nach dem Hashtag auf Instagram ergibt aktuell über 129 Millionen Ergebnisse. »Blessed« heißt übersetzt so viel wie »gesegnet« oder »selig«. Bei einem Post, bei dem es um eine kirchliche Hochzeit oder eine Taufe geht, mag das stimmen. Aber unter einem Bild von einem Pumpkin Spice Latte von Starbucks? *#blessed* und *#thankful* sind sie eigentlich immer, die Influencer*innen, wenn sie ihr *#goodlife* mit all den *#goodvibes* leben. Beim Frühstück, beim Sport, beim Presseevent, beim Besuch bei ihren Eltern. Denn Dankbarkeit und gute Gefühle, das ist etwas Gutes, das haben wir so gelernt. Das kommt gut an, das bringt Likes. Likes bringen Glücksgefühle und, wenn es um die »Profis« bei Instagram geht, Geld. Zumindest ein Teil des medialen Happiness- und Dankbarkeits-Hypes entpuppt sich somit als kapitalistisches Konstrukt – am

Ende geht es vor allem darum, gut anzukommen und damit Geld zu verdienen. Dankbarkeit wird zur Form der Selbstoptimierung.

Es ist kein Geheimnis: Influencer*innen verdienen ihr Geld mit Werbung. »9 von 10 Social-Media-Nutzer, denen der Begriff Influencer bekannt ist (92 Prozent), wissen, dass diese ihr Geld damit verdienen, für Produkte zu werben«[10], so die Bitkom-Studie. Mit diesem Bewusstsein müssten wir eigentlich anerkennen, dass es *keine* authentischen Erlebnisse mitten aus dem Leben von Privatpersonen sind, denen wir da auf Social Media folgen. Auch wenn es sich so anfühlt. Nein, wir folgen Profis, die Werbung machen – für sich selbst, um ihren Bekanntheitsgrad weiter zu erhöhen, und für Marken, die sie dafür bezahlen. Authentisch ist anders. Hier wird mit Filtern getrickst, kleine Makel werden ausradiert, unschöne Momente und Gefühle einfach weggelassen. Und dennoch wird alles als ehrlich und echt »verkauft«. Das idealisierte Fake-Leben aus der Werbung rückt durch die Allgegenwärtigkeit der Influencer*innen viel näher an unseren ganz normalen Alltag heran. Das ist kein Tiefkühlpizza-Werbespot mehr, den wir müde belächeln können – es ist das »echte«, aber eben nicht ganz so echte Leben.

»Werbung ist nicht gleich Werbung. Influencer*innen sind glaubwürdiger als ›normale‹ Werbung«, bestätigt auch Miriam Bartsch, Dipl.-Psychologin und wissenschaftliche Mitarbeiterin am Institut für Medien und Kommunikation der Universität Hamburg. »Durch die Nähe zu ihren Followerinnen und Followern dürften Influencer*innen damit vermutlich mehr ›bewirken‹ als Online-Banner oder auch professionell produzierte Spots. Deswegen legen Unternehmen so viel Wert darauf, mit Influencer*innen zusammenzuarbeiten.«

Die Expertin betont zudem, dass die negative Wirkung der Social-Media-Nutzung noch mal verstärkt werde, wenn auch die privaten Kanäle, also die Bilder von Freund*innen und den

Menschen, denen man tatsächlich schon mal begegnet ist, dieses von der Werbung propagierte, immer positive Idealbild zeigen. »Man bekommt so den Eindruck, dass das Leben nur aus Urlaub und tollen Momenten besteht«, so die Expertin. Je näher mir die Person steht, der ich folge, desto realer scheint das »perfekte« Leben zu sein – und der Druck wächst, dieses Bild auch erfüllen zu wollen. Das System speist sich selbst: Influencer*innen werden zu Vorbildern, bauen Druck auf, ein besseres Leben führen zu wollen, Privatpersonen eifern ihnen nach und präsentieren ein ebenfalls geschöntes Bild ihrer selbst. Und schon haben wir den Eindruck: Allen geht es gut – wieso bin ich scheinbar der*die Einzige, der*die nicht 24 Stunden am Tag, sieben Tage die Woche happy ist?

Doch was treibt uns Menschen dazu, Influencer*innen zu folgen, wenn wir uns dabei am Ende oft schlecht fühlen? »Wir haben ein natürliches Orientierungsbedürfnis, das wir für die Entwicklung unseres Selbstkonzepts brauchen«, erklärt Miriam Bartsch. Und die psychologische Psychotherapeutin Amanda Nentwig ergänzt: »Woher sollen wir Dinge lernen, wenn sie uns nicht vorgelebt werden?« Eigentlich logisch: Gerade junge Menschen brauchen Vorbilder, an denen sie sich orientieren können.

Wenn ich zurückschaue, sah das bei mir nicht anders aus. Mit 13 Jahren war ich ein riesiger Fan von … ja, ich geb's zu: Britney Spears! Ich hatte alle ihre Alben und schnitt fleißig jeden Artikel aus, den ich in der *BRAVO*, *BRAVO Girl* und *Popcorn* über sie finden konnte. Abends stand ich vor dem Spiegel in meinem Zimmer, neben dem ein Starschnitt der Sängerin hing, und versuchte, ihre Pose und ihren Blick nachzuahmen, während ich ihre Lieder vor mich hinsang.

Ja, ich war ein echter Britney-Fan. Und ich kann nur ahnen, wie es gewesen wäre, wenn Instagram damals schon existiert hätte. Ich hätte vermutlich jedes ihrer Postings kommentiert und ständig das Smartphone gecheckt, ob neue Storys von ihr online sind. Wenn ich meine Britney-Ordner heute sehe, ist mir das unendlich peinlich. Doch solch eine Fan-Phase ist an sich eine durchaus natürliche Entwicklung, meinen Expert*innen. Das bestätigt auch Amanda Nentwig: »In der Teenagerzeit entwickelt sich unser Selbstwert. Zudem nehmen die Gleichaltrigen eine zunehmend wichtige Rolle ein. Autonomie von den Eltern zu entwickeln, ist ein gesunder und wichtiger Entwicklungsprozess! Vorbilder in den Medien können bei dieser Entwicklung hilfreich sein.«

Also alles nicht so wild? Doch! Es gibt da nämlich einen Haken: Durch den Übergang ins Digitale haben sich die Promis nicht einfach in ein anderes Medium verschoben, sondern auch die Art der Prominenten sowie die Qualität von Prominenz an sich haben sich grundlegend verändert. Mein Idol Britney Spears war weit weg. Ich war Schülerin, sie war ein amerikanischer Popstar. Unsere Leben hatten nichts, aber auch so gar nichts miteinander zu tun. Sie war nicht nahbar, sondern unerreichbar. Ganz im Gegensatz zu den heutigen Influencer*innen. Denn dieser Job basiert auf Nahbarkeit, auf Authentizität, auf täglicher Präsenz und dem Zeigen von ganz »alltäglichen« Dingen.

Fast alle von uns kennen jemanden, die oder der auf Instagram Geld verdient. Schüler*innen stellen sich in ihrem Kinderzimmer vor die Kamera und haben plötzlich Tausende Fans. Junge Menschen wachsen mit dem Wissen auf: Du könntest es auch schaffen. Prominenz ist nicht mehr so unerreichbar, wie sie es früher einmal war. Theoretisch könnten wir alle zur Influencerin oder zum Influencer werden.

Die Autorin und Journalistin Nena Schink ist genau dieses Experiment eingegangen. 2017 versuchte sie, für einen Artikel zur Influencerin auf Instagram zu werden. Und obwohl sie reflektiert und bewusst an dieses Experiment heranging, erlag auch sie dem Reiz und Sog dieser App. Sie versuchte, ihren Idolen nachzueifern, konzentrierte sich auf Oberflächlichkeiten, richtete ihr ganzes Leben so aus, dass es möglichst »instagrammable« war. »In unserem digitalen Paralleluniversum Instagram wirkt es völlig normal, immer nur im Urlaub zu sein, an den schönsten Plätzen der Welt zu residieren, täglich etwas Ultrakrasses zu erleben und Unmengen an Markenartikeln zu besitzen. Doch diese Dinge sind alles, aber nicht alltäglich«[11], so die Autorin. Nach und nach wurde ihr bewusst, was für eine Verschwendung ihrer Lebenszeit diese »Arbeit« war und dass sie langfristig psychisch leiden würde, wenn sie ihre Bestätigung und ihr Selbstbild weiter über die Anerkennung und Likes fremder Menschen definieren würde. In ihrem Buch *Unfollow* beschreibt sie, wie sie früher stundenlang mit ihren Freundinnen auf dem Sofa saß und schwieg – sie alle waren damit beschäftigt, mit Filter-Apps ihre Bilder für Instagram zu optimieren. So sieht es also aus, das *#goodlife*. Eine digitale Lüge.

Nena merkte zudem, dass sie besonders viel Anerkennung in Form von Likes und Kommentaren bekam, wenn sie sich freizügig zeigte. Kurzer Rock, auffälliger Ausschnitt, Bikini-Bilder – das wollen die Follower*innen sehen. Die MaLisa Stiftung hat sich mit den Selbstinszenierungsmustern von Influencerinnen auf Instagram beschäftigt und ist zu ähnlichen Schlüssen gekommen. Ihr Fazit ist ernüchternd: »Unterschiedliche Frauen mit unterschiedlichen beruflichen Hintergründen und individueller Vielfalt (...) finden sehr ähnliche Formen des Selbst-Brandings mit geringer Bandbreite in der ästhetischen Selbstpräsentation. Sie inszenieren sich in den Mustern ›die erotisch Attraktive‹, ›die sympathisch Naive‹ oder ›die schöne, beiläufig Fotografierte‹ (...). Ausreißerfotos, in denen keine gezielte Pose eingenommen wird und in denen mehr Emotionen als nur Heiterkeit oder persönliches Engagement sichtbar werden, kommen so gut wie nicht vor.«[12]

Zugegeben, die Inszenierung von Weiblichkeit war bei Britney Spears auch nicht besser. Meine Fan-Zeit hat mich aber nicht daran gehindert, mich heute als feministisch denkende Frau zu sehen. Ich habe Amanda Nentwig gefragt, wie das sein kann. »Es ist eine Frage der Dosis und des Ausgleichs«, erklärte sie mir. »Wenn wir Bezugspersonen haben, die uns helfen, uns selbst als Individuum zu entwickeln, Eigenarten anzunehmen und zu würdigen, dann schadet es uns nicht automatisch, ein Vorbild anzuhimmeln, das nach außen hin so ›perfekt‹ wirkt, dass wir im direkten Vergleich immer verlieren würden. Vor allem das Elternhaus, Freund*innen und Lehrer*innen können dabei helfen, einen Ausgleich zu bilden und uns daran zu erinnern, dass wir – egal wie toll ein*e Influencer*in oder ein*e Prominente*r erscheint – perfekt und wertvoll sind.«

Trotzdem: Ich merke, dass auch ich, die sich ganz bewusst *nicht* mit diesem immer gleichen, weiblich-standardisierten Idealbild des perfekten Lebens beschäftigt, an gewissen Standards hänge, die durch Stars, Medien und vor allem durch soziale Medien »gelernt« sind. Kürzlich stand ich morgens zum Beispiel in der Küche und kochte mir ein Porridge. Ich liebe Porridge, vor allem im Winter, mit Zimt und geriebenem Apfel. Mhhh. Als Topping schnippelte ich noch etwas frisches Obst dazu. Statt dieses einfach auf dem Porridge zu verteilen, richtete ich es in hübschen Streifen an, fächerte feine Bananenscheibchen auf, ordnete ein paar Tiefkühlhimbeeren so an, dass die schönsten oben lagen. In eine Ecke der Schüssel streute ich noch ein paar Chiasamen. Dazu machte ich mir einen Tee, der selbstverständlich in einer zur Müslischüssel passenden Shabby-Chic-Tasse auf den Tisch gestellt wurde. Ach, sah das hübsch aus! *#blessed.* Ich habe es verinnerlicht. Ich fotografiere das ästhetisch ansprechende Frühstück. Während ich zum Essen den Haferbrei mit den Obststückchen durchmatschte und mir Löffel um Löffel in den Mund schob, bearbeitete ich das Bild, legte ein paar Filter drüber und überlegte, was ich dazuschreiben könnte. Am Ende der Bearbeitung hatte ich meine Schüssel fast leer gegessen, ohne sie wirklich genossen zu haben. Ich postete das Foto nicht, sondern löschte es und ärgerte mich. Wie bescheuert war ich eigentlich? Was brachte es mir, der Welt einen tollen Moment zu verkaufen und dabei den Moment zu verpassen?

Ich erwische mich sogar dabei, unbewusst die Instagram-Posen der Influencerinnen nachzuahmen. Wenn wir im Urlaub sind und Micha ein paar Fotos von mir macht, überkreuze ich wie zufällig meine Beine, stelle mich etwas schräg, gucke kokett über die Schulter, den Mund leicht geöffnet. Oder ich habe meine Hand in den Haaren und schaue lachend nach unten. »Hör auf zu posen«, sagt mein Mann dann immer. »Das bist nicht du.« Und er hat recht. Wenn ich dann lachen muss, weil ich mir selbst so bescheuert vorkomme, entstehen die in Michas Augen besten Fotos. Bei denen ich auf den ersten Blick zwar sage: »Och neee, da seh ich doch doof aus«, auf den zweiten aber erkenne, was er meint: Das bin ich. Das Lachen ist echt. Die Pose ist keine Pose. So sehe ich halt aus. Und so schlimm ist das vielleicht auch gar nicht.

Und auch andere Dinge sind mir wichtig – Dinge, die zwar oberflächlich sind, mit denen wir auf Social Media und in anderen Medien aber immer wieder konfrontiert werden. Mein Gewicht. Meine Figur. Ja, ich stelle mich regelmäßig auf die Waage, schaue kritisch auf die Zahlen. Selbst während meiner Schwangerschaften achtete ich darauf, dass die Gewichtszunahme nicht ausartete. Obwohl ich genau weiß, dass es gerade in dieser Zeit des Lebens so viel Wichtigeres gibt. Auf meinem Blog »THINK FEM« schreibe ich sogar darüber, dass sich Frauen viel zu sehr verrückt machen und dass das Gewicht doch total wurscht sei.[13] Ich sage meinen Freundinnen, dass sie wunderschön sind, auch wenn sich an ihren Hüften kleine Pölsterchen gebildet haben. Durch eine Schwangerschaft oder auch einfach so. Und ich meine das absolut ernst. Ich finde sie wirklich wunderschön! Doch wie sagt man? Wasser predigen, Wein trinken.

Ja, ich trage mein Gewicht sogar in eine App ein. Nicht täglich, aber ab und an. Bloß um einen Überblick zu haben, ob es zu stark nach oben oder unten geht, versuche ich mir selbst einzureden. Doch wenn ich ganz ehrlich bin, reagiere ich bei einer Schwankung nach oben deutlich genervter als bei einer Schwankung nach unten.

All das bewegt sich in einem Rahmen, in dem sich niemand um mich sorgen muss. Ich kann ohne schlechtes Gewissen Schokolade und Pizza essen, ich habe noch nie eine Diät gemacht und mache Sport, um meine Rückenschmerzen im Griff zu behalten, nicht um abzunehmen. Und trotzdem: Ja, es gehört zu meinem Selbstbild, ein gewisses Schönheitsideal zu erfüllen. Ja, ich bin stolz darauf, wenn ich einen flachen Bauch und ein wohlgeformtes Dekolleté habe. Ich würde nie über eine Frau herziehen, die diesem Ideal nicht entspricht. Im Gegenteil. »Darum geht es doch nicht«, würde ich sagen. »Schönheit ist doch keine Frage der Figur.« Das meine ich wirklich so – wenn es um andere geht. Und nachdem ich diesen Satz gesagt habe, checke ich mit einem kurzen Blick in den Spiegel noch schnell, ob mich diese Bluse nicht doch irgendwie dick aussehen lässt. Wie kann das sein? Wieso kann ich anderen so gute, rationale Ratschläge geben und gehe dennoch mit mir selbst so hart ins Gericht?

»Wir haben alle Angst vor Ablehnung«, erklärt mir Amanda Nentwig. »Bei einem selbst ist es immer am schwierigsten. Wir alle, vor allem wir Frauen, lernen durch Medien, welches Bild von uns erwünscht ist und welches nicht. Allein durch die Abwesenheit von Frauen mit Dellen und Narben am Körper, gewölbtem Bauch und Falten im Gesicht lernen wir doch, dass diese Frauen es nicht wert sind, angehimmelt zu werden. Wenn andere wegen ihrer vermeintlichen ›Unattraktivität‹ diskriminiert werden, du sie aber so annimmst, wie sie sind, dann entsteht für dich kein Schaden. Aber wenn du abgelehnt oder als unattraktiv betitelt wirst, dann entsteht bei dir ein Schaden. Wir wollen alle nur angenommen werden. Und solange die Gesellschaft Menschen mit unterschiedlicher Figur und unterschiedlichem Aussehen nicht gleich behandelt, bleibt es für uns alle eine sehr große Herausforderung, diese Angst abzulegen.«

Wenn sich diese Norm so eingebrannt hat, sogar bei mir, die ich doch inzwischen sehr reflektiert bin und auf den täglichen medialen ›Konsum‹ der Idealbilder verzichte – wie muss es dann anderen, meist jüngeren Frauen oder Mädchen erst gehen, die auf der Suche nach einem Selbstbild sind und bei denen die Reflexion erst später einsetzt? Ich kann mir vorstellen, dass der Druck immens hoch ist. Da wundert es mich nicht, dass inzwischen zahlreiche Studien Zusammenhänge zwischen Social-Media-Konsum und psychischen Krankheiten festgestellt haben. So hat eine Studie der *JAMA Psychiatry* von 2019 herausgefunden, dass Jugendliche, die besonders viel Zeit mit Social-Media-Apps verbringen, anfälliger für Angststörungen und Depressionen sind.[14]

Auch Jonathan Haidt, Sozialpsychologe an der NYU Stern School of Business, erklärt in dem Netflix-Dokudrama *Das Dilemma mit den sozialen Medien:* »Es gibt einen gewaltigen Zuwachs an Depressionen und Angstzuständen bei US-Teenagern, der zwischen 2011 und 2013 begann. (...) Dieses Muster verweist auf die sozialen Medien. Die Generation Z, die nach etwa 1996 Geborenen, ist die erste Generation in der Geschichte, die soziale Medien schon in der Mittelschule *(Anm.: Mittelschule entspricht den Klassenstufen 6 bis 8, teilweise 5 bis 9)* nutzt. Wie verbringen sie ihre Zeit? Sie kommen von der Schule und hängen an ihrem Gerät. Eine ganze Generation ist ängstlicher, zerbrechlicher, depressiver.«[15]

Uff. Es sieht düster aus. Wird also eine ganze Generation zu Bildschirmzombies, die sich mit Filtern und Apps einem surrealen Schönheitsideal aussetzen, den echten, zwischenmenschlichen Umgang verlernen und darüber depressiv werden?

Bei einer Umfrage aus dem Vereinigten Königreich, dem »Girls' Attitudes Survey 2019«, bestätigen die Studienergebnisse zwar, dass schon die 11- bis 16-jährigen Mädchen den medialen Druck verspüren, »immer hübsch auszusehen« und »mehr Likes zu bekommen«, dennoch seien sie sich des Unterschieds zwischen dem wirklichen Leben und dem, was sie online und in den Medien sehen, bewusst. »Fast die Hälfte der Mädchen erinnert sich regelmäßig selbst daran, dass soziale Medien nicht wirklich das Leben anderer widerspiegeln.«[16] Das sind meines Erachtens gute Nachrichten – das mit der Medienkompetenz ist möglicherweise noch nicht komplett in die Hose gegangen. Tatsächlich betont auch Miriam Bartsch von der Universität Hamburg, dass es *immer* entscheidend sei, »wie Medien genutzt und wie diese reflektiert werden. Dazu kommen andere Vulnerabilitätsfaktoren«. Vulnerabilität bedeutet so viel wie »Verwundbarkeit« oder »Verletzbarkeit«. Grundlegende Vulnerabilitätsfaktoren können unter anderem unsichere soziale Netzwerke, fehlende Entlastungsmöglichkeiten oder ein negatives Selbstbild sein. Diese Faktoren spielen eine große Rolle bei der Frage, wie stark die sozialen Medien und die inszenierten Fotostreams anderer Menschen wirklich Druck auf uns ausüben und wie sehr das reale Leben diesen Druck abfedert und relativiert.

Das kenne ich selbst: Wenn ich mich unwohl und überarbeitet fühle, tut mir das Urlaubsfoto in der Story meiner Kollegin nicht gut. Ich wische es schnell weg und fühle mich durch den unbewussten Vergleich noch ein bisschen schlechter. Wenn es mir gerade allerdings super geht, schicke ich ihr eine liebe Nachricht mit einem Kompliment, wünsche ihr einen tollen Urlaub und verspüre weniger Druck.

Ich bin nun sehr stark auf die weibliche Perspektive eingegangen. Wie sieht es bei den Jungs aus? »Ich persönlich beobachte und höre von jungen Männern oft, dass auch bei ihnen körperliche Unsicherheiten aufkommen«, berichtet Amanda Nentwig aus ihrer klinischen Erfahrung. »Dies ist nur meine persönliche Beobachtung, diese Schilderungen beruhen nicht auf Studien. Aber es ist ja ein Fakt, dass inzwischen auch viele junge Männer auf Social-Media-Kanälen Geld verdienen, indem sie Kleidung und Lifestyleprodukte verkaufen. Viele setzen hierfür ihren gestählten Körper ein und zeigen, wie sie täglich ins Gym gehen. Fitness und Körperpflege bekommen so einen besonderen Stellenwert. Wenn man sich die historische und gesellschaftliche Entwicklung anschaut, sind Frauen zudem selbstständiger denn je. Sie ›brauchen‹ keine Männer mehr. Viele Männer erhalten hierdurch zunehmend das Gefühl, etwas bieten zu müssen. Ich denke, dass bei Männern viele Aspekte eine Rolle spielen: der Körper, beruflicher Erfolg und vor allem: ›keine Pussy‹ sein zu dürfen. Es gibt natürlich inzwischen auch die ›Sinnfluencer‹, die diesem Trend entgegenwirken. Jedoch ist leider noch in den Köpfen vieler Menschen verankert, dass Männer keine Gefühle zeigen und immer ›stark‹ sein sollten. Ganz nach dem Motto: ›Echte Männer weinen nicht.‹ Ich sehe den ausbleibenden Diskurs über Emotionen bei Männern und die Betonung von Stärke und ›Coolness‹ als eine der größten Gefahren von psychischen Erkrankungen von Männern, die übrigens 76 Prozent aller Suizide begehen[17].«

Obwohl ich mich in den sozialen Medien bewusst *keinen* Bildern aussetze, die den Lifestyle vom ständig besseren, schöneren, dankbareren Leben vermitteln, kenne auch ich das Gefühl, dass mich das Scrollen durch meine Streams stresst und unter Druck setzt. Nicht (nur) durch Oberflächlichkeiten und Äußerlichkeiten, sondern durch die Dauerbeschallung. Immer wieder will irgendein Posting meine Aufmerksamkeit, irgendeine Diskussion lädt zum Einmischen ein, irgendeine Meinung zum Kritisieren. Man muss überhaupt keinen Influencer*innen folgen, um den Druck der Social-Media-Welt auf seinen Schultern zu spüren. Ich zum Beispiel entschied irgendwann, meinen Feed umzustellen, weg mit den oberflächlichen Accounts, hin zu den klugen Vordenker*innen. Weg von der Optik, hin zur Tiefe. Statt Fashion-Blogger*innen folge ich Feminist*innen, statt Beauty-YouTuber*innen lieber coolen Politiker*innen. Ursprünglich dachte ich, das würde dafür sorgen, dass ich mich beim Blick in die App nicht mehr gestresst, sondern inspiriert fühlen würde. Dass der Zwang, sich dem schönen, glücklichen Idealbild zu beugen, schwinden und mein Wissen sich dafür vergrößern würde. Ganz ohne Druck, denn davon distanziert sich schließlich jeder Account, dem ich folge. Doch so einfach ist es dann leider doch nicht.

#FÜRMEHRREALITÄTAUFINSTAGRAM: ES GEHT AUCH ANDERS! ODER?

Denn auch die Gegenbewegungen, die sich bewusst von den »Oberflächlichkeiten« und den gelernten »Idealen« großer Influencer*innen abgrenzen, haben ihre Tücken.

Fangen wir mal wieder mit den Äußerlichkeiten an. Da gibt es das Thema Body Positivity, das so bekannt und beliebt geworden ist, dass fast jede*r schon einmal davon gehört hat. Kurzfassung:

Es werden Körperbilder gezeigt, die sich außerhalb des gängigen Schönheitsideals befinden. Kurvige Frauen, dicke Frauen, normalgewichtige Frauen mit Speckröllchen, Dehnungsstreifen, Narben und Cellulitis, sehr kleine Frauen, sehr große Frauen – das, was im echten Leben ganz normal ist, findet nun auch Platz im Social Web. Yes! Endlich mehr Vielfalt. Ich finde diesen Ansatz genau richtig. Denn wenn wir diese eigentlich völlig normalen Körper, die eben nicht glattgebügelt, mit Filtern verschönert und durchoptimiert sind, auch medial präsentiert bekommen, können wir beim Blick in den Spiegel entspannter sein. Es wird höchste Zeit, das Normale zu normalisieren!

Ich kenne das auch. Wenn ich sehe, dass eine tolle Frau, die ich inhaltlich sehr schätze und ganz nebenbei auch sehr hübsch finde, genau die gleichen Dellen am Oberschenkel hat wie ich, dann fällt es mir leichter, im Bikini die Beine übereinanderzuschlagen und zu sagen: Na und? Wenn euch nicht gefällt, was ihr seht, dann schaut doch weg. Ehrliche Vorbilder sind Gold wert. Was soll nun also problematisch an dieser Bewegung sein?

Eigentlich verrät es schon der Begriff an sich. Body *Positivity*. Es geht weiterhin darum, ein *positives* Bild zu zeichnen. Der Körper wird gefeiert und zelebriert – auch wenn er anders aussieht als die Körper, die sonst in den Medien als die Norm präsentiert werden. Viele Body-Positivity-Vertreter*innen zeigen sich ähnlich selbstdarstellerisch und sexy, wie wir es von den schlanken Influencer*innen gewohnt sind. Dieselben Posen, dieselben Worte. Es gibt keine wütenden Hassreden auf den Druck der Schönheitsindustrie. Ab und zu erzählt vielleicht eine Frau davon, wie schlecht es ihr früher ging, als sie sich für ein falsches Ideal dünn gehungert hat. Doch am Ende steht immer ein positives Fazit: *Jetzt* ist alles fantastisch. *Jetzt* fühlt sie sich wohl in ihrem Körper, liebt ihre Kurven und präsentiert diese mit Stolz auf zahlreichen Bildern, inklusive der Hashtags *#blessed*, *#goodvibes*, *#goodlife*, wie es sich gehört.

Ich denke an die Zeit kurz nach der Geburt meines ersten Kindes zurück. Wer schon mal Frauen kurz nach der Geburt gesehen hat, weiß: Die sehen immer noch schwanger aus. Man hat zehn Monate lang kein Bauchmuskeltraining gemacht, stattdessen sind die Muskeln auseinandergedrückt worden, und alles hängt nun gemütlich in der Gegend rum. Man trägt immer noch Umstandshosen. Die Rückbildung braucht Zeit. Wenn ich nach der Geburt im Liegen auf meinen Bauch getippt habe, geriet die ganze Masse in Wallung und schwabbelte vor sich hin. Ich hatte das Gefühl, meine Körpermitte sei mit Wackelpudding gefüllt. Das klingt rückblickend ziemlich lustig, doch ganz ehrlich: Stolz war ich nicht auf diesen Zustand. Klar, es war okay, ich wusste ja, dass es allen Frauen so geht und das völlig normal ist. Doch von Body *Positivity* war ich weit entfernt. Es war eher eine notwendige Akzeptanz, mehr nicht. Hätte man mir eine kostenlose Fettabsaugung nach der Geburt angeboten – vermutlich hätte ich zumindest drüber nachgedacht. Ja, ich freute mich darauf, wieder ein paar Kilos zu verlieren. Da ich mich viel mit dem Thema Body Positivity beschäftigt hatte, war es mir allerdings fast peinlich zuzugeben, dass ich abnehmen wollte.

»Ich weiß, dass alles im Rahmen ist«, sagte ich am Telefon zu meiner Freundin Marta, während ich mich vor dem Spiegel hin- und herdrehte und die Haut am Bauch anhob. »Aber schön ist das nicht.«

Sie antwortete: »Du siehst toll aus. Ich hab kaum etwas von deinem angeblichen Bauch gesehen bei meinem Besuch!«

»Du siehst mich ja auch nicht nackt«, lachte ich.

Trotzdem half mir ihr Zuspruch. Ich rief mich zur Vernunft und verbannte das Thema Abnehmen erst mal aus meinen Gedanken. Es gab gerade wirklich Wichtigeres, und irgendwo hatte ich gelesen, dass die Stillhormone sowieso verhindern, dass man schnell wieder Muskeln aufbauen kann. Ich übte mich also in Geduld.

Doch ich fragte mich auch: Darf man überhaupt noch abnehmen wollen? Passt das noch in eine Zeit, in der alle ihren Körper feiern, egal wie er aussieht? Oder widerspreche ich mit meiner selbstkritischen Betrachtung und meinem Wunsch nach meinem alten Körper allen Body-Positivity-Grundsätzen und bin ein Opfer der Schönheitsindustrie?

Es gibt eben einfach Momente im Leben, in denen man sich nicht so wohlfühlt. Die Hose, die früher so gut saß, kneift seit ein paar Wochen an den Schenkeln, und die Bikini-Suche macht im gnadenlosen Licht der Umkleidekabinen keine Freude. Ist das schlimm, wenn man den Körper in diesen Momenten nicht feiert? Ist man damit schon bemitleidenswert und sollte dringend an seinem Selbstbewusstsein arbeiten?

»A smile is the prettiest thing you can wear«, heißt es auf Instagram immer wieder. Und dass man stolz auf seinen Körper sein sollte, statt sich ständig selbst zu kritisieren. Kurz: Sei happy, sei dankbar! Dein Körper hat Großes geleistet, also liebe ihn dafür! Auch hier sind »negative« Emotionen ungern gesehen. Diese Form der Positivität kann ebenfalls toxisch werden und Druck aufbauen. Denn die Befreiung von Körperidealen heißt noch lange nicht, dass man alles fühlen darf. Nein, das glückliche, lächelnde, dankbare Idealbild bleibt – wenn auch in anderen Körperformen. Und am Ende bekommt man schlimmstenfalls das Gefühl vermittelt, eine Therapie zu brauchen, weil man eben nicht alles an sich lieben kann.

Amanda Nentwig bestätigt mir, dass es zwar noch holprig läuft. Dennoch befürwortet sie die Body-Positivity-Bewegung. »Es ist immer noch ein Fakt, dass uns in den Mainstream-Medien ein idealisiertes Körperbild präsentiert wird. Und solange das der Fall ist, ist Body Positivity ein wunderbarer Anfang. Hier ist so viel Raum nach oben, dass vielleicht erst die Generation nach uns oder die Generation danach völlig frei von diesen Themen agieren kann. Je nachdem, wie schnell dieses Thema eine wirklich tiefgreifende Umsetzung in den Mainstream-Medien findet.« Klingt logisch. Veränderung passiert eben nicht von heute auf morgen. Übrigens: Es gibt inzwischen auch die Body-*Neutrality*-Bewegung. Weg von der Obsession mit dem eigenen Körper, hin zu einem entspannten Selbstbild, das sich nicht allein über Oberflächlichkeiten definiert. Ein toller Denkanstoß.

Eine andere Form der Gegenbewegung in den sozialen Medien ist das Hashtag *#fürmehrrealitätaufinstagram*. Die ersten Bilder, die mir in dieser Kategorie begegneten, fand ich großartig. Da wurden chaotische Küchen gezeigt, unaufgeräumte Kinderzimmer, misslungene Kuchen in schlechtem Licht und ungeschminkte Frauen, die wirklich matschig aussahen. Es war eine angenehme visuelle Abwechslung in einer Welt voller Filter und Photoshop. Klar, der für Instagram typische Bilderbuch-Effekt wurde dadurch zeitweise zerstört. Aber mich juckte das nicht. Für mich waren die »anderen« Bilder – die, die nicht der Instagram-Ästhetik entsprechen – nicht hässlich, sondern echt. Und sie gaben mir das Gefühl, in meiner ganz normalen Welt, in der nie alles aufgeräumt ist und in der es abends manchmal nur Toastbrot gibt, nicht allein zu sein.

Umso trauriger war ich, als das Hashtag *#fürmehrrealitätaufinstagram* zum Trend und damit als Bühne genutzt wurde. Da wird die perfekte, glänzende, durchgestylte Wohnung gezeigt – mit Wäscheständer im Bild. Die Aussage dazu: »Auch bei uns ist nicht alles perfekt!« Oder die dreifache Mama beschreibt in einem Text einen ziemlich chaotischen Tag, an dem so ziemlich alles schiefgegangen ist und die Kinder alles auf den Kopf gestellt haben. Das Bild dazu: ein Spiegel-Selfie, auf dem sie mit perfekt sitzender Frisur, stylishen Klamotten, weißem Shirt ohne Flecken (!) und Designer-Handtasche zu sehen ist.

Von diesen Beispielen gibt es noch viele. Der »Kuchen-Fail«, der immer noch zehnmal besser aussieht als das, was ich zum Kaffee serviere. Der »Bad-Hair-Day«, auf dem die Haare so stylish-zerstrubbelt aussehen, dass es auch ein neuer Trend sein könnte. Die Pseudo-Ehrlichkeit dieser *#fürmehrrealitätaufinstagram*-Fotos setzt die Messlatte noch höher als die sowieso schon perfekten Bilder. Denn wenn diese Bilder als Realität verkauft werden, als echtes Leben mit all seinen Macken, dann wirkt das eigene Leben, das nicht ansatzweise dagegen anstinken kann, umso trauriger.

Wenn ich ein Spiegel-Selfie nach einem Chaos-Tag machen würde, wäre mein Shirt längst nicht mehr weiß. Meine Wimperntusche wäre verschmiert, mein Make-up von kleinen Kinderhänden weggewischt, sodass man meine Pickelchen und Stressflecken sehen kann. Designer-Handtaschen existieren in diesem Haushalt sowieso keine, und statt einer angesagten High-Waist-Paperbag-Hose trage ich an solchen Tagen meine ollen Jeans. (Ich besitze nicht mal eine High-Waist-Paperbag-Hose. Ich sehe damit aus wie ein Clown.) Wenn ich mich auf Spielplätzen und bei Freund*innen so umschaue, bin ich ziemlich normal. Wenn ich in soziale Netzwerke gucke, gibt es noch viel Verbesserungspotenzial für mich, um ein besseres, schöneres, glücklicheres Leben zu führen. Es ist doch absurd, dass wir uns häufiger mit einem digitalen Idealbild als mit den Menschen in unserem direkten Umfeld vergleichen. Die digitale Welt in der Hosentasche ist uns näher als das wahre Leben um uns herum.

Glücklicherweise gibt es nach wie vor Kanäle, die ein realistisches Bild der Wirklichkeit zeigen und es mit der Authentizität ernst meinen. Hier muss wohl jede*r in sich reinhören: Was tut mir gut? Was macht mir Druck? Mit welchen Bildern fühle ich mich wohl, von wem fühle ich mich inspiriert, mit wem kann ich mich identifizieren, von wem kann ich lernen? Es schadet nicht, ab und an seinen Instagram-Feed »aufzuräumen« – selbst wenn es nicht immer leichtfällt, klugen, tollen Accounts zu »entfolgen«. Aber das ist nun mal der große Vorteil der digitalen Welt: Die Ruhe im Kopf ist nur ein kurzes Tippen entfernt.

DIE SACHE MIT DER AUTHENTIZITÄT

Eine schwierige Frage stellt sich mir aber doch, wenn ich mich nach mehr Authentizität sehne: Wo ziehen wir die Grenze zum Privaten? Selbst wenn unangenehme Gefühle wie Wut, Traurigkeit und Unsicherheit zum Leben dazugehören – müssen wir der ganzen Welt davon erzählen? Haben wir erst dann wirklich eine volle Akzeptanz der eigenen Gefühlswelt erreicht, wenn wir sie ungeschönt der Öffentlichkeit präsentieren? Oder ist es nicht eher gesund, sich einen Raum für die *privaten* Dinge zu lassen?

Wenn ich beispielsweise um einen geliebten Menschen trauere, würde ich nie auf die Idee kommen, in einer Story davon zu erzählen. Diese Trauer ist für mich wichtig – mein Bauchgefühl sagt mir aber, dass sie im Internet nichts zu suchen hat. Das würde für mich dieses Ereignis schmälern. Wie also kann eine Balance gelingen zwischen mehr Ehrlichkeit auf Social-Media-Kanälen und dem Wahren eines privaten Raumes?

Amanda Nentwig kennt diesen Zwiespalt. »Es gibt da für mich kein ›one fits all‹«, so die psychologische Psychotherapeutin. »Ich persönlich teile meinen Umgang mit Emotionen auf Social Media, aber lasse die Details über deren Auslöser aus. Ich finde es wichtig, Tabuthemen und den Umgang mit schwierigen Emotionen aufzugreifen, wenn man ohnehin medial sehr präsent ist und sein Privatleben zeigt. Bei einem reinen Business-Account ist das etwas anderes. Die Dosis muss jede*r selbst bestimmen. Denn gerade wenn wir Details preisgeben, können sich Follower*innen schnell eingeladen fühlen, ihren Senf dazuzugeben.«

Tja. Was tun? Was rät sie ganz konkret? »Es wäre ein guter Anfang, sich selbst zu überprüfen, ob man eine rosarote Welt auf Social Media zeichnet. Man sollte sich der Konsequenzen dieses Verhaltens bewusst sein.« Doch auch das Teilen schwieriger Kapitel sollte laut Amanda stets durchdacht und mit viel Achtsamkeit verbunden sein. »Ich persönlich lasse solche Entscheidungen meist je nach Thema entweder Minuten oder auch Monate in mir arbeiten.«

Ich habe auch Carina Stöwe gefragt, was sie dazu denkt. Carina Stöwe ist Unternehmerin, Vortragsrednerin, Coach und Podcasterin. In ihrem Podcast *Am Ende interessiert es jede*n* geht es darum, offene Diskussionen über den Tod zu führen, um so einen persönlichen Umgang mit dem Thema zu finden und zu verstehen, was der Tod uns über unser Leben lehrt.[18] Auch auf ihrem Instagram-Kanal @carinastoewe geht die junge Frau sehr offen mit ihren Emotionen um, zeigt ihre Tränen und spricht offen über Therapie, Coaching und mentale Gesundheit.

Carina, du bist mit deiner emotionalen Offenheit in den sozialen Medien eine seltene Ausnahme. Was denkst du, wieso wollen wir uns alle lieber stets gut gelaunt und glücklich präsentieren?

Die meisten Menschen können negativ konnotierte Emotionen wie Trauer, Verzweiflung oder Wut bei sich selbst kaum aushalten, da diese Formen des Ausdrucks in uns von klein auf tendenziell eher unterbunden wurden. Umso schwerer fällt die Auseinandersetzung, wenn uns ein Gegenüber ebendiese Gefühlswelten entgegenbringt und wir mit unseren eigenen Unzulänglichkeiten konfrontiert werden. Der Versuch, solch eine negative Auseinandersetzung und eine damit einhergehende potenzielle Ablehnung zu vermeiden, zwingt uns gerade online, wo destruktive Meinungen häufig anonym und ohne Filter veräußert werden, ein unantastbares Happyland zu kreieren.

Warum gehst du ganz bewusst einen anderen Weg?
Ich habe gelernt, dass es nur eine Möglichkeit gibt, die Veränderung zu schaffen, die ich mir in dieser Welt wünsche: voranzugehen und so zu agieren, wie ich mir ein menschliches Miteinander auf persönlicher wie gesellschaftlicher Ebene vorstelle. Dies beinhaltet für mich zwangsläufig die offene Auseinandersetzung und das Erlernen eines konstruktiven Umgangs mit Themen und Emotionen, über die wir nicht gerne sprechen und die für uns unangenehm oder schambehaftet sind. Diese Kommunikationsbereitschaft ist der Grundstein für Mitgefühl, und ich bin davon überzeugt, dass Mitgefühl die Basis für eine zukunftsfähige, diverse Gesellschaft ist. Die Art und Weise meiner Kommunikation, sowohl auf meinem privaten Profil als auch in meinem Podcast, ist der Versuch, eine Welt mit Raum für Verletzlichkeit und Menschlichkeit vom Kleinen ins Große zu kreieren.

Wie kann eine Balance gelingen zwischen mehr emotionaler Ehrlichkeit in den sozialen Medien und dem Wahren eines privaten Raumes?
Hier bewegen wir uns auf einem schmalen Grat, den jede*r für sich selbst anhand folgender Gedanken ausloten darf. Meiner Meinung nach besteht eine unnatürliche Trennung zwischen den Lebensbereichen, in denen wir uns bewegen. So werden private Themen am Arbeitsplatz häufig komplett ausgeklammert, was bis zu einem gewissen Punkt sinnvoll sein kann, uns jedoch maßgeblich in unserem vollen Menschsein und der Menschlichkeit, die uns alle verbindet,

begrenzt. Aufgrund der Befürchtung, unsere Kolleg*innen könnten zu viel Persönliches über unsere Profile in den sozialen Medien erfahren, erlegen wir uns selbst immer wieder Filter auf, um das vermeintliche Happyland zu wahren. Was wäre, wenn der*die Chef*in von der aktuellen depressiven Phase, der Trennung, der Essstörung wüsste? Was wäre, wenn Scham nicht das dominante Instrument in unseren zwischenmenschlichen Beziehungen wäre, das uns voneinander trennt, sondern stattdessen Mitgefühl, Verständnis und Akzeptanz der unterschiedlichen Realitäten und Geschichten, die uns aus- und einzigartig machen, im Vordergrund stünden? Wäre es möglich, dass eine offene Kommunikation gerade auch über vermeintlich private Themen eine neue Tiefe in allen Feldern unseres Lebens schaffen könnte? Ich weiß, dass es, um einen solchen Raum zu halten, die Bereitschaft von allen Parteien braucht. Es braucht Zeit, Geduld und Reflexionsfähigkeit, Mitgefühl und den Mut, sich verletzlich zu zeigen. Diese Qualitäten sind es, die wir zwangsläufig mehr in unseren Beziehungen etablieren müssen, wenn wir ein Leben leben möchten, das uns zutiefst erfüllt. Und ich bin davon überzeugt, dass sich dieser Schritt in eine neue Welt lohnt, für jede*n einzelne*n von uns.

Ich finde Carinas Ideen und Aussagen sehr wertvoll und inspirierend. Dennoch ist es für mich persönlich schwierig, eine Balance zu finden. Mir ist es wichtig, auch einen privaten Raum zu haben, der weit weg vom Internet existiert, den nur ich und die Personen, die damit zu tun haben, kennen. Auch um diesen Raum vor nicht immer wohlwollenden Kommentaren zu schützen. Denn sosehr wir uns auch mehr Menschlichkeit und Akzeptanz wünschen – leider zeigen die Kommentarspalten im Internet immer wieder, dass wir davon noch weit entfernt sind. Und das macht die völlige Offenheit so schwer. Carinas Weg, mit gutem Beispiel voranzugehen, ist deshalb in meinen Augen sehr mutig.

Mein Problem bei der ganzen Sache: Im Internet wirkt für mich vieles bewusst auf die ein oder andere Weise »präsentiert«. Wenn ich weinend ein Selfie mache, komme ich mir dabei automatisch komisch vor – wahrscheinlich mache ich zehn Selfies und wähle am Ende das »beste« Foto aus, auf dem die verschmierte Wimperntusche am dramatischsten aussieht. Als seien meine Tränen eine Inszenierung für die sozialen Medien, selbst wenn es nicht so ist. Als würde ich in dem Moment des Fotografierens nicht mehr an mein Gefühl, sondern an ein Posting denken. Es ist ein Dilemma. Denn mehr echte Emotionen täten den sozialen Medien doch so gut!

Gleichzeitig macht sich in mir auch sofort ein merkwürdiges Bauchgefühl breit, wenn ich zur Zeugin sehr intimer Momente im Leben fremder Menschen werde. Eine Influencerin erzählte kürzlich auf Instagram in vielen aufeinanderfolgenden Storys von dem Konflikt, den sie gerade mit ihrem Ehemann hat. Ich habe diese Erzählungen übersprungen und nicht hingeschaut. Das geht mich nichts an, dachte ich. Es war ein Gefühl, als würde ich ein intimes Telefonat belauschen. Oder als wäre ich beim ersten Besuch bei neuen Bekannten statt ins Gäste-WC aus Versehen ins Schlafzimmer gegangen und würde mich dort umschauen, statt sofort wieder die Tür zu schließen. Immer wieder entdecke ich solche Postings, die mir zu intim sind – aber ich weiß auch, dass andere sich davon abgeholt fühlen.

Für mich macht dabei übrigens die Aussage zum Bild einen großen Unterschied. Wenn jemand ein Tränen-Selfie postet und dazuschreibt, dass Tränen völlig legitim sind und wir alle Emotionen zulassen sollten, ist das für mich etwas anderes, als wenn jemand ein Tränen-Selfie postet und dazuschreibt, dass der Ehemann gerade das und das gesagt hat und sowieso ein Riesenarsch ist. Letzteres ist mir zu privat und geht mich gefühlt nichts an, Ersteres spielt sich auf der Metaebene mit Abstand zum eigentlichen Ereignis ab, womit ich super klarkomme. Das entspricht eher Amandas Herangehensweise: Emotionen und den Umgang mit diesen teilen? Ja. Details über den Auslöser dieser Emotionen preisgeben? Nein. Ich bin hin- und hergerissen.

Carina fordert mehr Mitgefühl, Verständnis und Akzeptanz in unserem zwischenmenschlichen Miteinander. Für mehr Ehrlichkeit, gegen den allgegenwärtigen Zwang zu Happiness und Perfektheit. »Ja!«, will ich da rufen. »Genau das!« Doch das würde bedeuten, dass wir unsere »emotionalen Schlafzimmertüren« weit öffnen müssen. Für alle. Ich genieße es allerdings hin und wieder, intime Momente ganz für mich zu haben. Das Handy weglegen zu können und zu wissen: Das echte Leben funktioniert auch ohne Inszenierung. Bei allem, was ich *nicht* poste, muss ich mir auch keine Sorgen darüber machen, ob anderen das »gefällt«. Erst dann kann ich wirklich frei von Erwartungsdruck agieren.

Du merkst: Ich nehme dich hier auf einen Gedankengang mit, für den ich noch keine abschließende Lösung gefunden habe. Für mich gibt es einen Unterschied zwischen »persönlichem« und »privatem« Content. Ich finde es wichtig, ehrlich und offen über *persönliche* Dinge zu lesen und zu schreiben, Erfahrungen, Emotionen und Gedanken zu teilen und voneinander lernen zu können. Dennoch gibt es für mich Grenzen, bei denen es mir zu sehr ins Private geht. Gewisse Dinge behalte ich für mich, und ich gebe ihnen damit in meinem Leben eine ganz besondere Wichtigkeit. Ich wünsche mir ein authentisches, ehrliches Miteinander, im digitalen wie im realen Leben – und dennoch ein Bewusstsein dafür, dass wir immer die Freiheit haben, Dinge für uns zu behalten. Es geht darum, nie Emotionen, Gedanken oder eben auch Postings zurückzuhalten, weil sie nicht in das allgegenwärtige Toxic-Positivity-Narrativ passen und wir deshalb das Gefühl haben, sie zurückhalten zu *müssen*. Aber wir sollten wissen, dass wir sie zurückhalten *können*, und zwar immer dann, wenn wir das *wollen* – einfach so, aus dem Wunsch heraus, sie als »Schatz« für uns zu bewahren.

Ich habe aber auch gelernt, dass meine Grenzen nicht die Grenzen anderer sind. Anderen tut es gut, auch Intimes zu teilen oder zu lesen. Um es in Carinas Worten zu sagen: »Hier bewegen wir uns auf einem schmalen Grat, den jede*r für sich selbst (...) ausloten darf.« Es gibt kein Richtig oder Falsch. Es gibt nur die persönliche Entscheidung – und Akzeptanz und Toleranz für diese Entscheidungen. Oder auch für unentschlossene Menschen wie mich, die bei diesem Balanceakt immer wieder ins Taumeln geraten und ihre Meinung, ihr Bauchgefühl und ihre Überzeugungen immer wieder neu justieren.

»HAUPTSACHE, DEM KIND GEHT ES GUT«

VERZERRTE IDEALBILDER IN SCHWANGERSCHAFT, GEBURT UND MUTTERSCHAFT

SCHWANGER, ÜBERGLÜCKLICH – UND GENERVT

Mit meiner ersten Schwangerschaft – ich war damals 29 Jahre alt – begann für mich eine völlig neue Phase in meinem Leben. Als ich den positiven Test in der Hand hielt, war ich überwältigt. Meine Hände zitterten, und meine Knie wurden so weich, dass ich mich auf den Rand der Badewanne setzen musste. Nachdem Micha und ich entschieden hatten, dass wir ein Kind bekommen wollten, hatte ich erwartet, dass ich mich in Geduld würde üben müssen, ein paar Monate, vielleicht auch ein Jahr. Meine Frauenärztin hatte mich gewarnt: »Stellen Sie sich darauf ein, dass es etwas länger dauert.« Mein Zyklus war eher unregelmäßig, meine Erwartungen waren so niedrig, dass mein Mann und ich sogar noch einen Flug nach Kambodscha gebucht hatten.

Und nun, nur zwei Wochen später, war ich offiziell schwanger. Oh. Mein. Gott.

»Micha?«, rief ich meinen Mann. »Komm mal.«

Er kam ins Bad.

»Guck mal. Da hat sich doch noch ein Strich gebildet, oder?«

Er grinste ungläubig. Die erste Minute hatte er mit mir zusammen im Bad gestanden, aber auf dem Testdisplay hatte sich nur der Kontrollstrich abgezeichnet. »Da ist nichts«, hatte er dann gesagt und war zurück in die Küche gegangen. Wir hatten zwei Tage vorher bereits einen Frühtest gemacht, der negativ gewesen war, deshalb hatten wir beide nicht viel Hoffnung gehabt, dass dieser Test hier anders ausfallen würde.

»Ganz blass«, sagte Micha jetzt.

»Ja, oder?«, fragte ich. »Blass reicht, steht in der Anleitung.«

Er lachte. Ich lachte. Wir küssten uns, fassten uns an den Schultern.

»Wir werden Eltern«, sagte ich. »Du wirst Papa!«

Er schlug die Hände vor dem Gesicht zusammen und schüttelte den Kopf. »Krass.«

Nach dem positiven Testergebnis war ich zuerst überglücklich, dann voller Sorge. Von einer Minute auf die andere sah ich mich mit ganz neuen Fragen und Herausforderungen konfrontiert. Darf ich noch reisen? Darf ich noch heben? Was darf ich noch essen? Soll ich pränatale Tests machen? Wenn ja, welche? Wir brauchen ein Auto!

Es war Ende November, die Weihnachtsmarktsaison hatte gerade angefangen. Wie zur Hölle sollte ich bei den Weihnachtsmarktbesuchen mit Freund*innen in den nächsten Wochen unauffällig auf Alkohol verzichten und die tausend Gedanken, die mir durch den Kopf gingen, verheimlichen? Ich hatte gelesen, dass jede dritte Schwangerschaft in den ersten zwölf Wochen abging. Daher wollte ich nicht, dass mein Umfeld schon jetzt von meiner Schwangerschaft erfuhr.

Ich dachte mir also eine gute Geschichte aus. »Ich hatte plötzlich so einen Druck auf dem rechten Ohr, als würde mir jemand Watte in den Gehörgang pressen«, erzählte ich. »Am nächsten Tag bin ich dann zum HNO-Arzt. Diagnose: Hörsturz. Nun muss ich erst mal zwei Wochen Cortison nehmen. Und das verträgt sich wohl nicht so gut mit Alkohol.« Die Geschichte hatte ich so tatsächlich schon erlebt – allerdings etwa ein Jahr zuvor. Das war also nur ein bisschen geflunkert.

Schwierig wurde es, wenn Freund*innen fragten, was bei mir gerade so los war. Am liebsten hätte ich geantwortet: »Ich werde gerade völlig bekloppt, weil ich keine Hebamme finde. Zudem habe ich bei jedem Toilettengang Angst, Blut auf dem Klopapier zu finden. Und die gefühlt hundert Pickel in meinem Gesicht kommen übrigens von der Hormonumstellung. Und mir ist ständig übel. Wenn doch endlich diese zwölf Wochen rum wären!« Stattdessen erzählte ich von unserer Suche nach einem Eigenheim, den

Terminen bei Banken und den ersten Aufträgen als freie Journalistin, schließlich war ich gerade erst seit zwei Monaten selbstständig. Immerhin war auch ohne die Schwangerschaft genug bei mir los.

Die aufgestauten Emotionen ließ ich dann umso stärker zu Hause raus. Micha hatte einiges zu ertragen. Vormittags saßen wir beide gut gelaunt im Homeoffice, erledigten Jobs, unterhielten uns ein wenig. Mittags sagte ich ihm, dass ich mir ein Brötchen schmieren wollte, und ging in die Küche. Ich bereitete mir meinen Snack zu, setzte mich an den Tisch und las auf meinem Smartphone ein paar Artikel über Schwangerschaften. Irgendwo wurden Sinn und Unsinn von pränatalen Tests diskutiert, es ging um das Recht auf Nichtwissen. Denn ein auffälliger Test, der auf eine potenzielle Behinderung des Kindes hinwies, könne für eine Mutter eine enorme psychische Belastung bedeuten. Der Gedanke erwischte mich eiskalt. Mein Kind könnte behindert sein. Was würden Micha und ich machen, wenn wir ein auffälliges Testergebnis erhielten? Würden wir abtreiben? Ein Kind, das schon Arme und Beine hatte? Könnte ich das verkraften? Könnten wir ein behindertes Kind betreuen? Würden wir das schaffen?

In meinen Augen sammelte sich Wasser. Ich ging rüber ins Büro zu Micha, und sofort liefen mir ganze Sturzbäche an Tränen die Wangen hinunter. Mein Mann, der mich vor gerade mal zwanzig Minuten gut gelaunt verabschiedet hatte, war völlig überrumpelt. Er schaute so verdutzt, dass ich unter Tränen kurz lachen musste. Das war wohl diese Hormonachterbahn, von der alle sprachen.

Da ich genau dieses Auf und Ab der Gefühle mit irgendwem teilen musste, erzählte ich meiner besten Freundin Marta doch schon früher, dass ich schwanger war. Sie grinste. »Das dachte ich mir schon«, sagte sie. Meine Freundin war stutzig geworden, als Micha und ich den Flug nach Kambodscha abgesagt hatten. Micha habe eine Anfrage für einen gut bezahlten Auftrag bekommen, hatten wir erzählt. Sie hatte genickt, »Aha« gesagt und ein wenig die Stirn gerunzelt. Natürlich war der eigentliche Grund die Schwangerschaft gewesen. Zu groß war die Unsicherheit, dass das Zika-Virus, die mangelnde medizinische Versorgung vor Ort oder eine Fehlgeburt die Reise zum Horrortrip machen würden.

Marta freute sich, nahm mich in den Arm und bekam das Grinsen kaum aus dem Gesicht. Mein Lachen wirkte neben ihrem wohl eher verzweifelt. Denn zusammen mit der Suche nach einem Haus, die nun immer dringender wurde, und den Gedanken um meine Selbstständigkeit, die durch die frühe Schwangerschaft schon im ersten Jahr einen Bruch erleben würde, war ich trotz der freudigen Nachricht – wir wollten schließlich ein Kind! – schon nach wenigen Wochen am Limit der nervlichen Belastung angelangt. Ja, es war eine privilegierte Art von Stress, ja, ich war auch glücklich, irgendwie. Nein, das waren keine schlimmen Probleme. Aber ich habe sie damals in manchen Momenten trotzdem als schlimm empfunden.

Wenn ich Freund*innen von meiner Situation erzählte, sagten einige: »Den perfekten Zeitpunkt gibt es wohl nie. Sei froh, dass es so schnell geklappt hat. Es gibt viele Frauen, die einen unerfüllten Kinderwunsch haben. Und viele Paare, die sich ein Leben lang kein Haus leisten können.«

Ich hatte sofort ein schlechtes Gewissen. Die Message, die durch diese Aussage bei mir ankam: Es stand mir einfach nicht zu, mich zu beschweren. Anderen ging es viel schlechter. Also, Anna, sei glücklich, sei dankbar für deine Privilegien und halt die Klappe! Ich spürte in den Reaktionen aus meinem Umfeld, dass ich doch bitte den Schein der glücklichen Schwangeren wahren sollte. Schwangere beschweren sich nicht. Sie streicheln ihren Bauch und lächeln selig. Das Ergebnis: Meine Sorgen wurden nicht kleiner, mein schlechtes Gewissen dafür größer.

Also gab ich alles, um positiv zu denken. Ich kaufte mir ein Schwangerschaftstagebuch, und Micha und ich fotografierten jede Woche meinen wachsenden Bauch. Und tatsächlich wurde mein Gefühlsleben im zweiten Drittel der Schwangerschaft ruhiger. Dennoch nervte mich der Druck, dass ich mich nicht beschweren durfte – so fühlte es sich für mich zumindest an. Wer auch immer mir begegnete, lächelte verzückt: »Ahhh, das Bäuchlein!« An Tagen, an denen ich mich nicht wohlfühlte, dachte ich zynisch: Ahhh, Rückenschmerzen! Ahhh, Tritte auf die volle Blase! Ahhh, zehn Kilo mehr! Dennoch lächelte ich zurück und streichelte über das Bäuchlein, so wie Schwangere eben über ihr Bäuchlein streicheln. Ich bemühte mich, die Zeit zu genießen. Manchmal klappte es, manchmal nicht.

Die meisten Menschen haben davon gehört, dass in den ersten Wochen einer Schwangerschaft Übelkeit und Müdigkeit dazugehören. Aber nur wer wirklich mal schwanger war, weiß, was Müdigkeit bedeutet. Ich hatte zudem in den ersten Monaten extrem empfindliche Haut, Schwangerschaftsakne und ständig Luft im Bauch. Was viele Frauen vorher noch nicht wissen: Bei manchen Schwangeren ist das mit der Übelkeit so schlimm, dass sie sich wochenlang jeden Tag mehrfach übergeben. Eine Freundin von mir landete im Krankenhaus, weil sie zwanzigmal am Tag erbrach. Klar, das ist eine Ausnahme, aber es kommt vor.

Später in der Schwangerschaft kämpfen viele Frauen mit extremen Rücken- oder Symphysenschmerzen, da die Hormone für eine Lockerung der Bänder und Sehnen sorgen. Gut für die Geburt, schlecht für die letzten Monate der Schwangerschaft, in denen die Stabilität des Beckens verloren geht. Der Beckenboden wird außerdem durch das Gewicht des Kindes belastet, sodass einige Schwangere gegen Ende der Schwangerschaft bei jedem Lachen oder Niesen etwas Urin verlieren. Ein gezielter Tritt des Babys gegen die Blase kann einen ähnlichen Effekt haben.

Sodbrennen, Wassereinlagerungen, Krampfadern und Hämorrhoiden kommen ebenfalls häufig vor. Zwei Freundinnen von mir hatten sogar durch ein hormonell bedingtes Karpaltunnelsyndrom wochenlang so starke Schmerzen in den Händen und Armen, dass sie teilweise kaum noch schlafen konnten.

Das Immunsystem schwächelt, man ist anfälliger für Infektionen. Und der wachsende Bauch, die großen Brüste und die dunklen Brustwarzen mit dem immer größer werdenden Warzenhof sind auch nicht für alle Schwangeren einfach zu verkraften.

Der gesamte Hormonhaushalt wird während der Schwangerschaft umgestellt, was die Verarbeitung all dieser körperlichen Veränderungen nicht leichter macht. Schwangere merken sehr deutlich, wie eng Hormone und Psyche miteinander verknüpft sind – man geht schneller an die Decke, ist im einen Moment überglücklich und im nächsten unendlich traurig.

Klar: Es gibt auch Schwangere, die wirklich glücklich durch diese vierzig Wochen gehen. Die keine allzu ausgeprägten körperlichen Symptome haben und denen die Hormonumstellung eher ein Stimmungshoch statt -tief beschert. Doch dafür gibt es keine Garantie. Und meine eigenen Erfahrungen sowie Gespräche im Freundeskreis zeigen: Die rosarote Brille setzen die meisten Schwangeren früher oder später ab und sind irgendwann froh, dass diese Zeit auch wieder vorbeigeht.

Auf meinem Blog »THINK FEM« schrieb ich einen sehr ehrlichen Artikel über die Schattenseiten der Schwangerschaft und bekam darauf eine unfassbare Resonanz. Bis heute ist es der meistgelesene und -kommentierte Text auf meinem Blog. In der Kommentarspalte hat sich ein richtiges Forum gebildet. Offensichtlich war ich mit meinen Gefühlen nicht allein. Die ersten Wochen sind hart, anstrengend und unschön. Die letzten Wochen auch. Dazwischen wird es meist besser – aber nicht bei jeder Frau. Ein Kommentar berührte mich ganz besonders.

Mama C. schrieb am 21. Juli 2020:

Bin sehr berührt von den Beiträgen und denke an meine drei Schwangerschaften. Mit 22, 24, 39 Jahren. Es war krass, und ich war mit so vielen Dingen überfordert, hatte keinen Austausch wie einen Blog etc. Heute bin ich 56 und werde in zwei Monaten Oma. Meine Tochter stöhnt und schleppt ihren Bauch herum, ich sehe sie und kann nicht helfen, außer indem ich ihr sage: »Ja, es ist schwer.« Und ihr Mut mache, dass sie es schaffen wird. Ich würde gerne allen Mut machen, die hier schreiben. Tauscht euch aus, und macht euch gegenseitig Mut. Vieles, was hier berichtet wird, kann auch mit Entzug zu tun haben, dem emotionalen Entzug vom »früheren Leben«. Ich nenne es jetzt mal pauschal die »Saufen-Kiffen-Feiern-Zeit«. Es gibt immer zwei Seiten der Medaille. Schreibt ein Schwangerschaftstagebuch: »Good days, bad days.« Gönnt euch was Gutes, nehmt euch Zeit für euch und heult. (...) Ihr werdet es schaffen, aber sorgt gut für euch. Liebe Grüße von Mama C.[19]

Wenn man mich in der zwanzigsten Woche fragte, ob ich denn noch Aufträge annähme, antwortete ich: »Ich bin nur schwanger, nicht krank!« Dabei baut dieser Satz Druck für jede werdende Mutter auf, der es gerade nicht gut geht und die das Gefühl hat, die Kontrolle zu verlieren. Denn die Aussage hinter diesem Satz lautet: Wer *nur* schwanger und nicht krank ist, muss leisten. Wie immer, ohne Einschränkungen. Die paar Hormone, die paar Umstellungen, pah! Doch Schwangerschaft, Geburt und der Beginn der Mutter- beziehungsweise Elternschaft verändern alles. Es ist ein neues, ein anderes Leben. Klar, das ist keine Krankheit, aber manchmal fühlt es sich eben so an. Und das ist okay. Es ist okay, auch mal nicht zu leisten, nicht mehr zu können und zu weinen, weil man keine Ahnung hat, wie man jemals all diese neuen Herausforderungen meistern soll, und sich fragt, ob nicht alles ein großer Fehler war. Und währenddessen macht der Körper, der einem so lange ganz allein gehört hat, einfach, was er will. Auch als privilegierte Mama darf man hier an seine Grenzen kommen. Das ist okay. Ja, auch wenn es andere härter trifft.

Leider traf es mich noch härter. Eigentlich ging es mir gerade wieder richtig gut, ich war in der 25. Woche der Schwangerschaft, mir tat ausnahmsweise mal nichts weh, ich freute mich über jede kleine Bewegung meines Sohnes in meinem Bauch, und auch die Übelkeit war längst verschwunden. Micha und ich kamen gerade von einer Reise nach New York zurück – wir waren voller neuer Eindrücke, erschöpft und einfach nur froh, nach dem langen Flug nach Berlin und der anschließenden Bahnfahrt nach Hamburg endlich ein paar Stunden schlafen zu können. Als ich nach drei Stunden am späten Nachmittag aufwachte, fand ich auf meinem Smartphone-Display drei verpasste Anrufe und eine WhatsApp-Nachricht von meiner Mutter: »Ich muss ins Krankenhaus wegen heftiger Bauchschmerzen« – Mehr stand da nicht. Nicht einmal ein Satzzeichen, und das von einer ehemaligen Lehrerin.

Ich versuchte, sie anzurufen. Weder mobil noch auf dem Festnetz erreichte ich sie. Meine Mutter hat geradezu eine Krankenhausphobie. »Ich hasse Krankenhäuser«, hatte sie schon öfter zu mir gesagt und sich dabei geschüttelt. Sie hätte niemals zugelassen, dass man sie ins Krankenhaus brachte, wenn es ihr nicht wirklich, *wirklich* schlecht ging.

Also begann ich, die Krankenhäuser in meiner Heimat abzutelefonieren. Eins nach dem anderen. Irgendwann hatte ich Erfolg. Sie wurde mir ans Telefon gereicht. »Ich hab so Bauchschmerzen«, sagte sie. »Die sollen einfach nur machen, dass das aufhört.« Ich sagte ihr, dass ich sie lieb habe. Anschließend durfte ich kurz mit ihrem Arzt sprechen. Er erklärte mir, dass sie noch an diesem Abend operieren würden, sie müssten den Bauch öffnen, um zu schauen, was passiert war. Ich könne gern nach der OP vorbeikommen und meine Mutter besuchen.

Die Koffer von unserer New-York-Reise standen noch gepackt im Flur. Ein Blick in den Spiegel zeigte zwei müde Gesichter, der Jetlag war längst nicht überwunden. Micha und ich packten unsere Kulturtaschen und frische Unterwäsche in einen kleineren Koffer und stiegen ins Auto. Zweieinhalb Stunden später waren wir da.

An der Anmeldung des Krankenhauses wurden wir darüber informiert, dass meine Mutter noch im OP war. Wir gingen essen. Ich war nervös, hatte aber trotzdem Hunger. »Gut so«, sagte Micha. »Du brauchst Kraft.« Er wusste selbst nicht, wie recht er damit haben sollte.

Als wir zurück ins Krankenhaus kamen – das war um etwa neun Uhr abends –, ging es direkt auf die Intensivstation. Ich durfte nicht sofort zu meiner Mutter. Davor nahm eine Ärztin uns mit in ihr Büro und sprach sehr ehrlich mit mir: »Ihre Mutter ist sehr, sehr krank. Sie liegt jetzt im künstlichen Koma. Wir wissen nicht, ob und wie sie es schafft.« Sie erzählte etwas von einem geplatzten Blinddarm und einer Sepsis. Ich versuchte zuzuhören, während das Blut in meinen Ohren rauschte und sich meine Augen mit Tränen füllten.

Das Baby in meinem Bauch strampelte fröhlich. Ich stand auf und wurde, Michas Hand fest in meiner, in das Krankenzimmer gebracht. Da lag sie, meine sonst so starke Mutter, fahl und blass und schmal, Kanülen mit Schläuchen in den Armen und Händen, eine Atemmaske auf dem Gesicht. Es piepste regelmäßig, Monitore zeigten diverse Zahlen, die ich nicht verstand. Meine Mutter hatte die Augen geschlossen. »Hallo, Mama«, sagte ich, und sie reagierte nicht. Micha holte mir einen Besucherstuhl aus der Ecke, damit ich mich neben sie setzen konnte. Michas Hände ruhten auf meinen Schultern, er stand hinter mir.

»Hört sie mich?«, fragte ich die Ärztin.

»Wahrscheinlich nicht«, sagte sie. »Aber reden sie ruhig mit ihr. Vielleicht kommt doch etwas an. Wenn Sie Fragen haben, melden Sie sich jederzeit.«

Damit verließ sie den Raum. Ich schaute auf die vom Wasser aufgedunsenen Hände meiner Mutter und ihren Körper unter der hellblau-weiß gestreiften Krankenhausbettdecke.

»Was machst du denn nur«, flüsterte ich. Und dann sagte ich nichts mehr. Tränen tropften auf den sterilen grauen PVC-Boden.

In den folgenden Wochen pendelte ich zwischen Intensivstation, Freelancer-Jobs und meinen eigenen Arztterminen hin und her. Ich habe keine Geschwister, und mein Vater lebt nicht mehr, somit war ich allein zuständig.

An einem Vormittag rief mich das Krankenhaus an. Wie immer zuckte ich zusammen, als ich die Nummer auf dem Display sah. War etwas passiert? Ich ging sofort ran.

»Wir würden bei Ihrer Mutter gern einen Luftröhrenschnitt durchführen, um eine langfristige künstliche Beatmung zu erleichtern«, sagte mir ein Arzt. »Dafür bräuchten wir Ihr Einverständnis.«

Ich war überrumpelt. »Ähm, was heißt das denn genau?«, fragte ich nach.

Der Arzt erklärte mir kurz, wieso ein Luftröhrenschnitt sinnvoll sei, dass aber natürlich mit jedem Eingriff auch Risiken verbunden seien.

Ich verstand nicht alles, sagte aber: »Wenn Sie sagen, dass das nötig ist, macht das wohl Sinn.«

»Wann sind Sie denn wieder hier?«

»Morgen.«

»Können Sie schon vormittags kommen? Dann können Sie gleich unterschreiben. Und sind Sie eigentlich schon als gesetzliche Betreuerin eingesetzt?«, schob der Arzt hinterher.

»Äh ... nee, ich glaube nicht«, sagte ich. »Ich bin aber die einzige Tochter. Ist das dann nicht automatisch so?«

»Nein, das muss alles offiziell laufen. Dann informieren wir mal das Amt, dann können Sie alle Entscheidungen treffen, die Finanzen regeln und so weiter. Das erleichtert die Situation. Das Amt meldet sich dann bei Ihnen.«

»Okay«, sagte ich. Und dachte: Oh Gott.

Ich googelte kurz, sprach mit Micha über den Luftröhrenschnitt, hatte auch am nächsten Tag noch kaum eine Ahnung, aber stimmte letztendlich zu. Es ging alles gut. Bei einem Termin beim Amt ein paar Tage später wurde ich dann offiziell über meine Pflichten als gesetzliche Betreuerin aufgeklärt. Ich fühlte mich restlos überfordert mit der Gesamtsituation und weinte, während ich zu Hause am Esstisch versuchte, das Vermögen meiner Mutter in Tabellen einzutragen.

»Du kannst dich wirklich glücklich schätzen, so einen tollen Mann an deiner Seite zu haben, der dich die ganze Zeit unterstützt«, sagte eine meiner Freundinnen.

Ja, das tat ich. Micha war immer da und wirklich eine riesige Hilfe.

»Sei froh, dass dein Baby den Stress so gut wegsteckt«, hörte ich von jemand anderem.

Ja, ich war erleichtert, nicht zusätzlich noch mit vorzeitigen Wehen oder anderen stressbedingten Symptomen kämpfen zu müssen, das stimmte wohl.

Aber dieses »Glück« fühlte sich nicht wirklich gut an. Ich musste ein paar Wochen lang täglich damit rechnen, dass meine Mutter stirbt. In solch einer Lage ist das mit dem positiven Blick so eine Sache.

Ich funktionierte. Ich erledigte meine Jobs, ich streichelte meinen Bauch, ich nahm mir trotz der heftigen Situation sogar Auszeiten, ging Eis essen, ging schwimmen, traf mich mit Freund*innen im Restaurant oder las abends einen netten Liebesroman. Ich brach nur selten und kurz in Tränen aus, fing mich aber jedes Mal wieder. Zu viel Traurigkeit konnte ich mir nicht erlauben, so mein Gefühl. Ich musste vor der Geburt noch genug Geld verdienen, meine Mutter war auf mich angewiesen, ich fühlte das Gewicht der Verantwortung auf meinen Schultern. Um es zu schaffen, lenkte ich mich mit To-do-Listen ab und ließ schlechte Gedanken nur selten zu. Trotzdem schienen mir Aussagen wie »Versuchen Sie, in jeder Situation das Positive zu sehen«, wie sie in Glücksratgebern und Co. zu finden sind, in dieser Lage pietätlos. Ich kam klar. Doch rückblickend war alles zu viel – und als »glücklich« würde ich diese Phase meines Lebens wahrlich nicht beschreiben. Auch wenn die Geschichte »gut« ausging. Meine Mutter überlebte die Sepsis, nach einigen Monaten in verschiedenen Krankenhäusern durfte sie sogar zurück nach Hause. Ihre Niere hat zwar versagt, sie ist seitdem Dialysepatientin, doch alles andere hat sie überraschend gut weggesteckt und lebt nach wie vor allein in ihrem Haus. Ein kleines Wunder.

»Sei froh, dass …«, »Denk dran: Eine Schwangerschaft ist keine Krankheit!« oder »Versuch, dich auf die schönen Dinge zu konzentrieren« sind keine Hilfestellungen, sondern Toxic-Positivity-Aussagen. Sie nehmen Sorgen, Bedürfnisse und Ängste nicht ernst und setzen unter Druck. Gerade in der Schwangerschaft.

Noch schlimmer: »Das Kind hat es nicht verdient, dass du schlecht drauf bist!« Ziemlich perfide, diese Aussage: Du schadest mit negativen Gedanken nicht nur dir selbst, sondern auch dem Kind. »Glückliche Mütter gebären glückliche Kinder«, heißt es, das bestätige auch die Forschung. Also, sei glücklich! Du bist schließlich verantwortlich für dieses Kind! Puh. Fies.

Wenn ich auf meine konkrete Situation schaue, machte mich das also zu einer schlechten (werdenden) Mutter, weil ich eine gute Tochter war. Oder wie?

Ich glaube, das zeigt sehr eindrücklich, dass es nicht so einfach ist zu sagen: Tu dir Gutes, dann bekommst du ein glückliches Kind. Das Leben spielt nicht immer mit.

Selbst ohne Schicksalsschläge kann niemand 24 Stunden am Tag grinsend und überglücklich durch die Welt stolzieren. Denn eines sollte man bedenken: Launenhaftigkeit und Sorgen gehören in einer Schwangerschaft (und zum Leben generell) dazu.

Ich habe mit der Hebamme Melanie Weinhönig aus Berlin gesprochen, die mir bestätigte, dass viele Frauen vom Auf und Ab der Schwangerschaft überrumpelt sind. »Eine Schwangerschaft kann man nicht vorbereiten. Man kann dieses Gefühl nicht erklären, genauso wenig wie man Mutterliebe wirklich erklären kann. Man muss es fühlen. Und dazu gehört auch, dass es sich vielleicht nicht so gut anfühlt, wie man erwartet hat. Ich habe mit einer Mutter gesprochen, die mir sagte: ›Ich kann gern noch drei Kinder bekommen, aber nur, wenn jemand anders schwanger ist.‹ Manche Frauen sind gerne schwanger, andere nicht. Manchmal gibt es gute Wochen, dann wieder schlechte. Das gehört dazu.«

Das Bild der ständig selig lächelnden Schwangeren hat sich in meinem Umfeld noch nie bestätigt. Jede werdende Mama fragt sich, ob die Entscheidung für ein Baby nicht völlig verrückt war und ob sie dieser Herausforderung gewachsen ist. Es ist ein unfassbares Gefühl, ein Baby im Bauch zu haben. Magisch. Schmerzhaft. Wunderschön. Kaum auszuhalten. Alles gleichzeitig. Das ist heftig, und es ist normal, davon zwischendurch überfordert zu sein. Auch wenn sonst alles läuft. Ja, man braucht in diesen Momenten Mitgefühl, Unterstützung und jemanden, der*die zuhört und Kekse bringt. Aber es hilft auch zu wissen: Das geht allen so. Wir sollten viel offener darüber sprechen. Denn wenn wir wissen, dass bestimmte Emotionen in bestimmten Lebensabschnitten dazugehören, überinterpretieren wir sie nicht. Wir können viel gelassener mit ihnen umgehen und müssen uns nicht in den Gedanken verstricken, dass irgendetwas nicht mit uns stimmt, weil wir gerade nicht glücklich sind. Diese Negativspirale hilft keinem weiter.

»Wir sollten aufhören, alles so zu glorifizieren. Sowohl die Schwangerschaft als auch die Mutterschaft«, meint auch Hebamme Melanie Weinhönig. Sie ist froh, dass es inzwischen immer mehr ehrliche Bücher und Erfahrungsberichte gibt, die Frauen auch die Schattenseiten des Mutterwerdens und -seins vermitteln. »Dabei geht es nicht darum, werdenden Müttern Angst zu machen. Sondern darum zu vermitteln, dass auch negative Gefühle dazugehören. Es geht immer um die Balance.«

Auch die psychologische Psychotherapeutin Amanda Nentwig setzt sich für einen offenen Umgang mit Emotionen ein: »Es ist wichtig, Raum für belastende Gefühle zu schaffen. Auch im Umgang mit Schwangeren. Statt einer ›Relativierung‹ sollte eine ›Validierung‹ stattfinden. Das heißt, dass das subjektive Empfinden des Gegenübers erst einmal anerkannt wird. Danach kann gegebenenfalls verdeutlicht werden, dass andere Verhaltens- und Erlebensweisen möglicherweise hilfreicher wären.«

Ich weiß, was sie meint. Es ist etwas anderes, wenn mir jemand in der Schwangerschaft sagt: »Rückenschmerzen? Tja, das gehört in einer Schwangerschaft eben dazu. Dafür hast du bald ein süßes Baby.« Oder ob es heißt: »Oh ja, das verstehe ich gut. Solche Schmerzen können ganz schön anstrengend sein. Was meinst du, würde dir ein Spaziergang helfen? Oder Krankengymnastik?«

Als Expertin ist es Amanda Nentwig wichtig, dass Mütter und Schwangere wissen, dass es zu jedem Zeitpunkt völlig okay ist, sich Hilfe zu suchen. Dafür ist es spätestens dann an der Zeit, wenn die Betroffenen das Gefühl haben, wirklich in eine depressive Phase zu geraten, über lange Zeit überhaupt keine Freude mehr zu empfinden und das Kind nicht zu wollen. »Hilfe braucht man vor allem dann, wenn der Alltag und wichtige Lebensbereiche, beispielsweise Beziehungen, Beruf oder Freizeitgestaltungen, deutlich eingeschränkt sind oder ein relevanter Leidensdruck existiert. Lieber einmal zu früh als zu spät. Denn psychologische Psychotherapeut*innen sind dafür ausgebildet, um gemeinsam zu entscheiden, ob eine Psychotherapie notwendig ist oder nicht. Je länger man wartet, desto schwieriger kann es werden, ›das Ruder rumzureißen‹. Eine Schwangerschaft erfordert eine immense Anpassungsleistung unseres Körpers und unserer Psyche. Man sollte damit nicht allein sein müssen. Denn immer wenn wir uns massiv an neue Begebenheiten anpassen müssen, kann sich das Risiko einer psychischen Erkrankung auftun«, so die psychologische Psychotherapeutin.

Wer sich unsicher ist, kann sich an seine Hebamme, diverse Beratungsstellen und/oder die Krankenkasse wenden. Es kostet Überwindung, das zu tun, das weiß ich aus eigener Erfahrung. Aber es lohnt sich. Meistens lassen sich die Symptome gut behandeln. Und manchmal hilft es schon, mit einer fremden Person ganz offen zu reden. Ohne den Druck, den Erwartungen von dem*der Partner*in, von Freund*innen, Eltern, Schwiegereltern oder der Gesellschaft im Allgemeinen entsprechen zu müssen. Es tut so gut, einfach mal zu hören: Hey, das ist alles okay. Ist gerade ziemlich heftig bei dir. Das verstehe ich. Lass uns doch mal drüber reden, was dir jetzt helfen könnte.

»Es ist wichtig, dass die Frauen nicht mit ihren Gefühlen allein gelassen werden«, so Amanda Nentwig. »Wir Therapeut*innen

›containen‹ dann gern, damit Patient*innen lernen, Gefühle besser auszuhalten.« Das Containing basiert darauf, dass der*die Therapeut*in die subjektiven, ungefilterten und oft kaum zu ertragenden Emotionen der Patient*innen aufnehmen, sie in etwas Erträgliches umwandeln und dann den Patient*innen in einem dritten Schritt in modifizierter, leichter zu verarbeitender Form zurückgeben. Containing ist also eine Art »Verdauungsprozess« von Emotionen, der im Außen passiert.

Ich kenne das aus Gesprächen mit meiner besten Freundin Marta. Sie beherrscht den Prozess des Containings intuitiv. Wenn ich ihr zum Beispiel in der Schwangerschaft davon erzählt habe, dass ich mich in meinem Körper nicht mehr zu Hause fühle, dass ich so gern wieder ein Glas Wein trinken, einfach nur den Kopf ausschalten oder mal wieder intensiver Sport treiben würde, dass ich einfach die Schnauze voll davon habe, alles »für das Baby« oder für meine kranke Mutter tun zu müssen und nichts mehr nur für mich, dann hörte sie erst einmal aufmerksam zu. Allein das half bereits. Sie nickte, sagte: »Du fühlst dich einfach total fremdbestimmt, oder?« Ja! Genau! »Und du hast das Gefühl, dass für deine eigenen Wünsche gar kein Raum mehr bleibt. Wahrscheinlich denkst du auch, dass das nach der Geburt alles noch schlimmer wird.« Ja! Genau!

Es ist allein schon diese Einordnung der Gefühle, die in solch einem Moment eine gewisse Erleichterung verschafft, da Emotionen anerkannt und weder heruntergespielt noch dramatisiert werden. Oft bin ich in diesen Gesprächen von selbst darauf gekommen, was hilfreiche Schritte sein könnten. Neue Wege finden, etwas für mich zu tun, die »schwangerschaftsverträglich« sind. Pläne schmieden, wie ich auch nach der Geburt Zeiten für mich einplanen kann. Wenn ich nichts dergleichen gesagt habe, kamen solche Anregungen auch von Marta – ohne Druck. Eher als Frage. »Meinst du, es würde helfen, wenn ...?«

Solch ein offener und anerkennender Umgang mit Emotionen und eventuell das Anbieten von Alternativen helfen natürlich nicht nur in der Schwangerschaft, sondern bei allen Ängsten, Sorgen und »negativen« Gedanken.

»MUTTER UND KIND SIND WOHLAUF.« – SIND WIR DAS?

Das Gleiche gilt auch für die Phase nach der Geburt. Meine persönliche Entbindungserfahrung war nicht allzu schön. Die Geburt wurde eingeleitet. Als mein Sohn auch acht Tage nach dem ausgerechneten Termin noch keinerlei Anstalten machte, sich auf den Weg zu machen, wurde mir zum ersten Mal zu diesem Schritt geraten.

»Irgendwann wird die Plazenta zu alt, und die Versorgung ist nicht mehr ausreichend«, erklärte mir die Ärztin im Krankenhaus. »Wir müssen die Herztöne und das Fruchtwasser im Blick behalten.«

Zu diesem Zeitpunkt war aber noch alles in Ordnung. Ich wollte wieder nach Hause – von Ananassaft bis zu scharfem Essen wendeten wir alle Hausmittelchen an, um die Geburt auf natürlichem Weg in Gang zu bringen. Das Krankenhaus hatte mir sogar einen Wehentee mitgegeben, der so abartig schmeckte, dass ich einen Eimer neben mich stellen musste, weil ich bei jedem Schluck dachte, ich müsste mich übergeben. Wie gesagt: Ich versuchte wirklich alles.

Doch trotz allem – keine Wehen. Zehn Tage nach dem eigentlichen Termin überredete mich die Ärztin dazu, einen Wehencocktail zu schlucken. Ich wurde stationär aufgenommen und quälte mir das Gemisch aus Aprikosensaft, Rizinusöl und Mandelmus rein. Nichts geschah.

24 Stunden lang versuchten wir vom Einlauf über das Ausstreichen der Brust bis zu Nelkenöltampons alle natürlichen Methoden, die wir fanden. Nichts geschah.

Schließlich nahm ich Tabletten. Alle paar Stunden. Immer noch nichts.

Am Ende bekam ich eine Art Tampon mit einem hormonellen Wirkstoff.

»Ich glaube, es zieht etwas«, sagte ich zu Micha, als ich wieder in meinem Zimmer war.

»Wir sollen ja jetzt eh zum CTG«, antwortete er. »Dann sehen wir weiter.« Er drückte meine Hand.

Wir gingen zu den Hebammen, sie brachten uns direkt in den Kreißsaal, der gerade frei war. Und ja, es waren Wehen. Nur zehn Minuten nachdem das Ziehen losgegangen war, wurde ich überrannt. Aus dem Ziehen wurden heftige Schmerzen, die mich mitrissen. Ich fühlte mich wie ein Schiff auf hoher See, das sich in einem schweren Sturm aus Schmerzen befand. Ich konnte nichts tun, außer mich festzuklammern und zu hoffen, nicht unterzugehen. Ich betete einfach nur, dass es vorbeigehen würde. Statt der im Geburtsvorbereitungskurs angekündigten Wehenpause von mehreren Minuten folgte auf jede Schmerzwelle gleich die nächste. Wenn ich für eine Sekunde mal mit dem Stöhnen und Schreien aufhörte und Micha oder eine Hebamme die Chance nutzten, um mir eine Frage zu stellen, konnte ich kaum antworten, weil nur wenige Sekunden später die nächste Wehe kam. Ich war überwältigt von der Intensität der Schmerzen, die mich nicht durchatmen ließen. Zwanzig Sekunden Pause waren das Maximum – Micha zählte mit.

»Du musst etwas trinken«, hörte ich Micha.

Ich wollte nicht. Ich konnte nicht.

»Traubenzucker?«, fragte er. »Wenigstens ein bisschen, bitte.«

»Nein«, keuchte ich, und die nächste Wehe überrollte mich.

Acht Stunden später war er da. Mein Sohn. Ganz ehrlich? Ich war einfach nur froh, dass es vorbei war. Ich lag auf der Liege, hatte seit Stunden nichts gegessen und nichts getrunken, mir war schwindelig, ich fühlte mich wie in Trance und wollte am liebsten schlafen. Doch anstatt durchatmen zu können, kam Hektik auf. Meine Blutungen stoppten nicht.

Ich musste meinen Körper, der gar nichts mehr konnte, auf eine andere Liege wuchten und wurde in den OP gefahren. Mein Mann bekam unser Baby auf den Arm, ich bekam eine Vollnarkose. Meine Gebärmutter hatte sich nicht zusammengezogen, ich verlor zu viel Blut. »Uterusatonie« nennt sich diese Komplikation. Durch die Narkose bekam ich nichts mit, alles lief gut. Doch später las ich bei Wikipedia: »Aus dieser Kontraktionsschwäche resultiert eine starke bis lebensbedrohliche Blutung, die ein unverzügliches Eingreifen erfordert. Die Uterusatonie zählt zu den häufigsten Ursachen mütterlicher Mortalität.«[20]

Mütterliche Mortalität. Ohne das schnelle Eingreifen des Krankenhaus-Teams ... Ich will diesen Gedanken gar nicht zu Ende denken. In den Wochen nach der Geburt tat ich es natürlich trotzdem. Für die Ärztin und die Hebammen im Krankenhaus war es ein Standardeingriff. Doch für mich war es heftig. Zudem wurde mir nach der Geburt der klassische »Bonding-Moment« genommen, von dem man vorab so viel liest. Das Kind auf der Brust, das erste Stillen, die neue Familie frisch vereint und ganz in Ruhe. Bei uns dauerte es ein paar Stunden, bis es dazu kam.

Dann lagen wir da, ich hatte endlich mein Baby auf dem Bauch.

»Wollen Sie stillen?«, fragte mich eine Hebamme. Sie zeigte mir, wie ich das Baby direkt anlegen konnte, und ich lächelte matt, als der Kleine sofort losnuckelte.

»Autsch«, sagte ich, denn sein Zug war ziemlich heftig.

»Ist das nicht ein Wunder?«, fragte die Hebamme verzückt. Sie schaute liebevoll auf die Szenerie.

Ich sagte nichts. Ich hatte Hunger und Durst und war einfach nur unendlich müde. Und jetzt biss mir auch noch jemand auf der Brust herum.

»Wir würden gern aufs Zimmer«, sagte mein Mann, der spürte, dass ich diesen Moment nicht genoss.

Die Hebamme nickte. »Ich sag Bescheid.«

Es dauerte noch gute zwei bis drei Stunden, bis wir wirklich auf unser Zimmer kamen. Micha regte sich in dieser Zeit immer wieder auf, dass niemand ansprechbar war. Ich war zu schwach, um mich aufzuregen. Ich hatte damit zu tun, das Baby festzuhalten, und hoffte einfach nur inständig, dass der Knirps gleich möglichst lange schlafen würde. Und dass mir irgendwer wenigstens noch eine Scheibe Brot bringen könnte.

Nein, so hatte ich mir den »magischen« Bonding-Moment im Kreißsaal nicht vorgestellt.

Die ersten zwei Wochen nach der Geburt konnte ich aufgrund des Blutverlustes kaum aufstehen, beim ersten Duschen nach einer Woche saß ich mit tanzenden Sternchen vor den Augen auf dem Boden der Duschwanne. Ich musste mir Zeit geben, war aber wahnsinnig ungeduldig. Ich musste mich erholen, ich wollte aber auch stillen. Ich sollte regenerieren, aber konnte nie durchschlafen, hatte mit entzündeten Brustwarzen zu kämpfen, dazu der Wochenfluss, die Nachwehen. Ich war am Limit, körperlich und seelisch. Ich war hin- und hergerissen zwischen »Ich will ganz viel machen, ich will, dass mein Leben weitergeht, ich will jetzt eine coole Mama sein« und »Lasst mich alle in Ruhe, ich will ausschlafen«.

Doch weder ich selbst noch mein Umfeld ließen Raum für meine Sorgen. Als Mama stellte ich mich selbst hintenan, trotz der heftigen Geburt. Dass dieser Druck nicht nur aus mir selbst, sondern auch von außen kam, habe ich bei den ersten

Besuchen gemerkt. Der Fokus lag, na klar, auf dem Baby. »So ein süßes Kind« und »Ist ein Baby nicht das größte Glück der Welt?« sagten Verwandte und Freund*innen, und ich lächelte und antwortete: »Ja, es ist toll.« Dabei fühlte ich in den ersten Tagen vor allem Kontrollverlust, Überforderung, Müdigkeit, emotionales Chaos. Ich war froh, wenn wir wieder allein waren. Dann konnte ich meine lächelnde Maske absetzen.

Wenn wir anderen von der Geburt berichteten, wurde das Thema schnell beendet. Micha erzählte von dem Bangen im Kreißsaal, während ich im OP war, ich erzählte von meinen ersten Stunden. Doch darauf ging niemand wirklich ein. Alle nickten, während wir erzählten, und sagten dann: »Dann seid froh, dass es euch jetzt gut geht und ihr alles so gut überstanden habt.«

Und ich fragte mich: Haben wir das?

»Mutter und Kind sind wohlauf«, hieß es nach der Geburt. Sind wir das?

Hebamme Melanie Weinhönig hat bereits viele Geburten miterlebt. Sie findet es wichtig und richtig, sich vorzubereiten, doch dabei immer ein Hintertürchen für einen völlig anderen Ablauf offenzuhalten. »Das Umfeld, die Klinik, das Kind und auch die eigene Psyche können den Geburtsverlauf beeinflussen. Dagegen kann man einfach nichts tun. Manchmal läuft alles anders, als man es plant. Diese Option sollte man immer im Hinterkopf behalten. Für mich besteht die Kunst des positiven Denkens nicht darin, dass man sich alles positiv ausmalt und dann enttäuscht ist, wenn es nicht so kommt, sondern darin, im Nachhinein das Erlebte für sich anzunehmen.«

Gerade bei den »Trends« oder »Hypes« rund um das Thema Geburt bleibt sie vorsichtig: »Es gibt unterschiedlichste Konzepte, die die Möglichkeit einer angst- und schmerzfreien oder zumindest schmerzarmen Geburt suggerieren. Ich würde mir wünschen, dass gerade bei Erstgebärenden darauf hingewiesen wird, dass eine gute Atmung, eine positive Grundeinstellung und Eigenverantwortung in jedem Fall eine Geburt erleichtern. Es muss jedoch auch alles andere erlaubt sein. Weil eine Geburt weder vorhersehbar noch planbar ist. Und beim ersten Kind braucht die Mutter wahrscheinlich eine andere Art der Unterstützung als beim dritten Kind. Wenn Frauen dann nicht in die tiefe Meditation finden oder heftige Schmerzen haben, sind sie enttäuscht – obwohl sie eine tolle Geburt hatten. Das ist doch schade.«, so Weinhönig.

Trends können den Druck aufbauen, nicht einfach nur ein gesundes Kind zur Welt bringen zu wollen, sondern dazu auch noch ein beeindruckendes Geburtserlebnis zu haben. Diesen Druck hatte ich so zwar nicht – trotzdem ging es mir nicht gut. Körperlich haben mein Sohn und ich diesen heftigen Tag ohne bleibende Schäden überstanden. Wie es mir seelisch ging, fragte aber niemand. Ich haderte sehr mit meiner Mutterrolle. Während ich im Bett lag und der Kleine an meiner Brust trank, las ich Artikel über Geburtstraumata. Ich schaute das Baby nur sehr selten verliebt an. Auch wenn ich es versuchte, spürte ich nicht die innige Verbindung, von der so viele berichteten. Ich googelte »postpartale Depression« und hatte Angst, dass es mich erwischt hatte. Micha bereitete mir nahrhaftes Essen zu, brachte mir Wasser und rote Säfte, um mich zu Kräften zu bringen. Doch immer wieder fand er mich weinend im Bett.

»Ich weiß nicht, ob das nicht der größte Fehler meines Lebens war«, schluchzte ich.

»Quatsch. Guck mal, wie süß er ist, unser Fratz. Das ist unser Sohn! Das wird schon.«

Zwar sprach ich mit Micha, ansonsten hatte ich aber das Gefühl, dass kaum jemand für ein ehrliches Gespräch offen war. Wer zu Besuch kam, wollte ein süßes Baby und stolze Eltern sehen. Keiner hatte Lust, sich mit »negativen« Dingen auseinanderzusetzen. Und es fiel mir schwer, den Anfang zu machen. Das Thema Geburt war heilig.

»Das wundervolle Ergebnis liegt hier neben mir. Ich will meinen Sohn nicht mehr hergeben. Es geht mir jetzt gut. Es entwickelt sich alles zum Positiven«, versuchte ich mir einzureden und nach vorn zu blicken. Ich sagte mir diese Dinge sogar selbst im Spiegel. Unter der Dusche weinte ich unbemerkt, ließ mir dann kaltes Wasser über das Gesicht laufen und zwang mich selbst dazu, mich danach im Spiegel anzugrinsen. »Das wird schon«, wiederholte ich den Satz von Micha. Irgendwo hatte ich gelesen, dass auch bei einem Fake-Lachen Glückshormone ausgeschüttet werden. Also lächelte ich brav weiter.

Ich machte meine eigenen Gefühle klein, statt über mein Trauma zu sprechen und es zu überwinden – tappte also selbst in die Toxic-Positivity-Falle.

Eines Tages, als meine Hebamme im Urlaub war und von einer Kollegin vertreten wurde, nahm ich all meinen Mut zusammen. Nachdem das Baby gewogen und verpflegt und meine Geburtsverletzung untersucht worden war, sprach ich das Thema an.

»Darf ich noch was anderes fragen?«, sagte ich vorsichtig, als die Hebamme ihren Koffer zusammenpackte.

»Klar«, sagte sie überrascht.

Micha zog sich zurück. Er hatte mir immer wieder gesagt, dass ich über meine Gefühle sprechen sollte – er war selbst damit überfordert und wünschte mir den Rat einer Expertin. Nun wusste er, dass es so weit war.

Für mich war es einfacher, mit der »Vertretungshebamme« zu sprechen. Vielleicht dachte ich: Selbst wenn sie total bescheuert findet, was ich sage – ich sehe sie nie wieder. Also stotterte ich los. »Ich … bin so unsicher mit meinen Gefühlen. Ich weiß nicht, ob das der Babyblues ist, aber … also … ich spüre dieses Glück nicht«, sagte ich. Ein Kloß im Hals machte sich breit. Meine

Stimme brach, und meine Augen füllten sich mit Tränen, als ich fortfuhr: »Dieses Mutterglück ist einfach nicht da. In den Büchern und überall steht immer, dass diese Tage so intensiv und so toll sind. Und ich … fühle es nicht. Ich weiß nicht, ob ich mein Kind liebe.«

Sie hörte zu und blieb völlig entspannt. »Klar, du kennst deinen Sohn ja auch noch gar nicht«, antwortete sie. »Wie sollst du jemanden lieben, den du erst seit wenigen Tagen kennst?«

Ich lachte verzweifelt, war erleichtert.

»Nimm dir die Zeit, ihn kennenzulernen und dich zu erholen.« Die Hebamme machte mir bewusst, dass das Wochenbett dazu da ist, um genau diese Prozesse zu durchleben und sich in die Rolle der Mutter einzufinden. Gerade nach einer heftigen Geburt dauert das eben ein paar Tage oder Wochen. Auch Väter müssen sich erst mal mit der neuen Rolle identifizieren. Wir werden nicht als Mama und Papa geboren – wir werden in diese Rolle hineingeschleudert und müssen uns erst mal aufrappeln.

Hebamme Melanie Weinhönig beschreibt das so: »Man kann sich das wie bei einer Liebesbeziehung vorstellen. Am Anfang findet man die Person ganz niedlich, ist sich aber noch nicht sicher. Dann verknallt man sich, verbringt immer mehr Zeit miteinander und entwickelt tiefe Gefühle. Bei der Eheschließung sind die Emotionen auch anders als am Anfang, und man hat schon einige schwierige Phasen überstanden. So ist es mit einem Kind auch. Man hat gute und schlechte Zeiten und muss sich erst einmal richtig verlieben. Außerdem gibt es tatsächlich schwierigere und einfachere Startvoraussetzungen. Wenn die Brustwarzen bluten, das Stillen nicht klappt, die Hormone verrücktspielen und sich das Kind keine Sekunde ablegen lässt, ist es viel härter, als wenn man Glück hat und ein Kind hat, das gut schläft und gut trinkt. Ist doch völlig klar, dass es nicht allen Müttern gleich geht.«

Also: Alles völlig normal. Spricht nur keiner gern drüber. Diese Einsicht tat mir so gut. Zudem gab meine Hebamme mir ein paar Tipps, wie ich das »Bonding«, das mir nach der Geburt genommen wurde, nachholen konnte. Das war genau das, was ich in dieser Phase brauchte.

Hier zeigt sich wieder: »Positive Gedanken« halfen mir überhaupt nicht weiter. Ich hätte noch so viel meditieren und atmen können, ich hätte noch so viel »im Moment leben«, nach vorne schauen und positiv denken können – die negativen Geburtserfahrungen waren nun mal da und haben Spuren hinterlassen. Was ich in diesem Moment gebraucht habe, war Verständnis. Jemand, der*die zuhörte, mitfühlte und mir Tipps gab, was in meiner Situation helfen könnte. Von diesem Gespräch an ging es aufwärts.

Ein paar Tage später lag ich mit meinem Sohn im Bett und schaute ihn an. Er lag auf der Seite, der kleine Körper hob und senkte sich beim Atmen, die Händchen zuckten ab und zu. Er war tief und fest eingeschlafen. Ich fühlte mich okay, auch wenn die Anfangszeit heftig gewesen war. Es war *meine* Geburt, *meine* Geschichte, *mein* Baby. Die Storys meiner Geburt und meines Wochenbetts waren nicht perfekt, aber sie gehörten mir. Und genauso einzigartig wie diese Erfahrung war dieses Baby. Mir schossen Tränen in die Augen – schon wieder. Doch dieses Mal waren es Glückstränen. Zum ersten Mal. Viel später als erwartet. »Tut mir leid«, sagte ich zu meinem Sohn, und meine Stimme brach. Ich flüsterte weiter, ganz leise, sodass nur ich selbst es verstand. »Tut mir leid, dass Mama ein bisschen gebraucht hat. Lass uns zusammen versuchen, ein gutes Team zu werden. Ich bin immer für dich da. Ich geb dich nicht mehr her.«

DIE WUT DER MÜTTER, DIE WUT DER KINDER

Ich glaube, dass man als Frau in kaum einem Moment so verletzlich und angreifbar ist wie in den Tagen nach der Geburt. Man ist offen, im wahrsten Sinne des Wortes. Es fließen Schweiß, Blut und Tränen, und man fühlt sich in der neuen Rolle völlig verunsichert. Jede Kritik, jede Bemerkung trifft tief. Sofort ist man mit dem verzerrten Bild der perfekten Mutter konfrontiert. Egal wie feministisch die eigene Einstellung ist, egal wie unkonventionell man aufgewachsen ist, durch die mediale und gesellschaftliche Prägung kommt kaum eine Frau um den Gedanken herum: »Hauptsache, dem Kind geht es gut.«

Irgendwann liebt man dieses kleine Bündel Leben wirklich über alles. Man ist sich der Verantwortung bewusst. Natürlich soll es diesem Menschlein immer gut gehen. Doch es ist schwierig, dabei nicht die eigenen Bedürfnisse zu vergessen. Bei den meisten Paaren ist anfangs der Papa noch dabei – so kann zumindest jemand weiter schuckeln, wenn man selbst dringend auf die Toilette muss, jemand kann Essen kochen und ein Glas Wasser bringen, während man stillt. Doch nach zwei, drei Wochen muss der Papa in vielen Familien wieder zurück zur Arbeit. Dann ist es plötzlich nicht mehr möglich, den knurrenden Magen mit Essen zu besänftigen, bei drückender Blase gleich auf Toilette zu gehen oder in Ruhe mit einer Freundin zu quatschen. Alles dreht sich ums Baby. Tag und Nacht. Und unser Kopf sagt uns, dass das noch lange kein Grund zum Jammern ist. Eine »gute Mutter« stellt ihre Bedürfnisse hintenan und beschwert sich nicht. Man wollte doch schließlich ein Kind, dann gehört das eben dazu. Ich kenne diese Gedanken bis heute. Selbst vor meinem Mann, mit dem ich mir die Kinderbetreuung zumindest seit dem Abstillen fifty-fifty teile, fällt es mir immer noch schwer zu sagen: »Schatz, ich brauch heute mal einen Abend für mich. Ich habe keinen Nerv mehr, den Kleinen ins Bett zu bringen, ich will mich nicht kümmern müssen, ich möchte ein bisschen Yoga machen und den Abend allein oder mit einer Freundin verbringen.« Aber warum ist das so schwierig?

»Wir müssen mit dem ständigen Bewerten aufhören«, so Hebamme Melanie Weinhönig. »Ständig wissen alle alles besser. In Sachen Erziehung, Schlaf, Stillen, Fläschchen und so weiter wird immer über andere geurteilt – und auch über uns selbst. Dabei entscheiden Eltern nur für sich allein, was ›gute Eltern‹ und was ›schlechte Eltern‹ für sie bedeutet. Das kann jede*r für sich definieren – aber das sollten wir niemandem aufdrängen. Denn für andere Familien sieht diese Definition anders aus.«

Zudem sollten gerade Mütter lernen, mehr Hilfe anzunehmen, um sich selbst nicht zu verlieren. Diese Hürde kenne ich auch. Ja, ich liebe mein Kind mehr als alles auf der Welt. Doch ich weiß auch, dass ich eine bessere Mutter bin, wenn es mir selbst gut geht. Wieso passen diese zwei Aspekte in meinem Kopf und in den Köpfen vieler Mamas so selten zusammen? Was treibt gerade Frauen dazu, immer wieder zurückzustecken, statt einzufordern?

Mütter arbeiten häufiger in Teilzeit als Väter. Mütter kennen das Thema Mental Load viel besser als Väter. Mütter verdienen schlechter als Väter. Mütter fühlen sich für alles verantwortlich. Und dabei stehen sie häufig kurz vor einem Nervenzusammenbruch. Sie überlegen, eine Mutter-Kind-Kur zu machen, weil sie eine Auszeit brauchen. Dass generell etwas im Alltag schiefläuft und eine Kur nicht die Ursachen, sondern bestenfalls die Symptome bekämpft, kommt vielen gar nicht in den Sinn.

Die Journalistin und zweifache Mutter Sabine Rennefanz hat das in dem Podcast *Kleine Jahre, große Fragen* von *Little Years* einmal treffend zusammengefasst: »Mütter sind ständig am Anschlag«, sagte sie. »Sie laden sich dann Podcasts runter, in denen sie lernen, richtig zu atmen und dankbarer zu sein. Ich finde, eigentlich sollten wir viel wütender sein und Aggressionen nicht – typisch Frau – wegatmen, sondern schreien und viel mehr fordern.« Und weiter: »Damit sollten wir zu Hause anfangen und im Job weitermachen. Nicht alles in Achtsamkeit wegdrücken. Das wirkt wie eine Kopfschmerztablette. Es behandelt kurz die Symptome, aber ändert keine Grundprobleme.«[21] Ja, genau so!

Ich habe auch mit Imke Dohmen gesprochen, sie ist Erziehungsberaterin sowie Heilpraktikerin für Psychotherapie und im Schwerpunkt Mama-Coach. Bei ihr in der Praxis sitzen viele Mütter, die sich zerrissen und überfordert fühlen, die nicht mehr weiterwissen, die am Limit sind. Die Mama-Expertin hat mir erklärt, dass nicht nur das mediale Idealbild, das wir nie wirklich erreichen können, zu dieser Überforderung führt, sondern auch Prägungen aus unserer Kindheit.

»Wir haben für unsere negativen Emotionen keine Handlungsalternativen an die Hand bekommen. Gerade wir Frauen, die heute Mamas sind, haben als Kinder selbst gelernt, dass wir nicht wütend sein sollen. Wir durften nicht rumschreien, wir sollten uns anpassen. Wir haben also gelernt, die Wut runterzuschlucken, um nach außen hin das Idealbild der perfekten Familie zu präsentieren. Und jetzt, als Mütter, stellen wir fest: Wenn ich die negativen Emotionen immer runterdrücke, geht es mir schlecht. Aber wenn ich meine Kinder anschreie und wütend die Türen knalle, geht es mir auch schlecht, dann komme ich da selbst nicht wieder raus, weil mir die Werkzeuge fehlen.«

Was also tun, wenn wir weder schreien noch Emotionen wegdrücken wollen? Doch mehr Achtsamkeit und Dankbarkeit üben und den Blick aufs Positive richten? Diese Methoden werden uns doch ständig als Werkzeuge für mehr Gelassenheit »verkauft«. Leider ist es nicht ganz so einfach.

»Es ist ein Trugschluss aus unserer Erziehung, dass das Ignorieren schlechter Gefühle diese nicht größer werden lässt«, so Imke Dohmen. »Fast jede Mutter kennt dieses Beispiel: Das Kind fällt hin und weint. Gerade die Großelterngeneration vertritt auch heute noch die Meinung, dass wir diesem Szenario nicht so viel Aufmerksamkeit widmen sollten. Sonst steigere sich das Kind rein und höre nicht mehr auf zu weinen. Das ist ein erlerntes Modul aus unserer Kindheit.« Und genau das entspricht der Verdrängung der negativen Gefühle, die wir bis ins Erwachsenenalter versuchen fortzusetzen. Dieser Ansatz gilt in der Kindererziehung aber mittlerweile als überholt.

Imke Dohmen erklärt weiter: »Eine bessere emotionale Begleitung heißt, dass man das Kind spiegelt. Ich sehe, dass es hingefallen ist. Ob es wehgetan hat oder nicht, kann ich nicht beurteilen. Aber ich sehe, dass es sich erschrocken hat oder vielleicht frustriert ist. Und vielleicht hat der Sturz ja auch wehgetan. Das benenne ich dem Kind und sage: Oh je, du hast dich erschrocken, du bist frustriert. Und genau so sollten wir bei uns selbst hingucken und sehen: Oh je, ich habe schlecht geschlafen und bin total kaputt. Allein dieses Annehmen nimmt schon ganz viel Druck!«

Im nächsten Schritt kann man dann den Emotionen auf den Grund gehen, sowohl bei den Kindern als auch bei sich selbst. »Negative Gefühle sind Warnhinweise«, betont die Erziehungsberaterin. »Wir sollten dem auf den Grund gehen und schauen, welches Bedürfnis auf der Strecke bleibt. Ich werde ja nicht einfach aus Spaß wütend, sondern weil vielleicht mein Bedürfnis nach Autonomie oder Erholung nicht erfüllt ist.« Im Anschluss an diesen Prozess kann man den Blick dann durchaus wieder auf das Positive richten und sich in Dankbarkeit üben. »Das macht aber nur Spaß und bringt erst dann etwas, wenn man sich auch mit dem Negativen auseinandersetzt.«

Um noch einen Schritt weiter zu gehen: Frei nach dem Motto »Das Private ist politisch« geht es nicht nur darum, eine gute

Balance zu finden, sich weniger zu streiten und das Kind emotional besser zu begleiten. Sondern es geht auch darum, gesellschaftliche Veränderungen anzutreiben. Die strukturelle Diskriminierung von Müttern, die Mental-Load-Problematik, all das kann sich nur ändern, wenn jede*r im Kleinen mitmacht – und das klappt nur, wenn negative Emotionen ihren Platz finden. Man muss ja nicht gleich eine politische Kampagne starten und eine gesellschaftlich relevante Botschaft nach der anderen auf Instagram präsentieren. Aber man kann Vorbild sein und durch das eigene Verhalten vielleicht die ein oder andere Freundin oder Kitabekanntschaft motivieren, ihre Emotionen ernst zu nehmen und häufiger für ihre Bedürfnisse einzustehen, statt sich dem Schicksal zu ergeben und lieb zu lächeln. Jeder Streit zählt. Jede Wut ist wichtig.

»In einer Umfrage, die ich kürzlich unter über siebzigtausend Menschen durchgeführt habe, stellte ich fest, dass ein Drittel von uns – ein Drittel! – sich selbst für sogenannte schlechte Gefühle wie Traurigkeit, Wut oder sogar Trauer verurteilt. Oder aktiv versucht, diese Gefühle zu verdrängen«, so die Harvard Medical School-Psychologin Susan David in ihrem TED Talk. »Wir tun dies nicht nur uns selbst an, sondern auch Menschen, die wir lieben, wie unseren Kindern. Wir suggerieren, sie sollten sich wegen der negativ empfundenen Emotionen schämen, präsentieren sofort eine Lösung und hindern sie daran, diese Emotionen als wertvoll anzusehen.«[22]

Alle Emotionen als wertvoll anzusehen, funktioniert nur, wenn wir diese *nicht* sofort klassifizieren und *nicht* in Schubladen wie »gut«, »schlecht«, »unerwünscht«, »peinlich«, »unmännlich«, »unweiblich« oder »unangemessen« einordnen. Kinder profitieren davon, wenn Eltern *alle* Emotionen ernst nehmen, zulassen und mit ihren Kindern darüber sprechen. Und das klappt nur, wenn die Erwachsenen auch bei sich selbst eine emotionale Vielfalt zulassen und ausleben.

»Wenn ich die Mütter in meiner Praxis nach ihren Emotionen befrage, nennen sie mir oft die typischen Gefühle«, erzählt Imke Dohmen. »Dabei gibt es etwa 150 Gefühle, die wir beim Namen nennen können. Doch wenn wir nie die Vokabeln gelernt haben, wenn uns die Worte für die Gefühle fehlen, dann fühlen wir uns noch blöder.«

Ich habe nach kurzem Googeln sogar eine Liste mit 527 (!) Gefühlen gefunden. Von A wie angestrengt bis Z wie zweifelnd. Feine Nuancen schon bei ganz kleinen Kindern zu benennen und zu unterscheiden, hilft ihnen also ein ganzes Leben lang dabei, eine gesunde Regulierung zu entwickeln. Also, ran an die Vokabeln! Und wir wissen doch: Was für die kleinen Kinder gesund ist, kann auch uns selbst nicht schaden.

Klar, Kinder dazu zu ermutigen, ihre Emotionen in vollem Umfang zu fühlen, ohne sie dafür zu verurteilen, ist alles andere als einfach – und angenehm ist es für uns Eltern ganz sicher nicht. Das weiß jede*r, die*der schon mal einen Wutanfall eines Kleinkinds, Schrei-Stunden mit Babys oder Diskussionen mit Teenagern aushalten musste. Durch das Benennen der Gefühle werden diese nicht besser. Ich erlebe das jeden Tag. Wenn mein Sohn anfängt rumzuschreien, weil er gern beim Mittagessen die Füße auf den Tisch legen möchte und wir blöden Eltern ihm das verbieten, wird der Wutanfall nicht besser, wenn ich sage: »Ich weiß, du möchtest gerade deine Füße auf den Tisch legen und bist jetzt wütend, weil wir das nicht möchten.« Diese Aussage macht es manchmal sogar kurzfristig schlimmer. Doch vielleicht verlieren die Gefühle ein bisschen von ihrer überwältigenden Macht, allein dadurch, dass sie benannt werden – und das Kind fühlt sich zumindest gehört und verstanden. Ich hoffe es.

Eines sollte immer klar sein: Wir können unseren Kindern nur vermitteln, dass jede Emotion okay ist, wenn wir auch selbst daran glauben. Wir sollten nicht nur bei den Gefühlsausbrüchen unserer Kinder genau hinschauen, hinhören, nachfragen und Worte finden, sondern auch mit uns selbst und mit unseren erwachsenen Mitmenschen so umgehen.

»LÄCHEL DOCH MAL!«

DIE WUT DER FRAUEN

VON KLEINEN UND GROSSEN MÄDCHEN

Kinder können noch keine Bedürfnisse hinter ihren Emotionen erkennen. Und auch ich bin immer noch regelmäßig von dieser Aufgabe überfordert.

Kürzlich stand ich mal wieder in der Küche und versuchte, auf die Schnelle noch irgendein halbwegs gesundes Abendessen für meinen Sohn auf den Tisch zu bringen. Er hing mir buchstäblich am Bein, rief nach Essen. Ich beeilte mich, so wie man sich eben beeilen kann, wenn einem ein 15-Kilo-Kind am Bein hängt. Schwups, fiel mir eine Gabel runter und hinterließ eine kleine Macke im Parkett – und bei mir brachen alle Dämme. Ich setzte mich auf den Boden, lehnte mich an die Spülmaschine, vergrub mein Gesicht in den Händen und heulte los. Es fühlte sich an, als würde ich wirklich überhaupt nichts auf die Reihe kriegen. Nicht mal eine Gabel konnte ich festhalten. Ich war zu nichts fähig und wollte alles hinschmeißen. »Macht euren Scheiß doch allein!«, hätte ich am liebsten gerufen und mich dann verkrochen. Doch das ging nicht.

Mein Sohn schaute mich verwirrt an. Er tapste um mich herum, »Essen!«, sagte er.

Ich wusste selbst nicht, was los war. Es war doch nur diese dumme Gabel und diese dumme Macke. Wir haben so viele Macken im Parkett, da ist eine mehr wirklich kein Grund, so emotional zu reagieren. Was war denn los mit mir? Wieso flossen wegen so einer Lappalie die Tränen, wieso fühlte sich alles so überwältigend an? Und warum konnte ich mich kaum beruhigen?

Doch natürlich ging es nicht um die Gabel. Es ging auch nicht um die Macke im Parkett. Erst recht ging es nicht um meinen Sohn, der nach Essen rief. Was wirklich los war: Ich hatte den ganzen Tag schon Rückenschmerzen, doch statt Übungen und einen Spaziergang zu machen, hatte ich den Vormittag am Schreibtisch verbracht. Meine To-do-Liste hatte ich nicht fertig abgearbeitet, und als ich meinen Sohn von der Kita abholte, stand auf dem Tisch noch das Geschirr vom Frühstück. Mittags aß ich nur eine Handvoll Chips und einen Joghurt. Micha war bei einem Dreh und wusste nicht genau, wann er nach Hause kommen würde. Der Kleine hatte am Nachmittag auf nichts Lust, war trotzig und versuchte die ganze Zeit, auf meinem Handybildschirm herumzutippen, während ich noch schnell eine Mail beantwortete. Auch später auf dem Spielplatz war ich mit dem Kopf woanders. Mein Rücken tat weh, als ich dem Kleinen auf die Rutsche half. Es war einer dieser Tage, an denen die Laune einfach schlecht blieb. Ich hatte schon seit Monaten keinen Tapetenwechsel mehr gehabt, war urlaubsreif, schwanger mit dem zweiten Kind, hungrig und fragte mich immer wieder, wie es erst mit Kleinkind und Baby werden sollte, wie ich Familie, Karriere, Beziehung, Freundschaft, Sport, Haushalt und mein Bedürfnis nach Zeit für mich unter einen Hut bringen könnte. Wie schafften es andere Eltern bloß, neben all diesen Dingen noch Bücher zu lesen? Ich liebe es zu lesen. Doch auf meinem Nachttisch lag seit Monaten das gleiche Buch.

In dem kleinen Missgeschick mit der Gabel hatte sich schließlich entladen, was sich über Stunden, Tage, Wochen, vielleicht sogar noch viel länger in meinem Inneren angestaut hatte.

»Das lässt sich mit dem Diathese-Stress-Modell erklären. Wir alle sind bildlich gesprochen wie ein ›Fass‹, in das Stressoren ›hineingeschüttet‹ werden«, erklärte mir Amanda Nentwig. »Die sogenannte Diathese, also individuelle Faktoren wie Ressourcen oder Vulnerabilitäten, gibt an, wie viel Fassungsvermögen das eigene ›Fass‹ hat. Die Variable Stress zeigt an, wie viel in das Fass hineingeschüttet wird. Je voller unser Fass ist, desto kürzer wird unsere Zündschnur. Wenn das Fass voller wird, führt das zu einer hormonellen Kaskade in unserem

Körper: Das sympathische Nervensystem (Hypothalamus-Hypophysen-Nebennierenrinden-Achse) feuert sehr häufig, Stresshormone (zum Beispiel Cortisol und Adrenalin) werden in unserem Körper freigesetzt. Dieses sympathische Nervensystem war im Ursprung dafür zuständig, unser Überleben zu sichern. Bei Stress sprang es an, um uns vor Gefahren zu schützen. Das führte zur ›Fight or Flight‹-Reaktion. Da sich dieses System über die letzten Jahrtausende in seiner Grundfunktion nicht sonderlich stark verändert hat, passt es nicht gut in unsere aktuellen Lebensrealitäten. Somit kann bei zu viel Stress die Macke im Parkett der letzte Tropfen sein, der unser Fass zum Überlaufen bringt und von unserem Nervensystem als Säbelzahntiger interpretiert wird, den wir mit einem Wutausbruch bekämpfen müssen.«

Macht Sinn. Statt in der jeweils akuten Situation meinen Frust zu artikulieren, lange bevor mein Fass überläuft, mache auch ich viel zu oft einfach weiter. »Geht schon«, »Passt schon« und »Ist schon okay« gehören zu meinen Standardsätzen, die mein Fass langsam volllaufen lassen. Meist geht es dabei um Dinge, die mich nerven, die mich stören, bei denen ich aber das Gefühl habe: Muss gemacht werden, kann ich eh nicht ändern, also nehme ich sie hin. Stauen sich diese Dinge aber auf und lassen immer weniger Platz für meine echten Bedürfnisse, werde ich zunehmend wütender.

Ein ganzes Jahr ohne Urlaub, weil die Jobs einfach keine Auszeit zulassen? Ist schon okay, das ist doch Jammern auf hohem Niveau. Den sonnigen Sonntag mit dem Hausputz verschwenden? Muss halt gemacht werden, passt schon. Der Auftraggeber will einen Text komplett neu geschrieben haben, weil er sich spontan für einen anderen Themenschwerpunkt entschieden hat? Tja, kommt vor, mach ich heute Abend noch schnell. Als Schwangere soll ich mir Pausen gönnen? Ach was, mir geht es doch gut, das geht schon alles, ich bring noch schnell den Müll raus, und die Wäsche räumt sich ja auch nicht von selbst weg.

Und irgendwann geht es dann eben nicht mehr. Wenn man über lange Zeit all die Wut, Lustlosigkeit und Genervtheit runterschluckt, ist das Fass irgendwann voll. Dann kommt alles auf einmal raus. In so einem Fall kann eine heruntergefallene Gabel, ein unpassender Kommentar des Ehemannes oder ein*e Autofahrer*in, der*die einem die Vorfahrt nimmt, dazu führen, dass das gesamte emotionale Kartenhaus in sich zusammenfällt und nichts als ein Häuflein Elend übrig bleibt.

Wieso schlucken wir so viel runter? Warum »ziehen wir durch«, machen weiter, laden uns alles auf, statt uns rechtzeitig zu beschweren? Erziehung und Gesellschaft vermitteln nicht nur Müttern, sondern allen Frauen immer wieder, dass gerade die vermeintlich negativen Emotionen unweiblich sind. Wenn wir uns als Frauen beschweren, wird uns beigebracht, nicht so grimmig zu gucken. »Das sieht nicht schön aus. Das macht Falten.« Zwinker, zwinker, alles nicht so ernst gemeint, ist doch klar. Doch in jedem Scherz steckt ein kleiner Funken Wahrheit, sagt der Volksmund. Und so ist es auch hier. Frauen sollen vor allem geben, pflegen und schmücken.

Soraya Chemaly schreibt in ihrem Buch *Speak out! Die Kraft weiblicher Wut*, dass »zornige Frauen« mit »hässlichen Frauen« gleichgesetzt werden, »wobei Hässlichkeit die absolute Todsünde ist in einer Welt, in der der Wert, die Sicherheit und die Ehre einer Frau an ihren sexuellen und reproduktiven Wert für die Männer in ihrem Umfeld gekoppelt sind.«[23]

Fast jede Frau hat schon einmal von irgendeinem Mann den Satz gehört: »Lächel doch mal.« Sogar von fremden Männern. Ganz abgesehen davon, dass das eine (milde) Form der Belästigung ist, zeigt es, wie Frauen in der Gesellschaft wahrgenommen werden: Sie sollen lieb sein, Danke sagen, hübsch aussehen und – na klar – lächeln. Dabei sind Frauen keineswegs die glücklicheren Menschen. Laut der Deutschen Depressionshilfe sind etwa jede vierte Frau und jeder achte Mann im Laufe des Lebens von einer Depression betroffen, Frauen erkranken zwei- bis dreimal so häufig an einer Depression wie Männer.[24] »Schuld« daran sind laut Expert*innen diverse biologische und psychosoziale Faktoren. Zu den biologischen Faktoren gehören unter anderem ein höheres genetisches Risiko, hormonelle Umstellungsphasen wie Pubertät, prämenstruelles dysphorisches Syndrom, die postpartale Phase sowie die Menopause und andere hormonelle Unterschiede. Zu den psychosozialen Faktoren gehören unter anderem soziale Ungleichheiten, beispielsweise der soziale sowie sozioökonomische Status, Bildung oder Entscheidungsgewalt. Frauen sind zudem deutlich häufiger von schweren Formen häuslicher und sexueller Gewalt betroffen.[25]

Aber hey, lächel doch mal.

»Lächeln passiert oft so automatisch, dass es gar keine Gefühle mehr ausdrückt, sondern nur noch für andere gemacht wird«, so Marianne LaFrance, Professorin für Psychologie und Gender Studies an der Yale University, in einem Interview über den Druck, als Frau ständig freundlich sein zu müssen. »Das kann dazu führen, dass man nicht mehr ernst genommen wird. Wenn Frauen immer lächeln, dann ruft das beim Gegenüber das Gefühl hervor, dass sie angenehm und fröhlich sind, aber nicht unbedingt kompetent.«[26]

Wer zu nett ist, kann nicht kompetent sein – auch so ein Gedanke, den wir nur schwer ablegen können. Laut der Expertin ist es noch ein langer Weg dahin, dass Frauen als vollwertige Menschen anerkannt werden, die mehr als nur gefühlig sein können.

Kein Wunder, denn der Druck, lieb und nett zu sein, wird von Generation zu Generation weitergegeben. Schon kleinen

Mädchen wird bewusst oder unbewusst vermittelt, nicht wütend zu sein. »Wir lernen meist schon von Kindesbeinen an, Wut als unweiblich, unattraktiv und egoistisch zu betrachten. Vielen Mädchen wird beigebracht, dass Wütend-Sein für andere eine Zumutung ist und sie lästig und unsympathisch macht«[27], beschreibt Chemaly in ihrem Buch. Diese Form von Toxic Positivity kennt fast jede Frau bereits aus ihren ersten Lebensjahren – schon hier beginnt die Vermeidung und Unterdrückung der Emotionen.

»In vielen Familien wurde nach außen hin stets das Idealbild gewahrt«, erklärt mir die Heilpraktikerin für Psychotherapie und Mama-Coach Imke Dohmen. »Schon als Kleinkinder haben wir gespürt, dass da etwas nicht stimmt. Uns wurde gesagt, dass alles gut sei, es wurde nicht darüber gesprochen. Dieses Idealbild war eben noch nie real, doch das wurde uns nicht vermittelt, im Gegenteil. So nehmen wir die ambivalenten Gefühle aus unserer Kindheit mit ins Erwachsenenalter und haben ein schlechtes Gewissen, wenn wir mal nicht dem Idealbild entsprechen.«

Ist das nicht verrückt? Obwohl wir es rational begreifen können, lassen uns diese Prägungen aus der Kindheit nur selten los. Und ein Idealbild, das es noch nie im echten Leben gab und vermutlich auch nie geben wird, wird von Generation zu Generation an die kleinen Kinder weitergegeben.

Später, wenn die Kinder größer werden, geht es weiter. Ergebnisse einer Studie der MaLisa Stiftung zur Selbstinszenierung von Mädchen auf Instagram bestätigen, dass diese Idealbilder und übertriebenen Erwartungen auch im Teenageralter und auf Social-Media-Plattformen gelten: »Werden die Mädchen explizit danach gefragt oder beschreiben implizit beim Betrachten der Fotos, was ihnen an den Bildern wichtig ist, ist dies zum einen der Gesichtsausdruck in der Selbstinszenierung, denn der ›strahlt halt Emotionen aus, wie man sich gerade fühlt, ob man happy ist oder traurig‹ (Maria, 15 Jahre). Dabei ist es allen Mädchen wichtig, fröhlich und gut gelaunt zu erscheinen.«[28]

Diese Erfahrung ist auch mir aus meiner Jugend noch sehr präsent. Zwischen zwölf und 17 fühlte ich mich mit allen Klischee-Erwartungen konfrontiert, die man sich vorstellen kann. Hübsch aussehen, bei den Jungs gut ankommen, schlanke Figur, schicke Klamotten – das war mir sehr, sehr wichtig. Ich wollte Bestätigung. Je tiefer der Ausschnitt und je süßer das Lächeln, desto mehr Aufmerksamkeit bekam ich von den Jungs, na klar.

Ich habe Expertin Amanda Nentwig gefragt: Was macht das mit einer jungen Frau auf der Suche nach sich selbst? »Es gehört grundsätzlich zur gesunden Entwicklung dazu, gesehen werden zu wollen«, sagt sie. »Selbstwerterhöhung wird als emotionales Grundbedürfnis beschrieben. Evolutionär macht das Sinn: Nur indem wir dem anderen Geschlecht auffallen und körperliche Gesundheit ausstrahlen, können wir uns fortpflanzen. Darüber hinaus war es bereits in der Steinzeit wichtig, sozial eingebunden zu sein: Wenn die Gruppe in der Steinzeit jemanden verstoßen hat, war die Wahrscheinlichkeit hoch, dass der Mensch gestorben ist, weil er sich nicht allein versorgen und gegen Feind*innen wehren konnte. Ich würde dieses Bedürfnis zur Selbstwerterhöhung also nicht verteufeln. Ähnliches findet man ja auch im Tierreich. Der Pfau gibt auch mit einem stolzen Federwerk an, um Partnerinnen anzulocken. Was in unserer Gesellschaft völlig abstrus ist und aus dem Ruder läuft, ist die Entwicklung, dass Schönheitsideale zunehmend an Faktoren ausgemacht werden, die alles andere als gesund sind. Wir verlernen somit, unseren einzigartigen Körper so anzunehmen und zu wertschätzen, wie er ist. Die Gesellschaft vermittelt zum Teil unrealistische Bilder durch Retusche, Schönheits-OPs, Diätenwahnsinn und viel zu teure und unnötige Statussymbole, die von jungen Menschen als eine Art

Benchmark verstanden werden, die man erreichen muss, um sich schön und liebenswert zu fühlen.«

Man könnte meinen, dass man nach der Teenagerzeit als Frau dann endlich zu den eigenen Emotionen stehen dürfe – doch der Druck hört nicht auf. Auch wenn das Selbstbewusstsein bestenfalls nicht mehr ganz so stark an die »Likes« und Komplimente anderer gekoppelt ist – nach wie vor möchte man »dazugehören« und »reinpassen«, ein völlig menschliches Bedürfnis. »Frauen wird es häufig übel genommen, wenn sie sich kämpferisch und wütend zeigen. Männer hingegen werden meist dahin erzogen, Gefühle der Überforderung, Angst, Traurigkeit und Verletzung runterzuschlucken. Und das ist völliger Wahnsinn, denn wir alle fühlen dieselben Grundemotionen«, so Therapeutin Amanda Nentwig.

Das kennen wir aus dem Berufsleben: Während ein Mann, der auf den Tisch haut und wütend wird, als durchsetzungsstark und selbstbewusst wahrgenommen wird, wird eine Frau, die ihrem Ärger Luft macht, als Zicke abgestempelt, die ihre Emotionen nicht im Griff hat. Klingt furchtbar klischeehaft und rückschrittlich, aber so sieht die Realität leider oft aus. Hinter vorgehaltener Hand wird später besprochen, dass sie scheinbar zu Hause gerade viel Stress habe oder – ich muss es so deutlich sagen, denn ich habe genau das von Männern schon gehört – »untervögelt« sei. Na klar, liebe Männer. Sex hilft immer, um wütende Frauen wieder gefügig und vorzeigbar zu machen. Ironie aus.

Erst kürzlich habe ich bei Instagram auf dem Kanal des Frauenmagazins @soulsistermag gelesen: »Smile! Du brauchst etwa 54 Muskeln, um ein böses Gesicht zu machen, aber nur 43 Muskeln, um zu lächeln. Lächeln ist viel weniger anstrengend! #smile #goodvibesonly #lachen #happiness«.[29] Das Magazin richtet sich keineswegs an Teenager, sondern an Frauen zwischen 25 und 49 Jahren. Selbst für Frauen mitten im Leben gilt also:

Sei happy! Bleib gelassen! Sei dankbar und tu dir etwas Gutes! Dieses Ideal wird immer wieder reproduziert und so über Jahrzehnte verfestigt. Ich wage zu behaupten: In einem Magazin, das eine männliche Zielgruppe hat, würde so etwas nicht stehen. Am Ende wird durch dieses Narrativ aus einem kleinen, süßen Mädchen keine gestandene, selbstbewusste Frau, sondern bloß ein großes, süßes Mädchen. Auch das ist eine Ausprägung von Toxic Positivity.

Teresa Bücker schrieb in einer *SZ*-Kolumne über das Thema weibliche Wut: »[Die Wut] ist ein Gefühl, das nach echten Gesprächen verlangt und danach, einen Plan zu machen, der sich ihrer Ursache annimmt. (...) Daher sollten die Reaktionen auf die Wut über Unrecht kein Lächeln sein und kein Ausflug in den Wald, um zu schreien, sondern Ideen dafür, wie die Kraft der Wut gemeinsam mit anderen genutzt werden könnte, um ihre Ursachen zu adressieren. Es ist eine Frage des Respekts gegenüber sich selbst, die eigenen Gefühle ernst zu nehmen und sie für etwas zu nutzen. Wut kann das. Sie muss nicht destruktiv sein, sondern kann Einfälle hervorbringen, motivieren und Menschen zusammenbringen, die ein Anliegen teilen. «[30]

Diese Prägungen gibt es in anderer Form auch bei Männern. Aussagen wie »Echte Männer weinen nicht« oder Beschimpfungen wie »Heulsuse« und »Angsthase« machen von klein auf klar, dass Jungs und Männer gefälligst stark sein müssen. Der Macher, die starke Schulter, der Versorger, stets klar in seiner Meinung, durchsetzungsfähig und kraftvoll. Und dabei natürlich immer schön gelassen bleiben – schließlich braucht jede Frau einen »Fels in der Brandung«. Tränen, Verletzlichkeit, Ängstlichkeit, Unsicherheit, all das wird bei Männern eher unterdrückt. Das ist genauso fatal. Von Kindheitstagen an werden wir alle also mit Aussagen und Erwartungen konfrontiert, die uns dazu bringen, bestimmte Emotionen zu verdrängen oder zu überspielen. Im Hinblick auf einen gesunden Umgang mit Emotionen sind diese Prägungen immer kontraproduktiv – für alle Geschlechter.

»Das ist zwar eher ein soziologisches und gesellschaftliches Thema, doch die negativen Konsequenzen dieser Genderrollen zeigen sich dann auf psychischer Ebene. Das sehe ich ständig in meiner Praxis: Männer schämen sich zu weinen, während ich aus Frauen Wut und Ärger förmlich rauskitzeln muss. Am ehesten kann man es auf die Erziehung runterbrechen: Mädchen werden für angepasstes Verhalten gelobt, für rebellisches Verhalten gerügt. Umgekehrt wird Jungs gesagt, dass sie ›nicht weinen brauchen‹, und sie erhalten einen Schulterklopfer, wenn sie sich gegen andere Jungs behaupten. Das nennt sich operante Konditionierung«, erklärt mir Amanda Nentwig. Operantes Lernen wird auch »Lernen am Erfolg« genannt. Klar: Was gut ankommt, wird wiederholt. Wenn wir gerügt werden, ändern wir unser Verhalten. Und so werden Genderrollen immer weiter reproduziert.

Doch obwohl ich das weiß, bin auch ich nicht frei davon, schon kleinen Babys mit Vorurteilen zu begegnen. In meinem Freundeskreis bekommen gerade fast alle Paare Kinder. Wenn ich meine Freundin Marta besuche, die eine Tochter hat, begrüße ich die Kleine mit: »Naaa, du süße Maus?« Als wir hingegen kürzlich Freund*innen besucht haben, die einen Sohn bekommen haben, sagte ich sofort: »Endlich lerne ich ihn mal kennen, den kleinen Mann!«

Ganz ehrlich? Wenn man den beiden Babys das gleiche, geschlechtsneutrale Outfit angezogen hätte, würde man nicht erkennen, welches Kind ein Junge und welches ein Mädchen ist. Trotzdem mache auch ich hier schon unbewusst einen Unterschied in meiner Ansprache. Und das war kein Ausrutscher. Das passiert immer und immer wieder. Ich kaufe kleinen Jungs eher ein Bagger-Buch zum ersten Geburtstag als kleinen Mädchen. Und kleinen Mädchen eher einen Pullover mit einem Herzchen drauf als einem Jungen. Wieso? Wieso unterscheide ich zwischen Mann und ... Maus?

»Das ist ein Automatismus«, erklärt Amanda Nentwig. »Dagegen hilft nur Bewusstheit und Achtsamkeit. In der Erziehung eines Kindes sollte man sich vornehmen, Kinder gleich zu behandeln, egal welches Geschlecht sie haben. Man kann sich zudem vornehmen, Kindern ihre unangenehmen Gefühle zu lassen, egal ob Wut oder Traurigkeit, egal ob Junge oder Mädchen. Im Prozess der Erziehung geht es darum, aus dem eigenen ›Autopilot-Modus‹ auszusteigen, da Unbewusstheit dazu führt, dass wir das abspulen, was schon unsere Eltern mit uns gemacht und uns vermittelt haben. Wenn wir bewusst innehalten, wenn unsere Tochter tobt und wütet, und uns daran erinnern, dass wir ihr zugestehen wollen, autonom zu sein und Wut spüren zu dürfen, dann können wir unseren ersten Impuls, sie zu stark zu begrenzen, überwinden. Und können lernen, stattdessen in der Wut bei dem Mädchen zu bleiben. Sie zu fragen, was sie gerade fühlt und braucht. Klar, in diesem Prozess ist niemand perfekt. Darum geht es auch nicht. Es geht darum, es sich immer wieder vorzunehmen.«

NETTIGKEIT STATT PROTEST – SIEHT SO DER WEIBLICHE WIDERSTAND AUS?

Diese geschlechtsspezifischen Prägungen im Umgang mit Emotionen sorgen nicht nur dafür, dass Frauen durch unterdrückte Gefühle eher zu psychischen Krankheiten neigen, sondern führen auch zu der Frage, inwieweit die Fähigkeit, sich zu wehren, bei Frauen unterdrückt wird. Immerhin sind Ruhe, Gelassenheit,

Freundlichkeit, Höflichkeit und ein Dauerlächeln keine Eigenschaften, die man der Rebellion zuschreibt.

»Die Prägung, immer nett zu sein und zu lächeln, unterminiert und beschneidet unsere Fähigkeit, uns gegen Ungerechtigkeiten zu wehren«, so Amanda Nentwig. »In manchen Fällen löscht diese Prägung unsere Fähigkeit aus, uns selbst zu behaupten. Wenn das geschieht, kann sich aufkommende Wut gegen die eigene Person wenden. Das ist der perfekte Nährboden für soziale Ängste und Depressionen.«

Auch mir wurde schon als Kind mitgegeben, dass Männer gewisse Dinge, bei denen man Meinungsstärke beweisen muss, »einfach besser können«. Verhandeln, zum Beispiel. Meine Mutter und ich waren vor ein paar Jahren im Urlaub mal zusammen auf einem Markt in Spanien. Der Boden unter unseren Füßen war sandig, rechts und links von uns standen klapprige Tische mit Armbanduhren, Kleidung, Handyhüllen, dazwischen Stände mit Gewürzmischungen und frischem Obst. Die Verkäufer*innen waren laut, versuchten, mit Komplimenten oder Angeboten die Aufmerksamkeit der Besucher auf sich zu ziehen. Etwas weiter wurden Burger, Pommes und schlechte Pizza verkauft, es roch nach Frittierfett und Sonnencreme. Eigentlich eine reine Touristenabzocke. Doch im Urlaub macht man so etwas mit und findet alles irgendwie nett. Ein hübscher Schal, niedliche Ohrringe, ein Armband, ach, das ist doch eine nette Erinnerung.

»Eigentlich muss man auf diesen Märkten immer handeln«, sagte meine Mutter, während wir zwischen den Ständen umherbummelten und uns die bunten Stoffe und den auffälligen Schmuck anschauten. »Angeblich kann man so noch mal viel sparen. Aber ich kann das nicht. Ich bin dafür nicht dreist genug und nehme das erste Angebot immer sofort an. Dein Papa konnte das immer viel besser, wenn wir mal im Urlaub waren. Ich glaube, Männer können das generell besser.« Sie sei froh, dass sie als Lehrerin nicht um Gehalt verhandeln müsse. Das könne sie nicht.

Selbstverständlich hat das Spuren bei mir hinterlassen. Mir graut es vor jedem Gespräch, in dem es ums Geld geht. »Ich kann nicht verhandeln«, schießt es mir sofort durch den Kopf. »Ich bin einfach zu nett.« Ach, hey, da sind sie ja, die Glaubenssätze aus der Kindheit. Vor jedem schwierigen Gespräch, egal ob es nun um Geld oder Kritik geht, überlege ich mir, wie man heikle Forderungen oder Aussagen »nett verpacken« kann, wie man es schafft, den eigenen Willen durchzusetzen, »ohne jemanden vor den Kopf zu stoßen«.

Die Therapeutin Amanda Nentwig weist mich darauf hin, dass gerade solche Situationen, zum Beispiel bei einer Gehaltsverhandlung im Job, für Frauen eine Gratwanderung sind: »Wir brauchen eine messerscharfe Einschätzung von unserem eigenen Marktwert und den Begebenheiten im Unternehmen. Es benötigt eine durchdachte inhaltliche Vorbereitung und einen transparenten Überblick darüber, was Menschen in ähnlicher Position und mit ähnlicher Expertise verdienen. Wenn wir den Bogen überspannen, dann können wir schnell unseriös erscheinen. Doch noch viel häufiger unterspannen wir ihn und agieren nicht aktiv genug, wenn es darum geht, eigene Interessen umzusetzen.«

Erwischt. Gerade das »Unterspannen« kenne ich von mir selbst.

»Das Training sozialer Kompetenzen ist ein weites Feld, Übungssache und ein sehr lohnenswerter Bereich. Denn durch selbstsicheres Auftreten erhöhen wir die Wahrscheinlichkeit, das zu bekommen, was wir wollen. Aggressives oder unsicheres Verhalten hingegen reduziert die Wahrscheinlichkeit, das zu erhalten, was wir uns wünschen«, so die Expertin. Also: Weder ist es gut, in einer Gehaltsverhandlung zu aggressiv zu sein, noch hilft es, immer lieb und nett zu agieren und die eigenen Bedürfnisse hintanzustellen, um nicht anzuecken.

Ich kenne viele Frauen, die ihre Emotionen eher zurückhalten. Selbst Teresa Bücker, meinungsstarke Vorzeigefeministin, schafft es im persönlichen Umgang nur selten, die in ihr brodelnde Wut nach außen zu tragen, gibt sie zu und zeigt sich selbstkritisch: »Ich bin in dieser Hinsicht kein Vorbild. Ich bekomme regelmäßig das Kompliment, ich sei ›unaufgeregt‹, und werde oft gefragt, wie ich es schaffe, in kontroversen Diskussionsrunden so ruhig zu bleiben. (...) Meine unaufgeregte Natur ist jedoch das Ergebnis davon, dass ich mit Geschlechternormen groß geworden bin, die meine echten Gefühle im Zaum gehalten haben. (...) Doch auf welche Seite stelle ich mich, wenn meine Wut nicht sichtbar wird? Wenn ich nach den Regeln spiele, die Ungleichheit unsichtbar machen, indem sie die Gefühle darüber bestrafen, dann solidarisiere ich mich zuerst mit denen, die von der Unterdrückung anderer profitieren.«[31] Es geht also um viel mehr als nur um die eigene psychische Gesundheit und einen empathischeren Umgang miteinander. Es geht um strukturelle Ungleichheiten, um Unterdrückungsmechanismen, die man mit weiblicher Nettigkeit und Gefälligkeit weiter unterstützt.

Da gab es zum Beispiel die Psychologieprofessorin Christine Blasey Ford. Sie beschuldigte 2018 Brett Kavanaugh, damals Anwärter auf einen Platz am Obersten Gerichtshof, sie als 15-Jährige massiv sexuell belästigt zu haben. Ihre detaillierte Beschreibung des Ablaufs und der traumatischen Erfahrung, die sie vor einem Millionenpublikum noch einmal durchleben musste, sorgte wohl bei jedem*jeder Zuhörer*in sofort für einen Kloß im Hals. Einige Menschen im Saal weinten.

Auf die Frage, welche Erinnerung ihr am lebhaftesten im Gedächtnis geblieben sei, antwortete Christine Blasey Ford: »Das

Lachen, das schallende Lachen zwischen den beiden, und ihr Spaß auf meine Kosten.«[32]

Dieses Erlebnis habe ihr gesamtes Leben beeinflusst, so die Professorin, sie leide an Klaustrophobie und Panikattacken. Mehrmals kämpfte sie während ihrer Aussage mit den Tränen, schluckte diese jedoch tapfer hinunter. Sie blieb gefasst, wurde nicht wütend, flippte nicht aus. Ein vorbildliches weibliches Opfer, könnte man ironischerweise sagen.

Wie zu erwarten, wehrte sich Kavanaugh gegen diese Vorwürfe. Nicht besonnen, sondern laut und aggressiv. Er sei unschuldig und habe niemals jemanden belästigt. Zudem stellte er sich selbst als Opfer einer politischen Kampagne dar: Seine Familie und sein Name seien wegen der Vorwürfe »vollständig und dauerhaft« zerstört worden. Er werde sich nicht einschüchtern lassen, so seine Aussage. Er war wütend. Verdammt wütend.

Donald Trump, der Kavanaugh für den hochrangigen Richterposten vorgeschlagen hatte, verteidigte seinen Kandidaten nicht nur, sondern verharmloste die Vorwürfe und machte sich sogar auf einer Wahlkampfveranstaltung über die renommierte Psychologieprofessorin lustig, indem er sie parodierte. Ein heftiger Schlag, wenn man bedenkt, dass gerade »der Spaß auf ihre Kosten« Ford so tief getroffen hatte.

Ford wurde nach ihrer Anhörung das Ziel bösartiger Beschuldigungen, Morddrohungen und Hasstiraden. Sie musste infolgedessen sogar mit ihrer Familie umziehen. Man sollte meinen, dass sie diejenige sein sollte, die wütend und aggressiv wird. Dass sich ihre Gesichtszüge verzerren und sie lauter wird, als es vielleicht gesellschaftlich angemessen erscheint. Nein, sie tat in der Anhörung das, was Frauen beigebracht wird: Sie entschuldigte sich für die Umstände.

Brett Kavanaugh wurde im Oktober 2018 zum Richter am Supreme Court gewählt.

Ich vermute, dass es nichts geändert hätte, wenn die Psychologieprofessorin laut und ungehalten gewesen wäre. Im Gegenteil: Vermutlich hätte sie erst recht niemand ernst genommen, sie wäre als psychisch labil und nicht vertrauenswürdig eingestuft worden. Allein schon, weil man dieses Bild von Weiblichkeit nicht kennt und deshalb als »unnormal« einordnet.

Wie also sieht er aus, der weibliche Protest? Mal ganz lieb nachfragen, ob man gewisse Dinge auch anders machen könnte? Natürlich nicht. Glücklicherweise sind viele Frauen längst über diese Klischees hinweggekommen. Und es sind tatsächlich nur Klischees. Denn auch wenn es in den Geschichtsbüchern kaum präsent ist: Frauen waren schon immer wütend. So wütend, dass sie häufig zu den Antreiberinnen der großen Revolutionen wurden. »Es waren hauptsächlich Frauen, die nach Versailles marschierten, um Brot für das Volk zu verlangen, und damit die Französische Revolution initiierten. Es waren die Suffragetten, die das amerikanische Wahlrecht revolutionierten. Und auch Rosa Parks, die 1955 in den USA mit ihrer Weigerung, einem Weißen ihren Sitzplatz im Bus zu überlassen, die schwarze Bürgerrechtsbewegung auslöste, war keine stille, demütige Frau, sondern eine laute, wütende, engagierte Aktivistin. Ihr gewaltfreier Protest war wohlüberlegt, aber getrieben von blankem Zorn«[33], schreibt die Journalistin Kristina Appel im Magazin *EMOTION*.

Und wie sieht es heute aus? Feminismus ist überall. Der Fridays-for-Future-Protest ist weiblich. Greta Thunberg hat mit ihrer emotionalen, zornigen Rede beim UN-Klimagipfel den Satz »How dare you?« (»Wie können Sie es wagen?«) geprägt – mit Tränen in den Augen. Beim weltweiten »Klimastreik« am 15. März 2019 waren laut dpa bis zu 70 Prozent der rund 1,6 Millionen Teilnehmer*innen weiblich.[34]

Diese Entwicklung ist wichtig, um das öffentliche Bild von Weiblichkeit zu erweitern. Ich sage bewusst »erweitern« und nicht

»verändern«, da ich nicht finde, dass man sich als Frau womöglich »männlicher« verhalten sollte, um wahrgenommen zu werden. Auch das wäre eine Weiterführung bestehender Normen.

Mir geht es darum: Es sollte in unserer Gesellschaft völlig normal sein, dass Frauen sich in ihrer ganzen Vielfalt zeigen und zu ihrer Meinung und ihren Forderungen stehen – auch wenn diese anecken. Statt Meditationsseminare zu besuchen und Diskriminierungen mit Mantras wegzusingen, sollten sie sich für ihre Rechte einsetzen. Dann wird es ungemütlich, und die Harmonie ist erst mal dahin. Zugegeben, Duftkerzen, Meditationsmusik und gedämpftes Licht wären angenehmer. Doch welche Revolution war je friedlich und harmonisch? Wenn sich am Ende dadurch die Verhältnisse – egal ob nun innerfamiliär oder gesamtgesellschaftlich – so verändern, dass die eigenen, vielleicht auch »typisch weiblichen« Bedürfnisse langfristig besser erfüllt werden können, lohnt sich der Streit und führt langfristig zu mehr Harmonie und Zufriedenheit. Es ist wie beim Sport: Es muss zumindest ein bisschen wehtun, damit der Muskel wächst.

Noch einmal zum Verständnis: Es ist überhaupt nichts dagegen einzuwenden, nach stressigen Tagen zu meditieren und eine tägliche Achtsamkeitspraxis anzuwenden, um mit psychischen Schwierigkeiten umzugehen. Der alltägliche Wahnsinn lässt uns alle kaum stillstehen. Manchmal kann und will man nicht mehr kämpfen und kann nichts mehr tun, außer dazusitzen und zu atmen. Auch ich sitze abends meistens erschöpft vor dem Fernseher und schaue mir zur Entspannung irgendeine lustige Serie oder eine unterhaltsame Talkshow an. Doch eines sollte uns bewusst sein: Die Ablenkung von negativen Emotionen hilft nicht dabei, strukturelle Ungerechtigkeiten zu verändern. Manche Dinge lassen sich leider nicht weglächeln oder wegomen. Schade, ich weiß. Aber wir müssen ran, wenn wir unzufrieden sind.

Ich bin froh, dass die oftmals auf Äußerlichkeiten und Oberflächlichkeiten fokussierte Happiness-Instagram-Bubble nicht die gesamte junge Generation aufgefressen hat, sondern dass sich viele junge Menschen politisch und gesellschaftlich engagieren.

In der Shell-Jugendstudie von 2019 heißt es: »Die gegenwärtige junge Generation formuliert wieder nachdrücklicher eigene Ansprüche hinsichtlich der Gestaltung der Zukunft unserer Gesellschaft und fordert, dass bereits heute die dafür erforderlichen Weichenstellungen vorgenommen werden. (...) Trotz leichter Annäherungen bezeichnen sich männliche Jugendliche (44 %) noch immer etwas häufiger als weibliche Jugendliche (38 %) als politisch interessiert. Aber beide Geschlechter messen dem eigenen politischen Engagement eine jeweils gleich hohe Bedeutung bei. Momentan hat es sogar den Anschein, dass Mädchen sich als Vorreiterinnen im politischen Engagement präsentieren.«[35]

Diese Aussage gibt Hoffnung, dass ein gesellschaftlicher Wandel langsam sichtbar wird, dass sich neue weibliche Vorbilder positionieren. Das lässt mich positiv in die Zukunft blicken. Denn auch das sei noch einmal betont: Ein positiver und hoffnungsvoller Blick in die Zukunft sowie ein sonniges Gemüt sind keineswegs »verboten«, wenn man protestieren will. Man kann verschiedene Emotionen gleichzeitig spüren und ausdrücken. Motivation und Enttäuschung, Hoffnung und Wut.

Ich glaube, dass emotionale Offenheit und ein Bewusstsein für das Toxic-Positivity-Narrativ dabei helfen können, die Wut der Frauen sichtbarer zu machen. »Ja, ich bin wütend. Und ich bin es gern. Weil es dafür sorgt, dass andere erkennen, was mir wirklich am Herzen liegt«[36], schreibt die Journalistin Kristina Appel. Genau darum geht es: Emotionen können Antreiber sein, Motivator, Augenöffner. Toxic Positivity treibt uns dazu, sie zu unterdrücken. Doch die vermeintlich negativen Gefühle wie Wut, Frustration oder Ärger zu erkennen, zu artikulieren und zuzulassen, sorgt nicht nur dafür, dass wir uns in zwischenmenschlichen Beziehungen wieder näherkommen, sondern die emotionale Akzeptanz kann auch ein Motor für gesellschaftlichen Wandel sein.

»DAS SPIELT SICH NUR IN DEINEM KOPF AB«

TOXIC POSITIVITY UND DIE IGNORANZ SOZIALER UNGERECHTIGKEITEN

ÜBERINTERPRETATION UND WHATABOUTISM – WIE WIR DISKRIMINIERUNG KLEINREDEN

Neulich hat meine Freundin Liske, die sich sehr für Feminismus starkmacht, auf Instagram davon erzählt, dass ihr im Schwimmbad zwei Männer dreist in den Weg geschwommen seien, als sie versuchte, ihre Bahnen zu ziehen. Für sie war dieses Erlebnis eine Bestätigung der strukturellen Diskriminierung von Frauen und des immer noch herrschenden Patriarchats.

Als ich dieses Posting las, runzelte ich die Stirn. Spontan schrieb ich ihr: »Also mir schwimmen immer nur Rentnerinnen in den Weg.«

Für mich klang ihr Erlebnis wie ein dummer Zufall. Ich war überzeugt davon, dass diese Männer auch anderen Männern den Weg abgeschnitten hätten und dass es genauso viele Frauen gibt, die so agieren. Klar, das nervt und ist respektlos. Aber an so einem Beispiel die Diskriminierung von Frauen festzumachen, erschien mir an den Haaren herbeigezogen und ziemlich übertrieben.

Mit dieser Reaktion war ich anscheinend nicht allein. Liske setzte später noch ein Posting ab, in dem sie erklärte, wieso es falsch sei, als Außenstehende*r ihr Erlebnis kleinzureden. »Ihr sprecht mir damit meine Erfahrungen ab. (...) Woher das Bedürfnis, mein Erlebnis zu schmälern oder mir gar abzusprechen, dass mich vielleicht in dieser Situation ein Mann oder mehrere Männer diskriminiert haben?«, fragte sie. Und fügte am Ende hinzu: »Ob du diskriminiert wurdest, entscheiden nicht die Diskriminierenden und nicht die Zuschauer, sondern *du*.«

Natürlich hat sie damit recht. Liske hat sich in diesem Moment diskriminiert gefühlt und das Erlebte dazu genutzt, um auf ein größeres, strukturelles Problem hinzuweisen. Dieses Gefühl der Diskriminierung hätte ich ihr nicht absprechen sollen – immerhin war ich selbst nicht mal vor Ort. Immer wieder begegnet einem dieses Kleinreden, wenn es um gesellschaftliche Ungerechtigkeiten wie Diskriminierungserfahrungen geht. Und selbst wenn man diesen einen kleinen Ausschnitt aus einem einzelnen Leben »widerlegen« kann, macht es das grundsätzliche Problem, auf das hingewiesen wird, damit nicht kleiner. Auf den ersten Blick widersprüchliche Meinungen oder Gedanken können tatsächlich beide richtig sein.

So schreibt Alice Hasters, Autorin von *Was weiße Menschen nicht über Rassismus hören wollen, aber wissen sollten*, in einem Artikel auf deutschlandfunk.de: »Rassismus existiere nicht – das sagen sogar einige Schwarze. (...) Diese Menschen behaupten oft, sie hätten Diskriminierung noch nie erlebt, und folgern daraus oft, man würde die Konflikte selbst erzeugen, weil man Aufmerksamkeit bräuchte oder verweichlicht sei. Diese Menschen meinen, besser zu wissen, wie man struktureller Benachteiligung begegnen soll: Man könne all das vermeiden, wenn man sich nur ›richtig‹ verhielte. Sie sagen dann zum Beispiel, dass sie das N-Wort nicht als beleidigend empfinden würden. Wie Schlagerstar Roberto Blanco zum Beispiel, der Bayerns Innenminister Joachim Herrmann in Schutz nahm, als dieser ihn mit dem N-Wort beschrieb – und damit ein Kompliment machen wollte. Hinter solchen Verteidigungen steckt die Annahme, dass die Welt einfach so sei, wie sie ist, und anstatt sie zu ändern, solle man sich lieber selbst ändern. Man solle sich anpassen. Diese Menschen machen sich zu Kompliz*innen einer Denkweise, die gegen sie arbeitet.«[37]

Ja, auch ich habe mich falsch verhalten. Ich habe Liske gesagt, sie solle ihr Beispiel überdenken, anstatt meine Gedanken dem eigentlichen Problem zuzuwenden, nämlich der strukturellen Diskriminierung von Frauen. Ich habe ihr vermittelt, dass sie ihre Denkweise anpassen solle, statt ihr zuzugestehen, dass sie sich diskriminiert gefühlt hat. Ich habe ihr die Schuld gegeben, nicht der Gesellschaft.

Warum? Weil ich es unfair den Männern aus dem Schwimmbad gegenüber fand, die vielleicht total tolle Kerle waren. Klar, das kann stimmen. Aber das ist eine Mutmaßung. Keine Mutmaßung hingegen war Liskes Gefühl. Das war echt. Und es rührt aus einer tief verwurzelten Ungerechtigkeit.

Das ist, als wenn man auf das Klagen von Schwarzen, dass ihnen ständig in die Haare gegriffen werde, antwortet: »Naja, mit meinen blonden Locken passiert mir das auch ständig.« Stimmt. Doch das nennt man »Whataboutism«. Ja, blonde Locken werden auch oft ungefragt angefasst. Ja, das ist auch unangenehm. Aber das hat nichts, wirklich gar nichts mit dem eigentlichen Problem zu tun. Diese Bemerkung ist ein Ausweichmanöver. Denn der Unterschied zwischen blonden Locken und Afrohaaren: Blonde Locken sind kein Teil einer großen, allumfassenden, lebenslangen strukturellen Diskriminierung, die bei Weitem mehr als nur die Frisur betrifft. Die Frage ist doch: Wieso haben wir spontan diesen Impuls in uns, Diskriminierungserfahrungen anderer kleinzureden?

»Für unseren Selbstwert ist es nicht erträglich, uns selbst beispielsweise als rassistisch wahrzunehmen, da Rassisten ja laut Gesellschaft ›schlechte Menschen‹ sind«, erklärt mir Amanda Nentwig. »Man möchte sich selbst nicht als schlechten Menschen bewerten. Rassismus ist ein komplexes Thema. Die meisten Menschen tragen rassistisches Gedankengut in sich. Das erzeugt aber eine Dissonanz, also einen inneren Konflikt. Kognitive Dissonanz entsteht, wenn ein Mensch unvereinbare Kognitionen hat, wenn also einzelne Wahrnehmungen, Informationen, Bedürfnisse, Vermutungen, Meinungen oder Ähnliches zueinander im Widerspruch stehen. Ein unangenehmes Gefühl! Doch wenn man das Thema differenziert betrachtet, sind nicht automatisch alle Menschen mit rassistischem Gedankengut ›schlechte Menschen‹. Jedoch können und möchten manche Menschen sich diesem Thema und dieser differenzierten Betrachtung nicht stellen. Differenzierte Betrachtungen erfordern einen gewissen kognitiven Aufwand. Darauf lassen sich viele Menschen nicht ein.«

Ich kenne diesen inneren Konflikt auch. Als ich begonnen habe, mich mit Feminismus und Rassismus zu beschäftigen, sind mir auch bei mir selbst Verhaltensweisen und Denkmuster aufgefallen, die diese gesellschaftlichen Konstrukte untermauern. Anders gesagt: Ja, auch ich agiere manchmal sexistisch und rassistisch. Keine schöne Einsicht. Es wäre einfacher, die innere Spannung zu reduzieren, indem man solche Themen ignoriert.

»Freud hat das als Verleugnung beschrieben«, so Amanda Nentwig. »Ein wichtiger Abwehrmechanismus. So kann man innere Konflikte zeitschonend ›beenden‹, um unseren Selbstwert zu schonen.« Wir verleugnen die Wirklichkeit, um uns selbst besser zu fühlen. Das mag für das Individuum zeitweise funktionieren, aber langfristig schadet es der Gesellschaft. Es handelt sich also auch hierbei um eine Form der toxischen Positivität.

»ÄNDERE DEINE ÜBERZEUGUNG, DANN ÄNDERT SICH DIE WELT« – WHAT?

Offensichtlich versuchen wir durch das Kleinreden oder gar die Ignoranz von gesellschaftlichen Problemen, das Leben ein bisschen einfacher, schöner und angenehmer zu machen. Wenn alles nicht so schlimm ist, wenn sich die vermeintlich Diskriminierten vieles schlicht einbilden, dann fühlt sich doch alles ein bisschen besser und leichter an. Dann kann man die Schuld von sich schieben und wieder das »Good Vibes Only«-Narrativ leben. Hat doch nichts mit mir zu tun. Sollen sich doch alle mal ein bisschen locker machen!

Es macht Spaß, einen Glücksratgeber zu lesen, der dir Hoffnung macht, schon in kurzer Zeit beliebter, erfolgreicher, vermögender und kreativer zu sein. Es macht nicht so viel Spaß, ein Buch über Rassismuserfahrungen zu lesen, das dich aus deinem »Happyland« rausholt und in dir Schamgefühle weckt, indem es dir aufzeigt, wie wenig du bisher über Rassismus wusstest, dass auch du mit deinem Verhalten rassistische Strukturen stabilisierst und dass es jetzt wirklich Zeit wird, deine Hausaufgaben zu machen. Eine selbstkritische Haltung und die Auseinandersetzung mit Problemen passen nicht so richtig in eine Welt, in der jede*r dankbar und positiv sein will. Und in der jede*r glaubt, dass allein diese positive Einstellung dazu führt, dass man ein besseres, gesünderes und glücklicheres Leben führen kann. Das geht einfach nicht zusammen: ein Leben voller persönlichem Glück und Liebe und gleichzeitig das Bewusstsein für die großen Probleme der Menschheit. Oder?

Bei der Recherche für dieses Buch klickte ich mich auch durch die Websites einiger »Life Coaches« – Glücksratgeber in menschlicher Form quasi. Viele dieser Menschen leisten tolle Arbeit, sie helfen anderen dabei, ihre Probleme anzugehen und ein besseres Leben zu führen. Ich stieß allerdings auch auf viele Ansätze, die mich stutzig werden ließen. Oft war da pauschal die Rede von »Vergebung«, vom »Loslassen«, vom »Ändern der eigenen Einstellung, um so glücklicher zu werden«. Das Ganze dann noch schön vermischt mit esoterisch angehauchtem Vokabular. Kurz: Allein deine eigene Einstellung zu den Dingen ist wichtig. Wer es schafft, seine Überzeugung zu ändern, ist mit dem Universum im Einklang. Und am Ende stehen, na klar – ganz große Glücksgefühle! Alles ist gut. Wieder mal. Wenn du nur daran glaubst.

Ich wende diese Perspektive mal auf das Beispiel weiter vorn an, in dem zwei Männer meiner Freundin Liske in den Weg geschwommen sind. Konsequent zu Ende gedacht hieße das doch: Wenn ich an meinem spontanen Gedanken (»Es war reiner Zufall, dass zwei Männer Liske den Weg abgeschnitten haben«) festhalten würde, ergäbe sich daraus, dass strukturelle Diskriminierung in diesem Fall nicht existiert. Oder? Stimmt, denn zumindest in »meinem Universum«, wie die Life Coaches sagen würden, also in meiner Erfahrung und Überzeugung, habe ich für den Moment das Problem erfolgreich umschifft. Alles fühlt sich gut und richtig an. Und wenn ich das jedes Mal so mache, muss ich mir auch in Zukunft nicht eingestehen, dass in unserer Welt irgendwas nicht ganz richtig läuft und es tatsächlich strukturelle Ungleichheiten gibt. Easy!

Da gibt es aber einen kleinen Haken: Nicht nur meine Überzeugung ist von Bedeutung. Auch die Überzeugungen anderer Menschen zählen. Das nennt man Gesellschaft und Demokratie. Meine Überzeugung wirkt sich auch nicht auf das gesamte Universum aus (es sei denn, ich werde hochrangige Politikerin oder wie Greta Thunberg eine weltweit bekannte Aktivistin). Diese Einstellung ist meines Erachtens sehr selbstbezogen und auf das Individuum zentriert. Und ich glaube, dass diese toxische Dosis an positivem Denken unsere Gesellschaft kaputtmachen kann. Weil diese Einstellung wegführt von der Verantwortung der Gemeinschaft sowie dem Anerkennen von strukturellen Problemen. Stattdessen suggeriert sie eine oftmals unfaire Eigenverantwortlichkeit des Individuums.

Alle Frauen, die tagtäglich begrapscht, diskriminiert, schlechter bezahlt und bewusst oder unbewusst kleingehalten werden, müssten also einfach nur ihre Überzeugung ändern. Sie selbst sind das Problem, nicht die anderen. Sie könnten doch einfach ein bisschen entspannter sein, die anderen meinen es doch nicht böse. Wir sind doch alle in einem patriarchischen System aufgewachsen, da kann doch keiner was für, das meint doch keiner so ernst. – Sorry, so kann ich nicht denken.

Glaubt man vielen Life Coaches da draußen, geht es vor allem um Vergebung. Solange wir an unserem Schmerz und den alten Vorwürfen festhalten, kommen wir im Leben nicht weiter. Wir leiden, fühlen uns als Opfer – dabei könnten wir doch einfach loslassen und glücklich sein!

In vielen Dingen mag diese Aussage stimmen. Ich muss nicht mein Leben lang dem Mädchen aus der Grundschule vorwerfen, dass es mir gesagt hat, ich sei dick. Und es lohnt sich auch nicht, sich den ganzen Tag über den*die Busfahrer*in zu ärgern, der*die direkt vor meiner Nase losgefahren ist. In vielen Familien gibt es über Jahrzehnte unausgesprochene Streitigkeiten, die über Generationen weitergetragen werden und wirklich belastend sein können. Auch hier kann Vergebung hilfreich sein, um mit den Konflikten der Vergangenheit abzuschließen und zufriedener im Hier und Jetzt leben zu können. Kurz: In persönlichen Belangen kann dieser Weg der Vergebung durchaus heilsam sein.

Doch die Aussage, dass man durch Vergebung alle Probleme lösen könne, beinhaltet indirekt auch, dass Diskriminierte eigentlich selbst schuld seien, dass sie sich ständig angegriffen fühlen. Weil sie nicht genug Vergebung zeigen und nicht genug an ihrer eigenen positiven Einstellung arbeiten.

Stopp! Ich sage: Wenn du dich diskriminiert fühlst, wenn du dich ungerecht behandelt fühlst, wenn du dich einfach nur unwohl fühlst – werde laut, statt leise in dir selbst nach einer Antwort und Vergebung zu suchen. Eine positive Einstellung mag zeitweise helfen, um zur Ruhe zu kommen, das stimmt. An manchen Tagen kann man nicht mehr kämpfen und braucht eine Pause. Da hilft es, Abstand zu gewinnen und sich ein wenig abzulenken. Es geht immer um Balance. Niemand kann oder sollte sich ständig ärgern. Aber an den Umständen und Ursachen, die dich leiden lassen, änderst du mit diesem Rückzugsverhalten nichts. Die »Good Vibes Only«-Gesellschaft stabilisiert und bestätigt auf Dauer und in dieser Intensität diskriminierende Strukturen, statt sie zu verändern.

VOM MUT, SICH ZU ZEIGEN

»Das, was man braucht, ist Mut. Mut, sich verletzlich zu zeigen und anderen zuzumuten, sich genauso unwohl zu fühlen wie man selbst«[38], so Autorin Alice Hasters.

Kann man lernen, sich verletzlicher zu zeigen? »Ja«, meint Amanda Nentwig. »Man kann das definitiv lernen, mitunter in einer Psychotherapie. In der Regel ist es auch sinnvoll, dies grundsätzlich zu lernen. Jedoch hängt es auch von der Situation ab, ob wir uns gerade verletzlich zeigen möchten. Wenn man beispielsweise im Job eine Verhandlung mit einem unangenehmen und wenig empathischen Gegenüber hat, kann es in der Situation kontraproduktiv sein, sich verletzlich zu zeigen, da unser Gegenüber hiermit möglicherweise nicht gut umgehen würde. Aber zumindest in privaten Beziehungen sollte eine gewisse Offenheit für Verletzlichkeit dazugehören. Sonst werden wir unauthentisch. Je mehr wir Verletzlichkeit in für uns wichtigen Beziehungen zulassen, desto besser lernt uns unser Gegenüber kennen und kann auf uns eingehen. Meist macht es einen Menschen auch viel sympathischer, wenn er durchblicken lässt, dass er sich von Zeit zu Zeit verletzlich fühlt. Und es ist eine unausgesprochene Einladung für das Gegenüber, es einem selbst gleichzutun.«

Ich habe eine gute Freundin, Karin, die vor vielen Jahren einen schweren Unfall hatte und seitdem eine Gehbehinderung hat. Vor Kurzem schickte sie mir eine Sprachnachricht. Sie war völlig durch den Wind.

»Du glaubst nicht, was ich gerade erlebt habe, ich muss das dringend jemandem erzählen«, sagte sie atemlos. »Ich stand auf dem Behindertenparkplatz am Rosengarten und habe gerade den Kinderwagen ausgeladen. Da kommt ein Herr, baut sich vor mir auf und fragt aggressiv: ›Wer ist denn hier behindert?‹ Ich habe gesagt: ›Hier ist mein Behindertenausweis‹, und ihm das Ding gezeigt. Da guckt er mich von oben bis unten an und sagt: ›Behindert im Kopf, ja?‹«

Karin ist bildhübsch, schlank, hat lange blonde Haare. Scheinbar war es für diesen Mann nicht vorstellbar, dass eine so hübsche, junge Frau eine Behinderung haben könnte.

»Ich war perplex«, erzählte Karin weiter. »Ich habe dann gesagt, dass er keine Ahnung von meiner Krankengeschichte hat und was ihm einfällt, mich so dermaßen zu beleidigen. Er sagte nur wieder ›Behindert im Kopf‹ und zeigte mir den Mittelfinger.«

Man muss ergänzen, dass Karin bei diesem Vorfall ihre zweijährige Tochter und ihren wenige Monate alten Sohn dabeihatte, die alles mit anhören und -sehen mussten.

»Ich hab mich in den Kofferraum gesetzt und nur noch geheult. Ich hatte dann Angst, das Auto stehen zu lassen – womöglich würde der Typ den Lack zerkratzen, während ich auf dem Spielplatz bin. Also habe ich wieder eingeladen und bin losgefahren.«

Bis zu diesem Moment der Sprachnachricht dachte ich nur: Was für ein Arschloch. Die arme Karin, dass sie sich wegen ihrer Behinderung solche Beleidigungen gefallen lassen muss. Doch es ging weiter. Der Mann lief ihr kurz darauf, als sie im Auto saß, erneut über den Weg.

»Ich habe das Fenster runtergelassen und ihm gesagt, dass sein Verhalten gerade gar nicht ging und dass ich ihn bei der Polizei anzeigen werde«, so Karin. »Und er zeigte mir wieder den Vogel und ruft mir hinterher: ›Dumme Kuh!‹ Ich war auf 180 und habe wirklich bei der Polizei angerufen. Die haben einen Streifenwagen vorbeigeschickt. Die Polizisten haben den Mann aufgehalten, und er hat alles zugegeben. Er sei Anwohner und einfach genervt, dass die Parksituation so schlimm sei. Nun habe ich drei Monate Zeit, Anzeige zu erstatten, und dann bekommt er wohl ein Bußgeld. Mal sehen, ob ich das mache. Aber ich war so perplex, so verletzt und wütend, dass ich in dem Moment irgendwas tun musste. Ich hatte diesen Scheißunfall, nach dem ich so viel zu kämpfen hatte, und ich habe jedes Recht, diesen Parkplatz zu nutzen – und dann werde ich so dumm angemacht. Ich habe keine Lust mehr, mich dafür zu rechtfertigen.«

Während ich mir Karins Sprachnachricht anhörte, wurde ich immer stolzer auf meine Freundin. Die ganze Geschichte hätte auch so enden können, dass sie heulend im Kofferraum gesessen hätte und danach einfach nach Hause gefahren wäre. Aber nein, sie hat den Mund aufgemacht. Sie ist laut geworden. Und sie hatte nicht nur den Mut, offen zu sagen: »Das hat mich verletzt!«, sondern sie hat sich auch getraut, die Polizei zu rufen und diese Verletzlichkeit und Wut in eine Aktion umzusetzen, die ein Resultat erzielt hat. Genau das meine ich damit, wenn ich sage, dass negative Emotionen die Kraft haben, Dinge zu verändern. Und dass es nicht immer gleich ein jahrzehntelanges Engagement braucht, um das zu tun. Es sind genau diese vermeintlich kleinen Aktionen, die nötig sind, um im Alltag ein Zeichen gegen Diskriminierungen zu setzen. Jedes Wort und jede Aktion zählt. Auch wenn es schwerfällt. Karin war am Ende des Tages keinesfalls stolz und glücklich. Sie fühlte sich erschöpft und leer. Das war kein leichter Kampf.

Es ist anstrengend, und es fällt schwer, sich so mutig – und so verletzlich! – zu zeigen. Denn gewissermaßen hat Karin mit dem Anruf bei der Polizei auch ihre eigene Schwäche eingestanden. Andere hätten ihr vielleicht geraten: »Da musst du drüberstehen.« Oder: »Der Typ ist vom Leben frustriert, lass ihn schimpfen und nimm es nicht persönlich. Geh einen Kaffee trinken, beruhig dich und vergiss die ganze Sache.«

Klar, das geht auch. Das wäre das Bild, das man im ersten Moment als »selbstbewusst« und »stark« einordnen würde. Doch das ist doch völliger Quatsch, wenn man genauer drüber nachdenkt. Denn erstens würde so der Mann sein diskriminierendes Verhalten nie ändern, und zweitens müsste Karin ihre eigenen, der Situation völlig angemessenen Gefühle unterdrücken. Von wegen Dankbarkeit, Selbstbewusstsein und Vergebung. In solchen Situationen, wie Karin sie erlebt hat, sollten wir unsere Wut nutzen, um diskriminierende Strukturen aufzubrechen. Sich in solchen Fällen zu beschweren, ist keine Schwäche. Das ist Stärke. Das ist Selbstbewusstsein. Später kann man immer noch einen Kaffee trinken gehen, durchatmen und die Sache hinter sich lassen. Nachdem man laut geworden ist. Natürlich nur, sofern das möglich ist, ohne sich damit selbst in Gefahr zu bringen – das ist wichtig zu ergänzen.

Je größer das Problem und je weniger privat das Umfeld ist, desto schwieriger und anstrengender ist es, zu den eigenen Emotionen zu stehen und Diskriminierungen im Alltag anzuprangern. Durch das Ansprechen der Problematik fühlt es sich oft so an, als würde man »zu schwach« und nicht selbstbewusst, gelassen oder cool genug sein. Dabei ist es doch gerade ein Zeichen von Stärke, nicht alles runterzuschlucken und stattdessen Veränderungen voranzutreiben. Diskriminierungen und Ungerechtigkeiten sind kein individuelles Problem der Betroffenen und sollten auch nicht in die individuelle Verantwortung fallen.

Ich habe verschiedene Beispiele aus verschiedenen Umfeldern und Situationen gesammelt, um zu verdeutlichen, wie es aussehen kann, wenn man den Mund aufmacht, statt zu schweigen. Und wieso es wichtig ist.

Privatleben/Beziehung:

»Schatz, ich fühle mich von dir nicht mehr wertgeschätzt. Ich putze, ich koche, ich kümmere mich um die Kinder, und du beschwerst dich noch, dass deine Hose nicht gebügelt ist. Das geht so nicht.«

Diese Aussage könnte den*die Partner*in vor den Kopf stoßen. Vermutlich wird die Reaktion wie folgt aussehen: »Aber ich arbeite den ganzen Tag, da bleibt eben einfach keine Zeit für Haushalt, das hatten wir doch besprochen! Dafür verdiene ich das Geld!«

Verteidigung. Rechtfertigung. Möglicherweise ein Gegenangriff. In vielen Jahren Beziehung und Ehe habe ich allerdings gelernt: Nur Reden hilft. Das fällt nicht immer leicht, aber es lohnt sich. Wirklich. Immer. Ich weiß, dass das echt hart ist. Manchmal kommt man sich zickig und anstrengend vor, hat das Gefühl, dass der*die Partner*in echt schon genug um die Ohren hat oder dieses Gespräch gerade unangebracht ist. Es ist viel einfacher zu schweigen, unangenehme Gefühle runterzuschlucken und sich später beim Kaffee mit der besten Freundin auszukotzen. Doch das löst keine Probleme. Ich hatte schon Phasen, in denen ich dachte, dass meine Beziehung bald endet, wenn es so weitergeht – nach 45 Minuten Gespräch war dann plötzlich wieder alles gut. Hätte ich alles verdrängt und nie ausgesprochen, wäre es vielleicht wirklich eskaliert. Wichtig ist dabei, bestimmte Regeln in der Kommunikation zu beachten. Sich nicht zu beleidigen, nicht zig Vorwürfe zu vermischen und nicht zu pauschalisieren. Hilfreich können Konzepte wie das

Zwiegespräch oder die Prinzipien der gewaltfreien Kommunikation sein, um einen vernünftigen Ton zu finden. Einfach mal im Web suchen, dazu gibt es viel Material!

Diskussionen mit Verwandten und Freund*innen:

»Klaus, ich weiß, dass du es nicht böse meinst. Aber das N-Wort kann man einfach nicht mehr sagen. Damit verletzt du viele Menschen. Lass es bitte. Nicht nur vor mir, sondern generell.«

Das wird vermutlich zu Diskussionen führen. Klaus wird sich angegriffen fühlen. »Ich bin doch kein Rassist!«, wird er sagen. Jetzt muss man versuchen, sachlich zu bleiben. Erklären, Bücher empfehlen, sagen: »Ich hatte bis vor Kurzem auch keine Ahnung.« Oft kann man die Wogen im persönlichen Gespräch noch etwas glätten. Aber leicht ist es nicht, in die Diskussion zu gehen. Manchmal reicht es auch schon, sich abzugrenzen, ohne eine große Diskussion folgen zu lassen. Bei gewissen Personen spürt man, dass Argumente sowieso nicht fruchten werden – dann ist es völlig in Ordnung, sich zu positionieren und fertig. Hauptsache, man sagt überhaupt etwas.

Kleine Öffentlichkeit:

»Liebe Kollegen, ich muss leider sagen, dass ich mich als einzige Frau in Ihrem Team häufig diskriminiert fühle. Der ›Locker-Room-Talk‹ und die anzüglichen Bemerkungen zu meinen Outfits haben meines Erachtens im Büro nichts zu suchen. Ich bitte, dies zu unterlassen.«

Tschüss, gute Stimmung! Tschüss, Plauderei in der Kaffeeküche! Ab jetzt heißt es dann wohl: allein Mittagessen gehen und von den Kollegen erst mal gemieden werden. Doch bestenfalls bringt man ein paar von ihnen mit dieser Aussage zum Nachdenken. Vielleicht sind diese frauenfeindlichen Bemerkungen wirklich nicht so lustig, wenn sich Frauen deshalb verletzt fühlen. Auch wenn es doch alles nicht ernst gemeint ist.

Aber sich in so einem Fall hinzustellen und vor einer ganzen Gruppe zuzugeben, dass man sich unwohl fühlt – das erfordert richtig Mut. Zudem wird es garantiert viele Reaktionen geben, die in den Bereich »Kleinreden« und »Whataboutism« fallen. Darauf sollte man vorbereitet sein und einen gewissen Rückhalt haben, damit man an harten Tagen aufgefangen wird.

Große Öffentlichkeit:

»Hallo Welt. Ich werde jeden Tag von jedem von euch bewusst oder unbewusst diskriminiert. Arbeitet an euch!«

Hautfarbe, Behinderung, Geschlecht, soziale Herkunft, Religion, sexuelle Orientierung – all diese Dinge sind der Grund dafür, dass Menschen jeden Tag aufs Neue diskriminiert werden. Dennoch wird von ihnen erwartet, dass sie dabei lächeln, cool bleiben und gelassen mit der Diskriminierung umgehen. Wut, Hass, Verletzung und Erschöpfung – das zeigt doch nur, dass man zu schwach ist, oder? Man könnte doch alles mit Humor nehmen und die Welt einfach mal nicht so negativ wahrnehmen. Ist doch alles nur eine Frage des Selbstbewusstseins.

Von wegen! Es ist verdammt mutig, sich vor der ganzen Welt verletzlich zu zeigen und öffentlich zu diesem Schmerz zu stehen, indem man beispielsweise ein Buch schreibt, sich als Autor*in in einem Artikel offenbart oder im Fernsehen diese Dinge laut ausspricht. Man muss mit einer Menge Gegenwind rechnen. Morddrohungen im Netz, ein Shitstorm, böse Leserbriefe, Drohungen gegen die Familie, all das kann passieren. Und all das tut weh, jeder und jedem von uns. Wir sollten alle Menschen feiern, die den Mut aufbringen, laut zu werden, und die genug Nerven haben, uns aufzurütteln und damit unsere Gesellschaft hoffentlich ein bisschen fairer zu machen.

Ein weiterer Aspekt im Umgang mit strukturellen Ungleichheiten ist übrigens das Zugeben von Fehlern. Eingestehen statt rechtfertigen, Unsicherheiten offenlegen – auch das ist hart. Ich kenne das selbst von mir. Ich lerne. Aber ich werde noch eine Menge Fehler machen. Und wenn man mich auf gewisse Dinge hinweist, die ich falsch mache, könnte es nach wie vor passieren, dass ich sage: »Aber ich meinte doch nur ...« – jupp, auch wenn man schon weiß, dass man sich nicht sofort rechtfertigen sollte, heißt das nicht, dass man dieses Wissen sofort optimal umsetzt. Es ist ein Prozess, nicht mehr sofort in den Verteidigungsmodus zu gehen. In privaten ebenso wie in gesellschaftlichen Diskussionen. Auch diese Entwicklung und Fehlbarkeit sollte man wahrnehmen, akzeptieren, üben und dadurch besser darin werden.

Ich habe beispielsweise bei Instagram mal ein Posting veröffentlicht, in dem ich kritisierte, dass das Model Chrissy Teigen auf ihrem Profil eine sehr private »Galerie« (fünf Fotos) ihrer Fehlgeburt veröffentlicht hatte. Die Bilder zeigen sie direkt nach dem tragischen Ereignis, trauernd und verletzlich, das tote Baby in eine Decke gewickelt im Arm.

Ich habe im Hinblick auf Social Media ja bereits davon erzählt, dass ich es irre schwierig finde, in der digitalen Welt eine Grenze zwischen Authentizität und privatem Raum, zwischen Ehrlichkeit und Inszenierung zu ziehen. Sehr private Dinge zu posten, schmälert in meinem Empfinden teilweise deren Bedeutung und Größe – für mich fühlte sich Chrissy Teigens Post also im ersten Moment wie eine Grenzüberschreitung an, die ich nicht nachvollziehen konnte. Es wirkte auf mich, als müsste nun selbst eine Fehlgeburt »instagrammable« sein.

In meinem Posting betonte ich zwar, dass ich es toll fände, dass so ehrlich über eine Fehlgeburt gesprochen wird – doch die Bebilderung sah ich extrem kritisch. Für mich fühlte sich das nach Inszenierung an. Für mein Gefühl war es der Situation unangemessen, so private Aufnahmen im öffentlichen Raum zu teilen.

In den Kommentaren unter meinem Post wurde ich für diese Meinung stark kritisiert. Vielen Frauen würden solche Bilder bei der Verarbeitung eines solchen Ereignisses helfen, wurde mir erklärt. Meine Aussagen seien diskriminierend allen jenen gegenüber, die eine Fehlgeburt erlebt hatten. Es sei zudem sehr üblich, auch Sternenkinder zu fotografieren. Und es sei extrem wichtig, diese ungeschönten, echten Bilder zu zeigen.

Ich wehrte mich. Ich verteidigte mich. Ich konterte. Ich hielt zuerst an meiner Meinung fest. Auch als die Diskussion hitzig wurde. Den Rückzug trat ich erst an, als ein Kommentar eine persönliche Grenze überschritt und man mir selbst eine Fehlgeburt wünschte. Damit hätte alles für mich erledigt sein können. Abhaken, weiter. Doch die anderen Kommentare und Nachrichten hatten mich zum Nachdenken gebracht.

Viele Frauen fanden Chrissy Teigens Post großartig. Sie fühlten sich angesprochen und bewunderten den Mut des Models. Das zeigt, dass das Bedürfnis nach solchen Bildern da ist. Immerhin ist das Thema Fehlgeburt in unserer Gesellschaft immer noch stark tabuisiert. Ich habe nicht das Recht, die Empfindungen anderer kleinzumachen – selbst wenn ich persönlich diese Bilder für mich nicht als hilfreich betrachte. Und meine Unterstellung, dass Chrissy Teigen mit ihrem Posting nur auf Likes aus war, war einfach nur fies und unfair. Ich hatte einen Fehler gemacht.

In einem zweiten Post nahm ich einige meiner Aussagen zurück, am Ende löschte ich schließlich alles. Weil mir die Kritik extrem naheging und meine Überzeugung immer mehr bröckelte. Ich sah meinen Fehler ein, und es fühlte sich einfach nicht gut an, mein ursprüngliches Posting so stehen zu lassen. Ich konnte nicht mehr für die ursprünglichen Aussagen einstehen. Ein paar Tage mied ich Instagram. Doch dann machte ich weiter. Fehler passieren. So was kommt vor. Im Endeffekt habe ich daraus gelernt. Und zwar, dass ich meinen ersten Eindruck nicht einfach so raushauen sollte – denn anderen geht es vielleicht völlig anders. Auch hier gilt mal wieder: offen sein, zuhören, sacken lassen, drüber schlafen. Und dann kann man immer noch überlegen, ob man sich öffentlich konträr positionieren will. Und in welcher Form das geschieht.

Die ganze Situation hat sich nicht toll angefühlt. In keinem Moment. Am liebsten hätte ich mich danach unter einer Decke versteckt und wäre nie wieder rausgekommen. Doch ich muss mich für mein Verhalten nicht für immer selbst verurteilen. Ja, ich hatte ein Bauchgefühl, das ich zu schnell und zu unreflektiert veröffentlicht habe. Das Bauchgefühl ist nach wie vor das gleiche, aber ich ordne es nun anders ein und sehe andere Meinungen als genauso relevant wie meine eigene an.

Wer ein schlechtes Gewissen hat und eigene Fehler erkennt, muss sich nicht vor Scham verkriechen. Viel besser ist es, zu diesen Fehlern zu stehen und aus ihnen zu lernen. Allein auszusprechen: »Das, was ich gestern gesagt habe, war blöd«, nimmt schon eine gewaltige Last von den Schultern. Und auch Scham und ein schlechtes Gewissen wollen uns etwas sagen – also hören wir doch einfach mal hin. Ehrliche Entschuldigungen sind unfassbar schwierig, aber wichtig. Am Ende profitieren wir alle davon, wenn wir durch diese emotionalen Täler gehen. Denn wir lernen dadurch etwas über unsere Gesellschaft, unsere Prägungen, unsere Bedürfnisse und die Bedürfnisse anderer Menschen.

»STRUKTURELLE PROBLEME KANN MAN SICH NICHT SCHÖNDENKEN« – INTERVIEW MIT CIANI-SOPHIA HOEDER

Ciani-Sophia Hoeder ist freie Journalistin und Gründerin des *Rosa-Mag*, dem ersten Online-Lifestylemagazin für Schwarze Frauen und Freund*innen. In einem ihrer Artikel setzte sie sich mit der Frage auseinander, wie Toxic Positivity Rassismus unterstützt.[39] Diesen Gedanken fand ich sehr spannend und wollte mehr darüber wissen.

Ciani, in deinem Artikel schilderst du, dass du mit einer Freundin essen warst und diese dich – genervt von der Omnipräsenz rassistischer Themen – fragte: »Warum muss es immer so politisch sein?« Wirst du in solchen Momenten sauer?

Es kommt auf die Umstände an. Habe ich gut geschlafen? Habe ich Bock auf eine Diskussion? Was für eine Beziehung habe ich zu dieser Person? Aber meistens bin ich enttäuscht und frustriert. Als Schwarze Person muss man immer und immer wieder die gleichen Gespräche führen. Für Menschen, die nicht von Diskriminierung betroffen sind, sind meine Argumente nur eine Option. Sie müssen sich nicht damit beschäftigen, weil sie davon nicht belastet sind. Als Betroffene muss man deshalb überlegen, ob man in diesem Moment Lust hat, wieder alles zu erklären. Das kostet manchmal mehr Energie, als dass es Veränderung hervorruft.

In deinem Text schreibst du: »Ich verstehe es: Rassismus zieht schon ziemlich runter. Vor allem diejenigen, die davon betroffen sind.« Du beschäftigst dich jeden Tag mit dieser Aufklärungsarbeit. Brauchst du manchmal selbst eine Pause von den »schweren Themen«?

Na klar! Ich glaube, es ist wichtig, Grenzen zu setzen. Gerade das Thema Rassismus ist sehr groß, schwer, komplex, frustrierend und anstrengend. Ab und zu hole ich mir einfach eine Packung Eis, setze mich auf die Couch und gucke Netflix. Und ich gehe auch gern raus in die Natur, um Kraft zu tanken. Das hat für mich aber eine andere Qualität als Toxic Positivity. Toxisch positive Menschen gucken immer weg und verstärken durch ihr Weggucken das System.

Wieso lohnt es sich deiner Meinung nach, die »schlechten Gefühle« auszuhalten?
Rassismus lebt davon, dass Leute weggucken. Das System gaukelt uns vor, dass genau die Menschen, die von Rassismus betroffen sind, das Problem auch lösen müssen. Das stimmt nicht! Rassismus wurde von weißen Menschen erschaffen und muss von weißen Menschen aufgebrochen werden. Niemand hat Lust darauf, einen Streit vom Zaun zu brechen, wenn der Onkel einen rassistischen Witz macht. Aber Ignoranz bestätigt das System. Beim nächsten Mal wird der Onkel weitermachen und noch härter werden. Die Bestätigung durch das Weggucken führt dazu, dass das Problem bleibt. Jede*r, der*die sich raushält, lieber nichts sagt und sich auf die positiven Dinge konzentriert, muss sich damit abfinden, dass er oder sie damit rassistische, sexistische und andere diskriminierende Strukturen aufrechterhält.

Wie können wir denn ganz konkret damit umgehen, wenn der Onkel am Tisch einen rassistischen Spruch macht?
Es sollte angesprochen werden. Man könnte sagen: »Sowas sagt man nicht, das ist nicht okay.« Natürlich ist das

eine total unangenehme Situation für alle. Die Stimmung kippt, weil man dagegenhält. Dann stellt sich die Frage, wie die andere Person reagiert. Hat sie Interesse daran zuzuhören? Ist sie empfänglich für Argumente? In diesem Fall kann man in eine Diskussion einsteigen. Doch man merkt auch schnell, wenn die Person nicht empfänglich für Kritik ist. Wenn dann ein blöder Witz kommt, sollte man sich trotzdem abgrenzen: »Das ist nicht lustig, das ist rassistisch. Für mich ist das einfach ein No-Go.« Je häufiger man so handelt, desto stärker fühlt man sich.

Hast du selbst Erfahrungen gemacht, in denen dein Engagement gegen Rassismus kleingeredet oder als zu negativ bezeichnet wurde?
Klar, sehr oft. Meine Erfahrung wurde mir oft abgesprochen, im Freundeskreis, in der Uni – nach dem Motto: Ist doch auch eine Einstellungssache, wie viel man an sich ranlässt. Zwischendurch habe ich mich selbst gefragt, ob ich paranoid bin. Und dieses Kleinreden ist gerade im Kontext von Rassismus so schlimm, weil es vermittelt, dass es dabei um etwas Persönliches gehe. Es ignoriert komplett, dass es sich um ein strukturelles Problem handelt.

Natürlich braucht man Positivität, erst recht als Betroffene – es wäre nicht gut für Herz, Seele und Psyche, nur deprimiert durch die Gegend zu laufen. Aber diese kleinen rassistischen Spitzen im Alltag immer bewusst zu übersehen, unterstützt die rassistischen Strukturen und führt zu nichts.

Es gibt den spirituell-esoterischen Ansatz, dass tatsächlich alles, was einem passiert, überhaupt erst aus dem eigenen Denken heraus entsteht. Das heißt ja auch, dass

Rassismus und andere Formen der Diskriminierung nur in den Köpfen der Betroffenen existieren. Ist dir diese Einstellung schon mal begegnet?

Klar. Ich mag Esoterik, ich meditiere, ich mache Yoga – aber ich hasse diese Argumentation: Du kannst alles aus deinen Gedanken heraus materialisieren. Das ist eine fette Lüge und erscheint mir wie eine riesige PR-Kampagne, die Probleme vertuschen will. Lehnt euch nicht auf und stellt euch bloß nicht die Frage, warum gewisse Probleme existieren! Wenn einer alleinerziehenden Mutter, die von Armut betroffen ist, gesagt wird: »Denk doch einfach positiver, dann wird dein Leben besser«, dann muss ich sagen: Nein! Das geht so nicht. Gib ihr mehr Geld, gib ihr eine bessere Kitastruktur, gib ihr ein besseres System – dann geht es ihr wirklich besser. Da kann sie sich aber nicht hinomen. In vielen Fällen kann positives Denken helfen. Aber strukturelle Probleme kann man sich nicht schöndenken. Für diese Veränderungen müssen Menschen hart arbeiten, viel argumentieren und sich viel Negativität aussetzen.

Toxic Positivity ist ein Konzept, das unsere gesamte Lebenswelt betrifft. Kennst du diesen »Druck«, positiv zu denken, auch selbst? Wenn ja, in welchen Situationen?

Mein Vater ist Amerikaner, und ich habe eine Weile in den USA gelebt – und dort ist es noch viel krasser. Da heißt es: »Don't come with a problem, come with a solution.« In Deutschland ist das kritische Hinterfragen viel verbreiteter als in anderen Ländern. Trotzdem kenne ich den Druck natürlich. Vor allem von zu Hause. Meine Mutter war der Inbegriff von Toxic Positivity. Probleme wurden nie angesprochen, alles war immer super. Und das, obwohl sie als alleinerziehende Mutter eine Menge aushalten musste. Positivität hat ihr einerseits geholfen, das durchzustehen, doch es wurde fast manisch. Ich habe schon als Kind gemerkt: Sie sagt zwar, dass alles okay ist, aber es ist eben nicht okay. Das hat mich wirklich frustriert. Und es führte dazu, dass ich überhaupt nicht mit Problemen umgehen konnte – mir fehlten einfach die Werkzeuge und Strategien. Als Erwachsene habe ich dann nach und nach realisiert, dass toxische Positivität Probleme nur noch schlimmer macht.

Du arbeitest aufklärerisch und beschäftigst dich intensiv mit »schweren« Themen – ich finde es spannend, dass du bewusst einen anderen Weg als deine Mutter gegangen bist.

Das sah vor fünf Jahren noch ganz anders aus. Als Teenager habe ich noch *The Secret* gelesen. Der Wandel kam dann nach und nach. Ich war frustriert, dass so viele Dinge einfach ignoriert wurden. Meine Rassismus- und Sexismuserfahrungen wurden kleingeredet. Es wurde mir gesagt, dass ich selbst schuld an diesen Erfahrungen sei. Da bin ich aus der toxischen Positivität »erwacht« und habe gemerkt, dass das nur eine Pille ist, die alle Probleme vorübergehend wegzaubert. Wenn man aufhört, diese Pille zu nehmen, merkt man, wie tief man in diesen Problemen drinsteckt, wie viele Ungerechtigkeiten es gibt und dass jedes Weggucken diese Ungerechtigkeiten legitimiert. Dann wurde ich wirklich wütend. Ich war eine Zeit lang sehr negativ, hab alles schlechtgeredet und war erschöpft. Es gibt ja auch eine toxische Negativität und den Hang dazu, alles scheiße zu finden. Das tat mir nicht gut. Nach und nach habe ich dann zu meiner Mitte gefunden.

Was möchtest du zu diesem Thema unbedingt noch loswerden?

Ich werfe toxisch positiven Menschen nicht vor, dass sie nicht fähig sind, sich mit negativen Aspekten dieser Welt zu beschäftigen, sondern ich glaube, dass es ein erlernter Mechanismus ist, nach dem ultimativen Tipp zu suchen, der alle Probleme löst. Ich habe mich selbst schon dabei erwischt, toxisch positiv zu sein. Eine Freundin von mir hat ihren Vater verloren. Er war ihr ein und alles, sie hatte so eine tiefe Bindung zu ihm. Und etwa vier Jahre nach seinem Tod sagte ich zu ihr: »Dein Vater würde sich freuen, wenn es dir gut geht!« Ich habe einfach nur versucht, irgendetwas zu sagen, das ihr den Schmerz nimmt. Aber egal was ich gesagt hätte, es hilft nicht. Nichts kann meiner Freundin ihren Schmerz nehmen. Dieser Verlust ist nun Teil ihres Lebens und wird sie immer wieder beschäftigen, das geht nicht weg. Das muss man annehmen und akzeptieren. Wenn man so was realisiert, macht das unsere Freundschaften und Beziehungen viel schöner und leichter. Ich muss keine Lösungen parat haben, sondern kann einfach nur zuhören. Es geht um Akzeptanz, es geht darum, Dinge realer zu sehen. Wir brauchen keine Fast-Food-Happiness. Wenn wir uns mit unangenehmen Themen auseinandersetzen, wird es am Ende richtig schön.

Sich mit unangenehmen Themen auseinandersetzen – davon können wir alle profitieren. Auf persönlicher Ebene, aber auch im Großen, als Gesellschaft. Wichtig ist dabei, nicht nur auf die eigenen Baustellen zu schauen. Ich bin weiß. Ich bin gesund. Ich bin, abgesehen von patriarchischen Strukturen, kaum oder nur selten von Diskriminierung betroffen. Doch genau deshalb finde ich es umso wichtiger, mir meiner Privilegien bewusst zu sein und sorgsam damit umzugehen. Auch wenn ich bei Weitem keine Expertin für sämtliche strukturelle Ungerechtigkeiten bin, möchte ich die Augen nicht davor verschließen. Ich will dazulernen. Ich will mitfühlen, aushalten, mich selbst hinterfragen und für Fehler entschuldigen. Das klappt nicht immer, vor allem nie schmerzfrei. Aber Verleugnung, Schönfärberei, Kleinreden und Ignoranz bringen uns als Gesellschaft nicht weiter, das habe ich gelernt. Und ich bin Teil dieser Gesellschaft, genau wie wir alle. Es liegt also auch in meinem Interesse, dass es vorwärtsgeht.

Alice Hasters schrieb, dass man Mut brauche, um sich verletzlich zu zeigen und anderen zuzumuten, sich genauso unwohl zu fühlen wie man selbst. Und ich glaube, dass man auf der anderen Seite ebenso Mut braucht, um dieses Unwohlsein auszuhalten und zuzulassen – insbesondere in den Situationen, in denen es viel einfacher wäre, die Augen zu verschließen und weiter in seiner Happy-Bubble vor sich hinzuleben. Aber es ist unsere Aufgabe, diesen Mut aufzubringen, jeden Tag aufs Neue. Wir müssen hinschauen, wir müssen laut werden. Jede*r von uns. Denn nur so kann sich etwas ändern.

»SO LERNST DU DAS LEBEN WIEDER ZU SCHÄTZEN«

KRANKHEITEN, VERLUST UND SCHICKSALSSCHLÄGE ALS LERNERFAHRUNGEN?

TRAUER? KEINE ZEIT!

Sich verletzlich zu zeigen, erfordert Mut. Das betrifft nicht nur das Eingestehen von Diskriminierungserfahrungen oder Fehlern, nicht nur Gespräche über alltägliche Überforderungen und den Druck der Gesellschaft, sondern auch Erfahrungen mit dem Tod, mit Trauer und Krankheiten. Trauer zuzulassen, ist nicht selbstverständlich. Viele Menschen gestehen sich diese Verletzlichkeit nicht zu, sie wollen stark bleiben, sich nicht in dieses »Loch« fallen lassen. Ich habe das selbst erlebt.

Ich war 22 Jahre alt und studierte in München TV-Journalismus an der Bayerischen Akademie für Fernsehen, als eines Morgens um sechs Uhr dreißig mein Telefon klingelte. Ich schreckte aus dem Schlaf hoch. Das Handydisplay zeigte die Nummer meiner Mutter. Sofort war ich hellwach, mein Herz pochte. Mir war klar, dass irgendetwas passiert sein musste. Meine Mutter war normalerweise Langschläferin, sie würde nie so früh anrufen. Ich nahm das Gespräch an.

»Mama, was ist passiert?«, fragte ich sofort.

»Dein Papa ist gestorben«, sagte sie.

»Nein«, antwortete ich. »Nein, nein.«

Mehr weiß ich nicht mehr. Ich glaube, ich habe kurz geschluchzt und gefragt, was passiert sei. Worauf meine Mutter mir erklärte, mein Vater habe in der Nacht einen Herzinfarkt gehabt und sei sofort tot gewesen. Er ist gerade mal sechzig Jahre alt geworden. In diesem Moment zerbrach etwas in mir.

Meine Eltern hatten sich schon vor langer Zeit scheiden lassen, zu meinem Vater hatte ich eine schwierige Beziehung gehabt. Durch seinen plötzlichen Tod blieben viele Dinge zwischen uns für immer ungeklärt.

An diesem Morgen stand ich auf, duschte, rief in der Fernsehakademie an und meldete mich für zwei Wochen ab. Ich sagte meinen Kommiliton*innen Bescheid. »Ich weiß, total doof, ich sollte ja morgen den Beitrag einsprechen«, sagte ich. »Aber ich muss nach Hause fahren.« Ich entschuldigte mich dafür, dass der Tod meines Vaters Umstände bereitete. Ich buchte einen Zug nach Hause für den nächsten Tag. Ich packte ein paar Sachen. Dann stieg ich auf mein Fahrrad und fuhr durch München-Schwabing. Ich schloss das Rad irgendwo an, lief durch angesagte Klamottenläden, griff mir T-Shirts und Kleider, tat interessiert, ohne sie wirklich anzusehen. Ich kaufte nichts, ich schlug nur Zeit tot. Ich weiß nicht, wieso. Vielleicht lenkte ich mich ab, versicherte mich, dass das Leben weiterging, so wie es immer gewesen war. Dass die anderen Menschen sich ganz normal verhielten, lachten, Kaffee tranken, Dinge kauften, das beruhigte mich. Ich weinte nicht, sondern war wie in Trance, besorgte im Supermarkt Knabbereien für die Zugfahrt und stellte mir noch eine Playlist zusammen. Am nächsten Morgen ging ich vor der Abfahrt laufen und hatte im Kopf bereits eine Trauerrede für die Beerdigung verfasst. Ich war pünktlich am Bahnhof, besorgte mir Essen und Trinken. Ich war gut organisiert. Ich funktionierte.

Im Zug tippte ich die Trauerrede, die ich mir beim Joggen überlegt hatte, in meinen Laptop. Ich weinte endlich, vielleicht sogar zwei oder drei Stunden. Irgendwer fragte mich, ob man mir helfen könne und ob alles in Ordnung sei. Ich lächelte: »Nein, danke, alles okay.« Ich schaute aus dem Fenster und weinte noch ein bisschen weiter, bis keine Tränen mehr kamen.

Als ich in der Heimat angekommen war, regelte ich das Nötigste. Ehrlich gesagt erinnere ich mich kaum mehr an diese Tage. War mein damaliger Freund bei mir? Ich weiß es nicht. Was genau hatte ich zu tun? Keine Ahnung. Ich weiß nur noch, dass ich in meinem schwarzen Kleidchen mit einer viel zu dünnen Jacke drüber auf der

Beerdigung im Februar furchtbar gefroren habe. Ich zitterte am ganzen Körper, meine Zähne klapperten. Ich weinte ein bisschen, nahm Abschied und fing mir eine Erkältung ein. Im Anschluss hatte ich zwei Wochen lang eine Bronchitis.

Nach der Beerdigung fuhr ich schon bald zurück nach München. Weg vom Schmerz, zurück in den Alltag. Ich wollte weiterstudieren, weitermachen. Ich sollte doch eine Liveshow moderieren. Diese Chance wollte ich mir von diesem beschissenen Schicksalsschlag nicht nehmen lassen. *Ich* war schließlich noch da. Jetzt erst recht.

Glücklicherweise hatte ich viel Hilfe bei den Erbschaftsangelegenheiten und konnte die organisatorischen Dinge, die mich mit meinen 22 Jahren restlos überfordert hätten, abgeben und ausblenden. Ich konzentrierte mich wieder aufs Studium und machte im Juli, nur fünf Monate nach dem Tod meines Vaters, meinen Abschluss als TV-Journalistin mit der Note 1,5. Alles funktionierte. Ich funktionierte. Ich lachte, ich feierte sogar, ich war gut in dem, was ich tat. Und ich fühlte mich auch gut, es fühlte sich keinesfalls nach einer Maskerade an.

Schmerz, Trauer, das spielte keine Rolle. Ich war zu stolz, zu ehrgeizig, um mich davon runterziehen zu lassen. Weitermachen und durchziehen, das war meine Art, damit umzugehen. Ich ließ den ganzen emotionalen Ballast links liegen und stürzte mich ins Leben. Das klappte gut. Ich war froh, dass mein*e Freund*innen nicht wussten, wie sie mit der Situation umgehen sollten. »Wenn du reden willst ...«, sagten einige, und ich lächelte: »Danke, ja, ich sag Bescheid.« Natürlich sagte ich nicht Bescheid. Ich hatte nicht das Bedürfnis zu reden. Worüber auch? Das Leben ging weiter, es ging mir gut.

Rückblickend frage ich mich: Habe ich meine Trauer verdrängt?

»In einem jungen Alter einen solchen Verlust zu durchleben, ist emotional besonders überfordernd, weil es in dieser

Lebensphase um andere Dinge als um Trauerarbeit gehen sollte«, so die psychologische Psychotherapeutin Amanda Nentwig. »Ich habe ebenfalls mit zwanzig meinen Vater verloren und ganz ähnlich agiert: Bachelor gemacht, Partys gefeiert, mich emotional abgeschottet. Meine damalige Therapeutin sagte mir, ich solle es als Stärke begreifen, dass ich mich ums ›Wesentliche‹ gekümmert und funktioniert habe. Zeitgleich erlebte ich immer wieder, dass die Trauer wie ein Boomerang zurückkam. Alles, was unverarbeitet war, war wie ›schockgefroren‹. Sobald ein entsprechender Trigger aufkam, wurde die emotionale Wucht der noch nicht bearbeiteten Trauer hochgespült. Ich denke, emotionale Vermeidung ist in solch einer sensiblen Lebensphase Segen und Fluch zugleich: Man bestreitet sein Leben und nimmt Entwicklungsschritte mit, die wichtig sind. Dennoch hat man ein großes emotionales Gepäck, das bei entsprechenden Triggern schwer und belastend werden kann. Für mich war es wichtig und hilfreich, zu einem späteren Zeitpunkt, in dem mein Leben deutlich stabiler war, noch einmal genau auf die Trauer zu schauen. Das, was ich mit zwanzig Jahren übersprungen hatte, durfte ich nachholen. Ich denke, wenn man das nicht tut, drohen einen diese alten Lasten immer wieder einzuholen.«

Mir geht es genauso. Heute spüre ich manchmal, dass da noch etwas in mir schlummert. Die Geburten meiner Kinder, meine Hochzeit und auch dieses Buch sind emotionale Momente, in denen ich denke: Wäre schön, wenn mein Vater diese Dinge miterlebt hätte, wenn er Opa geworden wäre und den Mann meines Lebens kennengelernt hätte. Wäre schön, wenn er gesagt hätte: »Gut gemacht.« Er war mein größter Kritiker, nahm kein Blatt vor den Mund – und gerade deshalb war sein Lob für mich so wertvoll. Als Deutschlehrer und Literatur-Freak wäre mein Vater wahrscheinlich stolz gewesen, wenn er das Buch seiner Tochter im Laden hätte stehen sehen. Vielleicht hätte er aber auch Kritik geübt, und es hätte mal wieder geknallt. Ich werde es nie erfahren.

In ihrem TED Talk »The gift and power of emotional courage« erklärt die Harvard Medical School-Psychologin Susan David, dass das Verdrängen gewisser Emotionen keinesfalls zielführend sei: »Sie mögen glauben, unerwünschte Gefühle kontrollieren zu können, wenn Sie sie ignorieren; in Wirklichkeit kontrollieren [die Gefühle] Sie. Innerer Schmerz kommt immer zum Vorschein. Immer.«[40]

Das bestätigt auch Amanda Nentwig: »Wo Emotionen nicht hinreichend verarbeitet werden, kann ein emotionaler ›Rückstau‹ entstehen, der in eine psychische Erkrankung münden kann (aber nicht muss!). Welche Art von Störung hängt von individuellen Vulnerabilitäten und den aktuellen Lebensumständen ab. Ich finde es schwierig, das Wort ›immer‹ zu verwenden. Oft ist es so. Jedoch kann Verdrängung bei Kleinigkeiten durchaus auch mal funktionieren. Man sollte es sich aber nicht als Standardmethode für den Umgang mit Emotionen aneignen. Denn spätestens wenn es nicht mehr um Kleinigkeiten geht, sondern um Begebenheiten, die uns sehr wichtig sind, werden wir durch Verdrängungsmechanismen zu einem emotionalen Schnellkochtopf, der droht überzukochen.«

Der Psychologe Artūrs Miksons beschreibt in seinem TED Talk seine Gefühle nach dem Tod seines Vaters: »Natürlich geht die Beerdigung vorbei, und das Leben geht weiter. Dann fiel mir etwas auf. Einige Wochen waren vergangen, und wenn ich zur Arbeit ging, dachte ich nicht einmal an meinen Vater. Aber ich schaute auf der Straße die Menschen um mich herum an, und ich bemerkte dieses Gefühl in mir: Ich hasse jeden einzelnen von ihnen. Ich hasse ihr Lächeln, ich hasse sogar Babys. Und in solch einer Situation fängst du an, dich zu fragen: Was zur Hölle passiert mit mir?«[41]

Diese allumfassend schlechte Laune, die kenne ich auch. Diese irrationalen Gefühle, die eigentlich keine klare Ursache haben.

»Neid, Missgunst, Wut und Verzweiflung können natürliche Reaktionen sein, wenn uns etwas oder jemand Geliebtes genommen wird«, so Amanda Nentwig. »Ich denke, dass uns solche Gedanken und Emotionen nicht irritieren sollten. Je mehr über Trauer gesprochen wird, desto weniger irritierend wird es für Menschen werden, wenn sie durch tiefe Täler gehen. Unser Organismus muss sich an das neue Leben nach solch einem Verlust anpassen.«

Mir stellt sich vor allem die Frage: Wieso verdrängen wir Trauer und Schmerz so schnell? Ist diese Verdrängung nicht ebenfalls Folge der tief verankerten toxischen Positivität in unserer Gesellschaft?

Trauer bringt nicht voran. Trauer gibt einem selbst und anderen kein gutes Gefühl. Trauernde Menschen sind nicht glücklich, sie konsumieren zu wenig, sehen nicht gut aus und ziehen alle runter. Diese Emotionen passen einfach nicht in unsere Happiness-Gesellschaft, in der alles stets ein Ziel verfolgen muss, in der unsere Handlungen immer das große Glück im Fokus haben sollen. Und in der wir alle ein Teil eines sich ständig selbst optimierenden Apparats sind.

Der amerikanische Psychiater Allen Frances beschreibt in seinem Buch *Normal – Gegen die Inflation psychiatrischer Diagnosen*, wie sich der Blick auf Trauer und ihre Symptome extrem gewandelt hat. In der kurzen Inhaltsangabe des Verlags wird bereits klar, dass allein in den letzten vierzig Jahren ein Umdenken stattgefunden hat: »1980 hielt man einen Menschen für normal, wenn er ein Jahr lang um einen nahen Angehörigen trauerte. 1994 empfahl man Psychiatern mindestens zwei Monate Trauerzeit abzuwarten, bevor man Traurigkeit, Schlaflosigkeit, Konzentrationsstörungen und Apathie als behandlungsbedürftige Depression einstufte. Mit dem neuen Katalog psychischer Störungen ›DSM 5‹ wird ab Mai 2013 empfohlen, schon nach wenigen Wochen die Alarmglocken zu läuten.«[42]

Wir dürfen nicht mehr traurig sein. Wir dürfen nicht mehr in emotionale Löcher fallen.

»Ich bin natürlich auch kein Fan davon, einen gesunden Trauerprozess zu pathologisieren oder als ›krankhaft‹ einzustufen«, so Amanda Nentwig. »Es gibt jedoch einen entscheidenden Vorteil: Wenn eine Diagnose steht, dann kommt die Krankenkasse für einen Arbeitsausfall und eine psychotherapeutische Behandlung auf.«

Stimmt – immerhin »dürfen« wir durch diese Pathologisierung eine Weile »ausfallen«. Ansonsten gilt aber: Wir sollen funktionieren. Wenn das nicht klappt, sind wir krank, wir werden gewissermaßen aussortiert, bis uns eine Behandlung wieder »auf die richtige Bahn gelenkt« und unser Gehirn wieder auf Positivität programmiert hat. Trauer wird als ein Problem gesehen, das gelöst werden muss. Doch das ist sie nicht.

»Trauer ist nicht ›falsch‹, und sie kann nicht ›geheilt‹ werden«[43], schreibt Megan Devine in ihrem Buch *It's OK That You're Not OK*. Sie erklärt: »Es gibt keine klaren Muster und keine linearen Entwicklungen. (...) Es gibt keine Stufen der Trauer, die wir durchlaufen.«[44] Die Autorin und Trauerexpertin betont immer wieder, dass der Umgang mit Trauer in der Anerkennung des Schmerzes liegt – nicht in dem Versuch, diesen Schmerz verschwinden zu lassen. Das gilt nicht nur für die Betroffenen selbst, sondern auch für Außenstehende. Trauer ist Teil des Lebens. Kein Grund, aus diesem aussortiert zu werden.

UNANGENEHME GESPRÄCHE – SCHWIERIG, ABER SO WICHTIG!

Als nach dem Tod meines Vaters einige Jahre vergangen waren und mein Umfeld davon ausging, dass ich psychisch stabil sei, kamen ab und an die ersten Bemerkungen, die auf »die guten Seiten« dieses Schicksalsschlags hinwiesen. Als ich beispielsweise mit dem Gedanken spielte, mich selbstständig zu machen, sorgte meine Erbschaft für ein kleines finanzielles Polster.

»Siehst du! So steckt in diesem Erlebnis doch noch etwas Gutes, und du kannst gelassener deine Träume verfolgen«, sagten mir Freund*innen. Mich verletzte diese Aussage. Natürlich meinten sie es gut, sie wollten meine schlimme Erfahrung »besser machen« und mir dabei helfen, die positiven Seiten zu sehen. Stattdessen fühlte es sich so an, als ob ich nun nicht mehr traurig sein dürfe.

Ein Erlebnis ist mir besonders deutlich in Erinnerung geblieben. Ich lag bei meiner Physiotherapeutin auf der Massageliege, irgendwie kam das Gespräch auf unsere Eltern. Ich sagte, dass mein Vater schon seit einigen Jahren nicht mehr am Leben sei.

»Oh, das tut mir leid«, sagte die Physiotherapeutin. »Aber so hast du bestimmt gelernt, dass du jeden Moment im Leben voll auskosten und genießen solltest, oder?«

»Öhm, joa«, antwortete ich, weil ich nicht wusste, was ich sonst sagen sollte. Ich fühlte mich schlecht. Denn nein, ich kostete nicht jeden Moment ständig voll und ganz aus, hatte keine neue Bewusstseinsebene erreicht. Hatte ich also nicht genug aus diesem Erlebnis »gemacht«?

Als ich Megan Devines Ausführungen über Trauer las, wurde mir klar, wieso mich diese Aussagen so verletzten. Sie beschreibt, dass ein Verlust kein »One-Way-Ticket«[45] ist, durch das man ein besserer Mensch wird. Niemand »braucht« einen Verlust, um als Mensch zu wachsen. Der Schmerz darf auch einfach nur

Schmerz sein – ohne irgendein Ziel, zu dem er führt. Und er darf bleiben. Auch wenn wir uns alle ein Happy End wünschen: Der Verlust eines geliebten Menschen bleibt ein Verlust, auch nach vielen Jahren. Es gibt kein Happy End.[46]

Pauschalisierende Phrasen, wie man sie oft auf Social-Media-Kanälen findet, sind in diesem Zusammenhang extrem schwierig.

»Was dich nicht umbringt, macht dich stärker!«

»Jede Krise ist eine Chance!«

»The difference between a good day and a bad day is your attitude.« (»Der Unterschied zwischen einem guten Tag und einem schlechten Tag ist deine Einstellung.«)

Den letzten Spruch habe ich in einer abgewandelten Version gefunden, die mein Gefühl ziemlich gut zusammenfasst: »The difference between a good day and a bad day is your attitude a lot more complex than some sanctimonious quote on the internet.«[47] (»Der Unterschied zwischen einem guten Tag und einem schlechten Tag ist deine Einstellung weitaus komplizierter als irgendein scheinheiliges Zitat im Internet.«)

Nicht jede Krise macht stärker. Manch eine schmerzliche Erfahrung ist eine Lehre, eine andere eine Bürde. Wenn wir in echten Krisenzeiten stecken, müssen wir erst mal nur versuchen, diese zu überstehen, kurzfristige Lösungen zu finden und den Kopf über Wasser zu halten. Manchmal habe ich das Gefühl, dass mit jeder Krise die Erwartung wächst, daraus das Geheimnis des guten Lebens mitzunehmen. Menschen, die schon viel durchgemacht haben, müssen doch unglaublich weise und lebensklug sein, oder? Quatsch. Kann sein, muss aber nicht.

Amanda Nentwig empfiehlt im Umgang mit Menschen, die einen Verlust erlitten haben, nachzufragen, was ihnen helfen könnte und wie es ihnen geht. »Jeder hat einen völlig anderen Umgang mit der Trauer: Eine Freundin von mir wollte nur feiern und gar nicht darüber sprechen. Die andere konnte gar nicht genug reden. Ich denke, die wichtigste Basis ist Zuwendung, das Gegenüber achtsam zu beobachten und ein Gefühl zu entwickeln, was der Person gerade guttun würde. Ratschläge kommen meist weniger gut an, da sie schnell als übergriffig empfunden werden können.«

Der ständige und immer wiederkehrende Hinweis auf das Positive, die Beschränkung auf die guten Seiten, das führt doch nur dazu, dass auch versteckte Traurigkeit bei den Betroffenen weiterhin verdrängt und negiert wird. Wenn einem nach einem Verlust jede*r erzählt, wie sich am Ende doch alles zum Guten gewendet habe und dass man dafür nun ein tolles Leben führen könne, kann man nur lächeln und sagen: »Ja, das stimmt.« Alles andere würde arrogant und undankbar wirken und die Gesprächspartner*innen vor den Kopf stoßen.

Das Ergebnis dieser toxischen Positivität: Die psychische Belastung steigt. Denn selbst wenn Menschen bereit wären, sich mit ihrer Trauer zu beschäftigen, selbst wenn sie sich gern öffnen würden – man lässt sie nicht. Ist doch alles verjährt, schau nicht zurück, schau nach vorn, heißt es dann. Konzentrier dich auf die schönen Seiten des Lebens und, hey, was ist denn jetzt mit deinem Dankbarkeitstagebuch? Und am Ende liegt dann schlimmstenfalls eine überforderte Seele im Bett, die nicht mehr aufstehen will, nicht mehr glücklich sein will und deshalb krank wird.

»Unsere tief verwurzelte Abneigung gegen Schmerz und Elend – gegen die Anerkennung von Schmerz und Elend – hält uns von dem ab, was wir am meisten wollen: Sicherheit. Sicherheit in Form von Liebe und Verbindung«[48], resümiert Autorin Megan Devine.

Aus meiner Erfahrung kann ich nur dazu raten, auch unangenehme Gespräche zu führen. Als Betroffene*r selbst, aber auch als Freund*in. Halt das aus. Halt den Schmerz deiner Lieben aus und sei einfach nur da, hör zu, frag nach, koch Suppe und bestätige, dass sich alles scheiße anfühlt, wenn es gerade so ist. Versuch nicht, es besser machen zu wollen. Verlust, Trauer und Schmerz können nicht »besser gemacht« werden. Ja, jeder Schicksalsschlag hat auch gute Seiten. Aber eben auch schlechte. Und diese haben genauso viel Daseinsberechtigung. Diese dürfen auch durchgekaut und durchlebt werden. Dann kommt der Rest von selbst. Denn ja, natürlich wird es besser werden. Natürlich heilt die Zeit, und langfristig wird man vielleicht zurückblicken und sagen: Aus dieser Zeit habe ich viel gelernt. Aber wenn man drinsteckt, in dieser Zeit, muss man das noch nicht verstehen, fühlen oder anstreben. Dann darf man auch einfach mal traurig sein und keine Lust haben, sich auf die positiven Aspekte zu besinnen. Und auch nach zehn Jahren gibt es Momente, in denen die Trauer wiederkommt, in denen man eine Umarmung braucht und jemanden, der*die einem sagt: »Es ist halt echt beschissen. Nimm dir Zeit, ich bin für dich da.« Trauer und Schmerz sind nun Teil des Lebens. Das zu akzeptieren und anzunehmen, ist heilsamer, als diese Gefühle zu verurteilen und ständig besser machen zu wollen.

JEDE KRISE IST EINE CHANCE – IST SIE DAS?

Ich habe bisher vor allem über Verlust und Tod gesprochen. Doch es gibt noch zahlreiche andere Phasen im Leben, in denen sich alles auf den Kopf stellt. Ein unerwarteter Jobverlust zum Beispiel. Zwar bin ich Freelancerin und somit unabhängiger als andere, doch ich weiß, dass ein sicherer Job für viele Menschen die Basis ihres Lebensmodells ist. Eine Kündigung kann bedeuten, dass alles zusammenbricht. Vielleicht muss eine ganze Familie von einem Einkommen ernährt werden, vielleicht werden mehrere Kredite und sämtliche Versicherungen von diesem Gehalt bezahlt. Wie zur Hölle soll es weitergehen, wenn der Job weg ist? Zwar haben wir in Deutschland ein soziales Netz, das Menschen auffängt – dennoch können nur wenige Monate Arbeitslosigkeit dazu führen, dass ein ganzes Leben zerbröckelt.

Erhebungen der Studie »Gesundheit in Deutschland aktuell« (GEDA) des Robert Koch-Instituts aus den Jahren 2010 und 2012 zeigen, dass »Arbeitslose im Vergleich zu Erwerbstätigen ihren subjektiven Gesundheitszustand deutlich schlechter einschätzen und häufiger unter ärztlich diagnostizierten Depressionen leiden«[49].

Liest man Artikel über Jobverlust und Arbeitslosigkeit, so stößt man dennoch vor allem – wie sollte es anders sein – auf den positiven Leitsatz, dass jede Krise auch eine Chance sei. Man hört Geschichten von Menschen, die aus solch einer Krise heraus ihre Träume wahr gemacht haben, die ein Café oder einen kleinen Laden eröffnet haben, die nach einer Umschulung erfolgreicher denn je waren. Jobverlust? Hurra! Endlich ist sie da, die einmalige Möglichkeit, so richtig Gas zu geben!

Auch diese Geschichten bauen Druck auf, alles richtig zu machen, das Beste aus der Krise rauszuholen, die negativen Emotionen zu verdrängen. Es geht weiter, also, schnell, weitermachen!

Ich finde es völlig legitim, erst mal am Boden zerstört zu sein, wenn die eigene Existenz zusammenbricht. Nicht jede*r hat einen großen Traum im Kopf, den sie*er nun endlich verwirklichen will. Es ist doch ein ätzendes Gefühl, wenn man nicht mehr weiß, wie man die nächste Stromrechnung bezahlen soll, und beim Arbeitsamt in der Schlange steht, statt morgens mit den Kolleg*innen einen Kaffee zu trinken. Es ist in Ordnung, an diesen Tagen keine Perspektive zu sehen, mutlos und erschöpft zu sein. Niemand ist ein*e Versager*in, weil er*sie so empfindet. Nach dem ersten Tief kann es dann in den Erkenntnisprozess gehen. Denn wenn man Gefühle zulässt und hinhört, wenn man sie von außen betrachtet, kann man daraus mehr lernen, als mit blindem Aktionismus loszurennen. Stattdessen ist es sinnvoller, die Schmerzen, die Mutlosigkeit und die Erschöpfung genau anzuschauen. Was tut weh, was fehlt am meisten? Das Gehalt? Die Herausforderung des Aufgabenbereichs? Das Team? Das Gefühl, gebraucht zu werden? Was war das Beste am Job, was hat genervt? Wieso wurde man gekündigt? War es vielleicht wirklich der falsche Job? Dieser Erkenntnisprozess kann schmerzhaft sein, und es gehört auch dazu, eigene Fehler zuzugeben. Doch aus diesen lassen sich Stück für Stück Zukunftspläne schmieden. Wie sehen Alternativen aus? Was kann zukünftig besser laufen? Macht eine Umschulung Sinn, oder war der Job toll, aber das Team stimmte nicht? Worauf sollte man in kommenden Bewerbungsverfahren achten? Ist ein Bewerbungscoaching sinnvoll?

Durch die Akzeptanz des Schmerzes, durch den achtsamen Umgang mit sich selbst und durch das Hinschauen wachsen so ganz von allein Pläne, Hoffnung und Optimismus. Übrigens: Es kann eine große Hilfe sein, diesen Prozess begleiten zu lassen, wenn man selbst in der Negativspirale festhängt. Manchmal reicht schon ein Coaching oder ein Gespräch mit einem*einer erfahrenen Freund*in, manchmal kann aber auch eine Psychotherapie sinnvoll sein, wie Expert*innen betonen. »Wenn sich die Stimmung zunehmend verschlechtert, schadet es definitiv nicht, sich Hilfe zu suchen. Ich sage immer: lieber einmal zu früh als einmal zu spät. Psychotherapeut*innen sind darin geschult, von einer Psychotherapie abzuraten, wenn der*die Psychotherapeut*in den Eindruck gewinnt, dass der Mensch aus eigener Kraft mit seinen Herausforderungen umgehen kann«, erklärt Therapeutin Amanda Nentwig. »Es gibt keine Faustregel, da jeder Fall, jeder Mensch und jede Situation ganz individuell sind. Wenn sich eine depressive Symptomatik einstellt, dann ist es aber sinnvoll, eher früher als später psychotherapeutisch zu behandeln.«

Noch existenzieller wird es, wenn eine Krankheit alles ändert. Ob es nun ein plötzlicher Unfall ist oder die Diagnose Krebs, das Leben wird komplett auf den Kopf gestellt. Auch chronische Krankheiten oder Behinderungen prägen das Leben. Nicht nur das eigene, sondern auch das der engsten Familie. In ihrer Verzweiflung suchen viele Menschen neben dem Rat der Ärzt*innen zusätzliche Hilfe. Manchen Betroffenen helfen Entspannungstechniken wie autogenes Training oder kreative Musik-, Tanz- oder Kunsttherapien. Auch eine Psychotherapie kann in solch existenziellen Krisen hilfreich sein, um Ängste besser verarbeiten zu können und nicht daran zu zerbrechen.

Doch es gibt auch das Versprechen, dass allein durch das richtige »Mindset« Wunder geschehen können. In dem weltweiten Bestseller *The Secret* von Rhonda Byrne führt die Autorin diesen Gedanken so ins Extrem, dass am Ende die These steht, Gesundheit und Krankheit seien bloß Produkte unserer Gedanken. Wir würden mit unseren Gedanken die Krankheit in unserem Körper halten oder könnten ihn durch unsere Gedanken zur Selbstheilung bringen. Selbst Krebs könne man so heilen.[50]

In einem Artikel auf *SPIEGEL ONLINE* erzählt die Krebspatientin Sabine Dinkel davon, dass sie nach dem ersten Schock der Diagnose Hilfe in der Ratgeberliteratur gesucht hatte. »Doch was sie fand, deprimierte sie nur noch mehr. Viele Bücher suggerierten ihr: Du bist selbst schuld. Weil du falsch gelebt hast. Weil du nicht genug auf dich geachtet hast.«[51]

Auch Autorin Barbara Ehrenreich, die an Brustkrebs erkrankt war, rechnet in ihrem Buch *Smile or Die* mit der Happiness-Lüge ab: »In der extremsten Variante dieser Haltung wird Brustkrebs nicht mehr als Problem gesehen, nicht einmal als Ärgernis, sondern als ›Geschenk‹, das wir mit größtmöglicher Dankbarkeit annehmen sollten.«[52] Immer wieder werde Betroffenen vermittelt, dass sie diese Krankheit »brauchen«, um zu sich selbst zu finden. Wer leidet, wer Angst hat, wer alles unfair und ätzend findet, passe nicht in diese durchweg positive Welt, in der es Shops für Betroffene mit hübschen rosa Krebs-Schleifchen und -Teddys gibt.

In einer Studie des Krebsinformationsdienstes des Deutschen Krebsforschungszentrums (DKFZ) stimmten 61 Prozent der Befragten der Aussage zu, dass seelische Probleme und Stress Krebs verursachen. Noch mehr Einigkeit herrschte bei der Annahme, dass eine kämpferische und positive Herangehensweise die Überlebenschancen erhöht – 84 Prozent Zustimmung bei allen Befragten, sogar neunzig Prozent bei den aktuell Erkrankten.[53] Diese Annahme ist aus wissenschaftlicher Sicht falsch. »Untersuchungen konnten bisher keine einheitliche Antwort auf die Frage geben, ob eine bestimmte Art der Krankheitsverarbeitung Krankheitsverlauf oder Überlebenszeit maßgeblich beeinflusst«, so die Expert*innen des Deutschen Krebsforschungszentrums. Stattdessen kann die Annahme, selbst für die Erkrankung und/oder die eigene Heilung verantwortlich zu sein, zur Belastung werden: »Eine einseitige Ursachenzuschreibung kann aber auch dazu führen, dass Betroffene Schuldgefühle entwickeln, wenn sie erkranken. Wenn zudem das Umfeld dem Patienten vermittelt, er sei selbst für sein Krankwerden verantwortlich, kann das eine große Belastung sein. Gleiches gilt für die verbreitete These, dass eine konstante ›kämpferisch-positive‹ Einstellung die Prognose verbessert – auch diese Annahme kann Betroffene unter Druck setzen.«[54]

Meine Recherche hat ergeben, dass die Wissenschaft sich in einem ganz wichtigen Punkt einig ist: Psychische Faktoren spielen keine Rolle bei der Entstehung oder Heilung von Krebs. Es sind genetische Veranlagungen sowie äußere und innere Faktoren, die das Erbgut in den Zellen verändern können. Rauchen, Alkohol, einseitige Ernährung und bestimmte Erreger von Infektionskrankheiten sind die wichtigsten Risikofaktoren für Krebs. Und leider gilt bei den meisten Krebserkrankungen noch immer, dass eine eindeutige Ursache nicht bekannt ist.

Kurz: Es ist total egal, ob du wochenlang nur heulst oder kämpferisch und tapfer lächelnd der Krankheit entgegentrittst. Die Heilungschancen sind die gleichen. Verrückt, das so zu lesen, oder? Auch ich habe leichte Probleme, das zu glauben. Das Happiness-Narrativ ist so tief in unserem Denken verwurzelt, dass es schwerfällt, dieses loszulassen. Den einzigen Effekt, den die Psyche haben kann: Sie kann unser Verhalten negativ oder positiv beeinflussen. Wer sich aufgrund negativer Emotionen ungesund ernährt, zu wenig bewegt, zu viel raucht oder Alkohol trinkt, schadet der Gesundheit. Wer durch eine positive Einstellung mehr Motivation hat, gut zu essen, sich fit zu halten und schlechte Angewohnheiten wie Zigaretten und Alkohol abzulegen, hat vielleicht bessere Chancen, gesund zu werden oder gesund zu bleiben. Aber es geht um das Verhalten. Es geht nicht darum, dass deine Gedanken die Realität erschaffen.

LEBEN MIT EINER CHRONISCHEN KRANKHEIT: »ICH ALLEIN BIN DIE SPEZIALISTIN FÜR MEINEN EIGENEN KÖRPER«

Über das Leben mit einer chronischen Krankheit habe ich mit Sabrina Lorenz gesprochen. Sie ist 22 Jahre alt, Studentin, Bloggerin und Speakerin und wurde mit einem schweren Herzfehler geboren. In ihren Social-Media-Posts (zum Beispiel auf Instagram unter @fragments_of_living) spricht sie von einem »halben Herzen«, denn ihr Herz verfügt nur über eine der üblichen zwei Hauptkammern. Nur durch zahlreiche Operationen, in denen ihr Herz-Kreislauf-System »umgebaut« wurde, konnte sie bis jetzt überleben – langfristig steht wahrscheinlich eine Transplantation an. Durch ihren Herzfehler wurden auch andere

Organe in Mitleidenschaft gezogen, so leidet Sabrina mittlerweile unter einer Lungenschädigung, einer Leberschädigung und einem chronischen Schmerzsyndrom, zudem wird ein chronisches Erschöpfungssyndrom vermutet.

Wie beeinflusst deine Krankheit deinen Alltag?
Stell dir vor, du hast als gesunder Mensch zwanzig Punkte pro Tag auf deinem Energielevel und musst mit diesen zwanzig Punkten alle Aufgaben erledigen. Du gehst zur Uni: fünf Punkte weg. Du fährst in die Stadt – allein der Weg ist ein Punkt. Duschen: ein Punkt. Essen: ein Punkt. Und ich habe eben nicht zwanzig Punkte, sondern nur 15. Manchmal auch nur zehn. Das bedeutet, dass Aktivitäten wie Wäschewaschen oder Einkaufen für mich Tagesaktionen sind. Meine Grenze zwischen Belastung und Überbelastung ist sehr fein. Sobald ich in die Überbelastung rutsche, kann es passieren, dass ich drei Tage im Bett liege und nicht mehr aufstehen kann, weil meine Lunge so erschöpft ist. In den Semesterferien stört mich das nicht so sehr. Aber wenn Vorlesungen sind, muss ich überlegen: Gehe ich einkaufen oder gehe ich zur Uni? Beides schaffe ich nicht.

Wie reagieren Außenstehende darauf?
Man sieht mir meine Krankheit nicht an. An meiner Stimme hört man zwar, dass da etwas ist – bei einer Operation wurde mal ein Nerv verletzt, wodurch das eine Stimmband gelähmt wurde. Deshalb bewegt sich nur das andere Stimmband, und man hört die ganze Zeit Luft –, aber das führt eher dazu, dass ich an der Supermarktkasse gefragt werde, ob ich gestern feiern war. Sonst passiert es regelmäßig, dass ich dafür angemeckert werde, dass ich das Behindertenklo

benutze, obwohl ich doch laufen kann. Ich versuche, in solchen Situationen nachsichtig zu sein. Ich bin ja sogar froh, wenn man mir Fragen stellt. Denn nur mit den richtigen Fragen kommen wir weiter und können einander besser verstehen.

Sicher ist es für dich nicht immer einfach, Verständnis für andere zu zeigen.
Das stimmt. Ich muss anderen ein gutes Gefühl mit meiner Erkrankung geben. Ich muss mich integrieren. Ich muss meine Aussagen so formulieren, dass andere, gesunde Menschen sich nicht auf die Füße getreten fühlen. Dabei haben diese anderen Menschen doch gar nichts mit der Krankheit zu tun. Aber sie geben mir die Schuld, wenn ich schlecht kommuniziere. Viele Menschen haben das Gefühl: »Du hast eine Krankheit, dann komm mir bitte nicht zu nah, denn ich habe Angst, dass ich falsch mit dir umgehe. Und das wäre ja unangenehm für mich.«

Du bist dennoch ein durchaus positiver Mensch und siehst an deiner Krankheit sogar die guten Seiten. Trotzdem beschäftigst du dich auch immer wieder mit dem Thema Toxic Positivity. Wo ziehst du die Grenze zwischen »hilfreicher« und »toxischer« Positivität?
Ich glaube nicht, dass es eine scharfe Grenze gibt. Es gibt Menschen, die sehen gewisse Aussagen als Anstoß, für andere sind die gleichen Aussagen schon toxisch. Toxische Positivität fängt also meiner Meinung nach im Kopf des Empfängers an. Deshalb ist es die Aufgabe beider Personen zu reflektieren. Ich versuche als Empfängerin immer wieder dem*der Sender*in zu erklären, wie eine Aussage bei mir ankam. Damit man das in Zukunft berücksichtigen kann.

Ich habe beispielsweise mal eine Nachricht bekommen, in der mir eine Person schrieb: »Ich sehe gar nicht, dass du einen Herzfehler hast. Für mich hast du ein ganzes Herz, weil du so ein großes Herz hast.« Natürlich ist das nett gemeint, aber es fühlt sich total diskriminierend an, weil meine Krankheit nicht anerkannt und weggeschoben wird. Das habe ich versucht zu erklären.

Generell würde ich Toxic Positivity so definieren, dass etwas gut gemeint, aber nicht gut gemacht ist. Zudem enthalten toxische Aussagen immer eine vorgefertigte Meinung. Sie beinhalten immer die Annahme: Ich weiß besser als du selbst, was dir guttut.

Ein Teil von Toxic Positivity ist auch, immer alles positiv sehen zu müssen. Ich kann mir vorstellen, dass das mit einer chronischen Krankheit nicht geht und man sich manchmal auch einfach richtig scheiße fühlt. Wie hast du gelernt, damit umzugehen?

Es gibt keinen Masterplan. Im Juli 2020 habe ich eine neue Diagnose bekommen, worauf ich drei Tage auf der Couch lag und geheult habe. Mein Mitbewohner sagte dann zu mir: »Hey, die Ärztin hat gesagt, dass du Sport machen sollst. Wenn du jetzt hier rumliegst und heulst, verschwendest du Zeit.« Er hat sich Sorgen gemacht, dass ich noch kränker werde, hat aber nicht verstanden, was ich gerade brauche. Ich habe in den letzten Jahren gelernt, dass meine Gefühle valide und real sind. Ich darf alles fühlen, was ich fühlen möchte oder muss – auch wenn das sonst niemand versteht. Ich allein bin die Spezialistin für meinen eigenen Körper. Ich weiß, was mir in welchem Moment hilft. Manchmal heißt das: anziehen, zurechtmachen, schminken, rausgehen, den Tag anpacken. Manchmal heißt es aber auch: um zehn Uhr morgens Pizza bestellen und heulen. Ich muss in mich hineinspüren, und dann tue ich das, was mir gerade hilft. Während der drei Heultage sieht es für andere so aus, als hätte ich aufgegeben. Aber für mich ist das wichtig, um mein Gefühlschaos in den Griff zu bekommen.

Inwiefern kann »positives Denken« deiner Meinung nach dabei helfen, den Kampf gegen Krankheiten zu »gewinnen« beziehungsweise besser mit einer Krankheit umzugehen?

Ich glaube schon, dass Praktiken wie Visualisierung, Reframing und Self-Empowerment helfen können. Aber nicht immer. Denken wir beispielsweise an die Eltern herzkranker Kinder: Sie müssen stark bleiben. Gerade die kleinen Babys verstehen noch nicht, was los ist. Trotzdem ist es toxisch, wenn die Eltern nur stark sind und nie Emotionen zeigen. Denn zum einen ist es für die Eltern anstrengend, zudem ist es für die Kinder auch komisch, wenn Mama und Papa nie weinen. Ich habe schon Aussagen gehört wie: »Mama, du weinst ja nie, ist dir meine Krankheit egal? Bin ich dir egal?«

Es ist eine individuelle Sache, inwiefern die positive Psychologie helfen kann. Ich glaube an den Placeboeffekt. Positives Denken kann den Vagusnerv stimulieren und somit Selbstheilungskräfte aktivieren. Ich rede mir ein, dass meine Krankheit meinem Leben einen Sinn gibt – auch das ist ein Placeboeffekt. Es funktioniert für mich. Und solange ich damit besser kämpfen kann, ist es doch okay.

Welche Rolle spielt Social Media? Welche Chancen und welche Gefahren siehst du da?

Ich sehe die Chance, dass du dich verbinden kannst. Meine Krankheit beispielsweise ist selten, in meinem direkten Umfeld gibt es niemanden, der oder die das Gleiche durchgemacht hat wie ich. Im Internet kann ich Menschen finden, die dasselbe erlebt haben. So sind bei mir wirklich enge Freundschaften entstanden. Das gibt mir das Gefühl, nicht allein zu sein.

Zu den Gefahren: Es gibt online zwar Gegenbewegungen wie Body Positivity, Body Neutrality, Feminismus und mehr, doch die wirklich großen Influencer*innen verkörpern immer noch das gesellschaftliche Ideal, bei dem immer alles perfekt zu sein scheint. Und ich glaube, dass Toxic Positivity immer mit einem Perfektionsanspruch zusammenhängt. Der Vergleich ist der Mörder des Selbstwertgefühls.

Und der Vergleich ist auf Social-Media-Kanälen natürlich sehr präsent.
Genau. In meiner Bubble geht es teilweise in die andere Richtung: je kränker, desto toller. Ich war mal bei einem Vereinstreffen, als ich etwa tausend Follower*innen hatte. Und da gab es Leute, die gesagt haben: »Wie kann es sein, dass du tausend Abonnent*innen hast, du wurdest doch nur soundso oft reanimiert. Ich wurde doch schon zweimal mehr reanimiert.« Doch eine Person, die häufiger als eine andere reanimiert wurde, ist nicht automatisch die inspirierendere Person. Es kommt darauf an, was wir aus unseren Erfahrungen machen. Deshalb schreibe ich nicht darüber, wie oft ich operiert wurde, wie oft ich reanimiert wurde, wie viele Tage ich im Koma lag und welche Medikamente ich nehmen muss. Ich will nicht, dass ich dadurch auf andere toxisch wirke – und ich will auch nicht hören

müssen, dass das, was ich erlebt habe, auf einer quantitativen Ebene bewertet wird.

»Je mehr Leid du erlebt hast, desto weiser bist du« – das ist doch Schwachsinn.
Genau! Danke, dass du es so betitelst. Das ist Schwachsinn, dem kann ich mich anschließen. Wenn du beispielsweise eine Katze hast und deine Katze stirbt, dann kann dieser Verlust eine große Traurigkeit auslösen, und das kann dich in Depressionen stürzen. Und wenn ich einen Teil meines Körpers verliere, wenn die Lungenfunktion beispielsweise wieder runtergeht, dann ist das auch ein Verlust. Aber ich sage nicht: Meine Situation ist schlimmer, weil ich nicht mehr die Treppe hochgehen kann. Es geht nicht darum zu vergleichen. Natürlich habe ich mehr erlebt als Menschen, die wenig Erfahrungen mit Krankheiten oder Diskriminierung haben. Aber das bedeutet nicht, dass ich weiser oder wichtiger bin.

Was würdest du gern hören, wenn es dir gerade nicht gut geht?
Die Frage: »Was brauchst du gerade?« Ohne Ratschlag. Denn Ratschläge sind vorgefertigte Meinungen. Man kann ein Angebot machen, ja, vor allem wenn die Person gerade nicht weiß, was sie braucht. Aber diese Angebote sollten nie mit der Annahme verbunden sein, dass das gerade genau das Richtige ist. Wenn ich in einer depressiven Phase bin, hilft es nicht, mir zu sagen: »Komm, wir gehen spazieren, das tut dir sicherlich gut.« Natürlich gibt es Phasen, in denen ich Angebote und Vorschläge brauche. Dann erwarte ich von meinen Eltern, von meinen Ärzt*innen oder meinen Freund*innen, dass sie mir

Ideen geben, wenn ich danach frage. Aber ich erwarte auch, dass es nur Angebote sind.

Was müssen wir als Gesellschaft noch lernen, um besser mit Menschen mit schweren oder chronischen Krankheiten sowie Behinderungen umzugehen?
Wir brauchen Aufklärung über Inklusion und Krankheiten sowie Fachwissen über Ableismus, also die Diskriminierungsformen gegenüber Menschen mit Behinderungen. Diese Arbeit versuche ich zu leisten. Ich finde es schade, dass ich meine eigene Inklusionshelferin sein muss – aber für mich ist es der beste Weg, Menschen die Berührungsängste zu nehmen.

Ich wünsche mir, dass Behinderungen normal werden und Teil der Gesellschaft sind. Der Tatort aus Münster ist die einzige Mainstream-Geschichte, die ich kenne, in der eine Kleinwüchsige eine Rolle spielt, die nichts mit der Kleinwüchsigkeit zu tun hat. Wenn in Filmen Menschen mit Krankheiten oder Behinderungen vorkommen, steht das normalerweise im Mittelpunkt, die ganze Story dreht sich darum. Das zeigt, dass Behinderungen und Krankheiten noch lange nicht »normal« sind. Diese Normalisierung würde ich mir wünschen. Aber das ist ein Marathon, kein Sprint.

Das Gespräch mit Sabrina hallte noch lange in meinem Kopf nach, und insbesondere ihren differenzierten Blick auf positives Denken finde ich spannend. Sabrina helfen positive Gedanken dabei, psychisch stabil zu bleiben – ohne dass sie sich vormacht, dadurch gesünder zu werden. Gute Gedanken können nicht heilen, aber helfen. Diese Unterscheidung finde ich wichtig. Auf diese Weise kann man durchaus ein positiver Mensch sein, ohne dabei toxisch zu wirken. Wenn positive Gedanken uns helfen – super. Aber man kann niemandem eine positive Einstellung aufzwingen. Wichtig ist, da zu sein, zuzuhören, anderen Menschen Raum für ihre Emotionen zu geben – egal ob diese »positiv« oder »negativ« sind. Allein dadurch können wir hoffentlich schon einen Unterschied machen.

»DU MUSST DEINE WÜNSCHE ANS UNIVERSUM RICHTIG FORMULIEREN!«

FLUCHT IN DIE SPIRITUALITÄT

COACHES UND GURUS – HELFEN ODER SCHADEN SIE UNS?

Mein Sohn neigte in seinen ersten zwei Lebensjahren zu vielen Infekten, war immer wieder stark erkältet und hatte sogar so schlimm Bronchitis, dass wir mit ihm ins Krankenhaus mussten, weil er zusätzlichen Sauerstoff brauchte. Zudem schlief er etwa zwanzig Monate lang extrem schlecht. Zwei Stunden am Stück – mehr nicht. Auch nach eineinhalb Jahren wurde es kaum besser. Wir waren als Eltern völlig übermüdet und ratlos. Als meine Schwiegereltern uns von einem Heilpraktiker erzählten, der vor fast dreißig Jahren meinem Mann Micha hatte helfen können und noch immer praktizierte, machten wir einen Termin. Wenn uns die Schulmedizin schon nicht weiterbrachte, wollten wir diesen alternativen Weg zumindest mal ausprobieren.

In der Praxis roch es nach Räucherstäbchen. Die Einrichtung war von Rot- und Orangetönen geprägt, irgendwo stand ein Buddha. Die Sprechstundenhilfe, die uns dann in Empfang nahm, wirkte allerdings angenehm normal. Immerhin.

Als wir dem Heilpraktiker von den Beschwerden erzählten, nickte er, hörte zu und machte sich zugleich daran, mit einem Kugelschreiber ein paar Punkte auf die Haut unseres Sohnes zu zeichnen. Die Laser-Akupunkturbehandlung mit blauem Licht war mir zwar schon suspekt, aber ich hatte schon häufig von Akupunktur- und Akupressur-Erfolgen gehört. Also versuchte ich, überzeugt zu bleiben.

Zum Thema Schlaf gab uns der Heilpraktiker einen speziellen Tipp. »Legen Sie zwei Salzsäckchen unter das Bett Ihres Sohnes, eins am Kopfende, das andere am Fußende. Diesen Rat habe ich einst von einem alten Schäfer bekommen, das hat schon vielen Eltern geholfen.«

Micha und ich tauschten kurz Blicke aus. Wir mussten uns beide das Lachen verkneifen.

»Okay«, sagte ich und fragte nach: »Normales Kochsalz?«

»Jaja, das ist völlig ausreichend.«

Als wir aus der Praxis gingen, schüttelten wir lachend den Kopf.

»Was war das denn?«, fragte ich.

»Keine Ahnung. Der ist total abgedreht! Tipp von einem Schäfer ...«, sagte Micha.

Wir lachten laut und glaubten keine Sekunde an den Hokuspokus.

Zu Hause legten wir am Abend dann aber trotzdem zwei Salzsäckchen unter das Bett unseres Sohnes. Eines unter das Kopfende, das andere unter das Fußende. »Schaden kann es nicht«, sagte ich. Und Micha kaufte extra noch eine Packung Salz.

Ist das nicht völlig verrückt? Wir hielten den Tipp wirklich für Quatsch – und befolgten ihn trotzdem. Wir sehnten uns so sehr nach Schlaf und Erholung, dass uns alles egal war. Allein diese kleine Erfahrung zeigt gut, wie »alternative Ansätze« von der Verzweiflung und Ratlosigkeit der Menschen profitieren können. Selbst mein Mann Micha und ich – zwei extrem rationale, bodenständige Menschen – haben uns dem Heilpraktiker anvertraut und seinen seltsamen Tipp befolgt. Um es kurz zu machen: Nein, unser Sohn hat mit Salzsäckchen unter dem Bett nicht besser geschlafen. Schade.

Ob Krankheit, verlorene Liebe oder Schlafmangel – wenn man mit den gängigen Methoden nicht weiterkommt, werden die höheren Mächte mit einbezogen. Und je verzweifelter und ratloser die Menschen sind, desto eher sind sie bereit, viel Geld zu investieren. Bei uns war es nur ein Besuch beim Heilpraktiker und eine Packung Salz. Bei anderen wird es sehr viel teurer.

»Das ist wirklich nur meine persönliche Einschätzung, aber ich denke, dass Menschen in Not gewissermaßen nach jedem

Strohhalm greifen«, so die psychologische Psychotherapeutin Amanda Nentwig. »Man sieht es ja auch bei körperlich schwer erkrankten Menschen, die sich fragwürdigen und teilweise gefährlichen Therapiemaßnahmen unterziehen, da sie so verzweifelt sind. Nicht ohne Grund ist es Menschen, die keinem Heilberuf angehören, hierzulande verboten, Heilsversprechen auszusprechen. Mit dem Leid von Menschen lässt sich viel Geld machen. Diverse Heilsversprechen sind darauf ausgelegt, die Bedürfnisse der Zielgruppe genau zu erkennen, um sie anzulocken. Ich will nicht sagen, dass jedes Angebot unseriös und zweifelhaft ist. Aber jeder Mensch, der mit Menschen arbeitet, die emotional oder körperlich belastet oder krank sind, sollte sich der eigenen Verantwortung bewusst sein und den Menschen keine falschen Versprechungen machen. Denn wer wäre bei einem akuten Leidensdruck nicht bereit, viel Geld und Zeit zu investieren, bloß damit es einem wieder gut geht?«

Ich habe mir im Zuge meiner Recherche einige Videos und Dokumentationen über Motivationscoaches und Persönlichkeitsentwicklungsseminare angeschaut. Immer wieder aufs Neue war ich erschrocken, wie Menschenmassen sich mitreißen lassen. Sie tanzen, sie schreien, sie krabbeln auf dem Boden, sie umarmen ihre Sitznachbar*innen, ohne diese zu kennen. Immer wieder werden Sätze und Wörter wiederholt, und die ganze Gruppe soll dabei mitmachen. Die Teilnehmer*innen schwärmen von der Energie im Raum, von der einzigartigen Stimmung.

2019 war ich beim Female Future Force Day in Berlin dabei, einer Female-Empowerment-Konferenz, die von dem Medienunternehmen EDITION F gehostet wurde. Hangar 6, Flughafen Tempelhof. Eine riesige Halle voller junger Frauen. Coole Marken stellten sich an hippen Ständen vor, die Besucher*innen trugen lässige Outfits. Es war voll und anstrengend. Immer wieder musste man sich durch das Gewusel zu der Bühne durchkämpfen, bei der man gerade zuhören wollte. Ich entschied mich am Nachmittag dafür, mir den Vortrag von Laura Malina Seiler anzuhören. Sie bezeichnet sich selbst als »Mindful Empowerment Coach« und ist mit diesem Ansatz extrem erfolgreich. Mit ihrer modernen Spiritualität hat sie es geschafft, selbst gut ausgebildete, bodenständige Frauen davon zu überzeugen, dass sie enorm davon profitieren können, ihr sogenanntes Higher Self kennenzulernen. Ich war neugierig – ich wollte verstehen, was Laura Malinas Geheimnis war. Ja, ich sah solche spirituellen Herangehensweisen normalerweise sehr kritisch, aber vielleicht war ich ja einfach nur zu verbohrt und verkopft und konnte mich deswegen nicht öffnen? Vielleicht entging mir tatsächlich eine ganze Menge, weil ich dieses »Geheimnis des Lebens« nicht an mich ranließ? Ich war bereit, es herauszufinden.

Also: Herz auf, Kopf aus. Konzentriert hörte ich Laura Malina Seiler dabei zu, wie sie erklärte, dass wir alle einen tiefen Traum in uns trugen. Einen Traum, den wir nun endlich anpacken sollten. »Ich helfe euch dabei«, sagte sie. »Nun erzählt eurer Sitznachbarin von eurem Traum. Wovon träumt ihr?«

Ich drehte mich zu meiner Sitznachbarin, die verlegen grinste. Wir kannten uns nicht.

»Ich will ein Buch schreiben«, sagte ich.

»Uh, toll! Mach das!«, sagte sie. »Ich würde gern meine eigene Modekollektion entwerfen.«

»Wow, klingt spannend!«, sagte ich. »Immer ran da! «

Wir lächelten, drehten uns wieder nach vorn und warteten auf weitere Anweisungen. Es fühlte sich an wie dieser unangenehme Moment, den wohl jede*r von uns kennt – der, wenn man sich bereits verabschiedet hat und noch gemeinsam auf den Fahrstuhl warten muss. Ein verlegenes Grinsen, die Unsicherheit, ob man nun noch weiter miteinander reden sollte oder lieber darauf wartet, dass dieser Augenblick vorbeigeht.

Schließlich sprach Laura Malina Seiler weiter und erklärte uns, dass wir nun einfach starten müssten, einfach anfangen, sobald wir aus dieser Halle raus sind. Mit einigen Übungen könnten wir unsere Motivation aktivieren und unsere Ängste ablegen. Wie genau? Mit »EFT« – kurz für »Emotional Freedom Techniques«. Das ist eine Technik, die Akupressur nutzt, um bestimmte Energien aufzulösen, die wir in unserem Körper gespeichert haben.

Wir standen also alle auf und klopften los. Erst klopften wir mit den Fingerspitzen auf die Außenkante unserer Hand.

»Ich liebe und akzeptiere mich so, wie ich bin«, sagte Laura Malina Seiler.

»Ich liebe und akzeptiere mich so, wie ich bin«, sagten zig Frauen im Chor.

»Auch wenn ich mir gerade Sorgen mache, liebe und akzeptiere ich mich so, wie ich bin«, sagte Laura Malina Seiler.

»Auch wenn ich mir gerade Sorgen mache, liebe und akzeptiere ich mich so, wie ich bin«, sagten zig Frauen im Chor.

Als Nächstes sollten wir uns auf den höchsten Punkt unseres Kopfes klopfen, dann über den Augenbrauen und an den Schläfen.

»Ich habe Angst zu versagen. Ich spüre die Angst in meinem Hals, in meinem Bauch, in meinem Herzen. Setzt hier einfach ein, was für euch passt.«

Zig Frauen klopften weiter auf ihrem Kopf herum, dann über den Augenbrauen und an den Schläfen, während sie den Satz murmelten, den sie sich zurechtgelegt hatten.

So ging es eine Weile weiter. Wir klopften auf verschiedene Körperstellen, manche Frauen hatten die Augen geschlossen, andere schauten ab und zu nach, ob die Frauen um sie herum noch mitmachten. Es ging um Ängste und um das Loslassen dieser. Es ging um Selbstvertrauen und Selbstliebe.

Ich machte alles mit – und fühlte mich fehl am Platz. Ich spürte keine Veränderung in mir.

Auch als Laura Malina Seiler uns bat, einfach mal loszulassen und zu tanzen. Einfach nur tanzen, das sei befreiend. »Und hört auf den Text!«

Ich wippte vor mich hin – immerhin ein cooles Lied der Sängerin P!nk, das ich noch nicht kannte und sehr mochte. Aber fühlte ich mich nun freier? Eher nicht.

Was ich letzten Endes aus diesem Vortrag für mich mitnahm, war ein Musiktipp – und die Erkenntnis, dass selbst gut ausgebildete, kluge, junge Frauen, die mit beiden Beinen im Leben stehen, sich fragwürdigen Praktiken aussetzen, in der Hoffnung, endlich einen Weg zu finden, um ihre Träume zu verwirklichen.

Ja, es erschreckte mich, wie zig Frauen um mich herum begeistert nachmachten, was auf der Bühne vorgemacht wurde. Scheinbar geht von »Anführer*innen« nach wie vor eine gewisse Macht aus. Und zahlreiche Seminare sehen genauso aus: Coaches auf der Bühne versprechen Reichtum, Erfolg, Macht und Glück – und die Menschen tun alles, was man ihnen sagt, selbst wenn das bedeutet, sich im Gesicht herumzuklopfen oder auf dem Boden herumzukrabbeln.

Ich habe die psychologische Psychotherapeutin Amanda Nentwig gefragt, was es mit der Anziehungskraft von Motivationstrainer*innen auf sich hat. Ich wollte verstehen, warum sich so viele Menschen von diesen – oft unrealistischen – Versprechungen angesprochen fühlen.

»Den meisten Menschen in unserer Gesellschaft wurden die emotionalen Kompetenzen, die notwendig sind, um Emotionen tiefgreifend zu verstehen und zu verändern, nicht explizit vermittelt«, so die Expertin. »Wenn uns in Aussicht gestellt wird, dass es einen schnellen Weg für uns gibt, mit unseren Gefühlen umzugehen, dann hat das eine riesige Anziehungskraft, da jeder

Mensch gelegentlich unter schwierigen Emotionen leidet. Fast jedem Menschen fehlt es mal an Freude und Leichtigkeit. Die Frage ist aber, welches Maß an Freude und Leichtigkeit ›normal‹ ist. Dass belastende Emotionen dazugehören und letztlich auch gesund sind, darüber wird kaum gesprochen. Wenn wir also von unseren Emotionen irritiert sind, wirkt es wie eine Oase in der Wüste, wenn ein Mensch glaubhaft ankündigt, die Lösung für unser Problem zu kennen und es an uns weitergeben zu wollen.«

Mir persönlich war diese Form der Selbstoptimierung, Heilung oder wie auch immer man es nennen möchte schon immer suspekt. Doch ist dieser Ansatz tatsächlich schädlich?

Vieles, was ich von den Coaches und in Ausschnitten von Seminaren gesehen habe, hat etwas mit dem Fokussieren auf den Augenblick, mit dem Leben im Hier und Jetzt zu tun. Es geht darum, sich auf die guten Dinge des Lebens zu konzentrieren und aus dem, was da ist, das Beste zu machen. Sich das eigene Leben anzuschauen, »Stärken zu stärken«, wie man so schön sagt, Selbstliebe zu entwickeln und Ängste und Sorgen loszulassen.

Dies entspricht dem psychologischen Ansatz des positiven Denkens. In dieser »Wohlfühl-Bubble« kann Stress abgebaut werden, indem man sich daran erinnert, wie viele schöne Dinge es im Leben gibt. »Man hat herausgefunden, dass psychisch gesunde Menschen sogar eine positiv verzerrte Wahrnehmung haben und implizit davon ausgehen, dass anderen Menschen eher Schlechtes widerfährt als einem selbst«, erklärt Amanda Nentwig. »Dieser ›positive‹ Selbstschutz hilft uns, psychisch stabil zu bleiben.« Also: Solange man sich nicht mit diesen Ansätzen geißelt, bei schlechter Laune nicht gleich Gewissensbisse bekommt und diese Praktiken des positiven Denkens in stressigen Zeiten lediglich nutzt, um sich eine »Auszeit« zu gönnen und das eigene Selbstwertgefühl wieder in Balance zu bringen, bewegt sich alles in einem gesunden Rahmen. Niemand sollte sich ständig Sorgen machen und ohne Exit-Strategien unangenehme Gefühle aushalten müssen. Wir brauchen alle einen Ausgleich, und manchmal helfen uns diese Techniken beim »Durchatmen« – dabei können Laura Malina Seiler und andere Coaches tatsächlich helfen.

»Eine spirituell gesinnte Person zu sein, macht dich offener für Schmerz, Leiden und Nöte, die alle Teile der Liebe sind«[55], beschreibt auch Autorin Megan Devine in ihrem Buch *It's OK That You're Not OK*. Spiritualität gibt einem die Möglichkeit durchzuatmen – aber Spiritualität sorgt nicht dafür, dass sich alle Probleme in Luft auflösen.

Tatsächlich haben zahlreiche Studien, die den Zusammenhang von Religion, Spiritualität und psychischer Gesundheit untersucht haben, ergeben, dass ein »gesundes Maß« an Glauben durchaus stabilisierend wirken kann. »Studien aus verschiedenen ethnischen Gruppen, in verschiedenen Altersgruppen und an verschiedenen Orten stellen fest, dass religiöses Engagement zu einem besseren Umgang mit Stress führt, zudem zu weniger Depressionen, Selbstmord, Angstzuständen und Drogenmissbrauch.«[56]

Spiritualität kann also bei persönlichem Stress helfen – aber wie sieht die Sache aus, wenn wir über den Tellerrand schauen und uns vom Individuum wegbewegen? Wenn es um die großen Fragen des Lebens und gesellschaftliche Themen geht, lande ich persönlich immer schnell auf dem Boden der Tatsachen. Wir können nicht alles wegdrücken, was unangenehm ist. Wir können nicht ignorieren, dass Flüchtlingslager brennen, dass Schwarze Menschen wegen ihrer Hautfarbe umgebracht werden, dass Frauen sich vor Vergewaltigungen fürchten müssen und dass in der Welt um uns herum nicht immer nur eitel Sonnenschein herrscht. All das wird nicht besser werden, wenn wir uns auf uns selbst fokussieren. Ungerechtigkeit, Schmerz und Leid sind Teil unserer Welt, das können wir nicht wegomen. Oder doch?

VISUALISIERE DEIN GLÜCK!

Es gibt tatsächlich Menschen da draußen, die davon überzeugt sind, dass es einfach nur an uns selbst liege, eine bessere Welt zu »visualisieren«. Bei diesem esoterischen Ansatz wird die Sache mit dem positiven Denken auf die Spitze getrieben, denn die ganze Theorie geht so weit zu behaupten, dass sich die gesamte Welt erst aus uns selbst heraus materialisiere. Heißt also: Wenn wir »richtig« visualisieren, können wir alles wahr werden lassen, was wir uns wünschen. Ja, genau. Wenn du fest daran glaubst, dass du keinen Krebs hast, dann ist der Krebs ganz schnell weg. Wenn du fest daran glaubst, stinkreich zu sein, dann wirst du in kürzester Zeit stinkreich sein. Und wem es trotzdem dreckig geht? Der hat einfach den Gedanken an das große Glück noch nicht wirklich zugelassen!

Ich habe das anfangs für einen Scherz gehalten. Doch es gibt Menschen, die das wirklich glauben.

Um zu verdeutlichen, wie dieser Ansatz funktioniert, erkläre ich kurz, welche Methoden im Detail ich gefunden habe.

Da gibt es zum einen die Substitution. Dabei geht es darum, Glaubenssätze einfach umzukehren, also negative Gedanken durch positive zu ersetzen. Wer beispielsweise ständig denkt: »Ich schaffe das nicht«, soll diesen Satz hinterfragen und gezielt Beweise sammeln, die diesen Glaubenssatz widerlegen. Wenn man sich nun selbst davon überzeugt hat, dass die alte Überzeugung Quatsch ist, wird ein neuer Glaubenssatz formuliert, der exakt das Gegenteil behauptet. Also: »Ich schaffe das.« Dieser Satz werde sich nach und nach im Unterbewusstsein festsetzen und so das gesamte Leben und Handeln beeinflussen. Ganz automatisch. Und plötzlich schafft man wirklich alles wie von selbst.

Das klingt doch erst einmal nach einem sinnvollen Ansatz. Tatsächlich gibt es einige Glaubenssätze, ohne die wir vermutlich unbeschwerter leben könnten. Doch ist der Weg meiner Meinung nach nicht ganz so einfach, wie es in diversen Positiv-Denken-Ratgebern vermittelt wird.

Wenn ich denke »Ich bin eine schlechte Schwimmerin« oder »Ich kann nicht gut mit Geld umgehen«, dann haben diese Sätze auch eine Schutzwirkung. Im Wasser achte ich darauf, in keine gefährlichen Situationen zu geraten, meide Strömungen oder zu tiefe Stellen. Und beim Shoppen erinnere ich mich selbst daran, dass ich dazu neige, zu viel Geld für unnötige Dinge auszugeben.

Wenn ich diese Sätze nun einfach umkehre und mir immer wieder einrede, was für eine fantastische Schwimmerin ich bin oder dass ich überhaupt keine Probleme im Umgang mit Geld habe, könnte das zu maßloser Selbstüberschätzung führen. Schlimmstenfalls entgehe ich nur knapp dem Ertrinken, und das Konto ist nach wenigen Tagen leer.

»Negative Glaubenssätze« zu überprüfen, ist zwar ein guter Tipp – doch die Schlussfolgerung daraus sollte keine Umkehr der Sätze sein, sondern ein Erkenntnisgewinn, mit dem man sich weiterentwickeln kann. So könnte in meinen Beispielen ein Schwimmkurs oder ein Finanzcoaching helfen. Und im Anschluss findet die Substitution wahrscheinlich ganz von selbst statt, weil die Weiterbildung automatisch zu einer wachsenden Selbstsicherheit führt.

Ähnlich verhält es sich mit sogenannten Affirmationen. Das sind positive, kurze Sätze, die sich durch ständige Wiederholungen angeblich tief bei uns einprägen. Ich habe mir im Zuge meiner Recherche eine NDR-Dokumentation über den Motivationstrainer Jürgen Höller angeschaut. Diese beginnt mit der befremdlichen

Szene, wie Jürgen Höller vor einer wunderschönen Alpenszenerie auf dem Balkon steht, auf die Berge schaut und sagt: »Ich lebe in Heiterkeit, Freude und Leichtigkeit. Ich lebe in Heiterkeit, Freude und Leichtigkeit. Ich lebe in Heiterkeit, Freude und Leichtigkeit. Ich liebe mich vollkommen und bedingungslos, so wie ich bin. Ich liebe mich vollkommen und bedingungslos, so wie ich bin. Ich liebe mich vollkommen und bedingungslos, so wie ich bin. Ich altere in Würde, Liebe und Freude. Ich altere in Würde, Liebe und Freude. Ich altere in Würde, Liebe und Freude. Es geht mir von Tag zu Tag in jeder Hinsicht immer besser und besser und besser. Es geht mir von Tag zu Tag in jeder Hinsicht immer besser und besser und besser. Es geht mir von Tag zu Tag in jeder Hinsicht immer besser und besser und besser.«[57]

Ob er wirklich jeden Morgen so beginnt?

Sinn und Zweck dieser Affirmationen ist es, ein Ziel in die Gegenwart zu holen, das Unterbewusstsein dafür zu öffnen und so automatisch dem Ziel näherzukommen. Als ich zum ersten Mal davon las, dachte ich ironisch: Ha, dann muss ich also nur jeden Tag behaupten, dass ich Millionärin bin, dann bin ich bald wirklich Millionärin. Wie praktisch. Für mich war dieser Gedanke ein Scherz. Doch genau diese Behauptung wird von sogenannten Mentaltrainer*innen sowie Karriere- und Selbstfindungscoaches (wie auch immer sie sich nennen – es gibt zahlreiche Bezeichnungen) aufgestellt. Ja, wirklich. Öffne deinen Geist, dann passiert der Rest von allein. Joseph Murphy, der immer wieder als »der Urvater des positiven Denkens« betitelt wird, behauptet tatsächlich, dass Reichtum eine Geisteshaltung sei. »Sie werden Ihr Unterbewusstsein davon überzeugen, dass in Ihrem Leben für immer reichlich Geld fließt und Sie stets einen Überschuss verbuchen können. Sollte der Staat morgen einen finanziellen Zusammenbruch erleiden und sollten all Ihre gegenwärtigen Besitztümer wertlos sein, werden Sie dennoch weiterhin Wohlstand anziehen und ausreichend versorgt sein.«[58] So steht es in *Die Macht Ihres Unterbewusstseins.*

Bei Amazon hat das Buch 521 Bewertungen – im Schnitt 4,6 von 5 Sternen. Die Menschen sind bis heute von dem Werk begeistert, das 1961 zum ersten Mal erschien und inzwischen bereits mehr als sechzigmal neu aufgelegt wurde. Zahlreiche andere Bücher aus Murphys Feder verkauften sich ebenfalls fantastisch. »Stets einen Überschuss verbuchen« konnte also vor allem der Autor selbst.

Das Problem ist für mich nicht nur, dass diese von Joseph Murphy propagierte Methode der Affirmationen nicht funktionieren kann. (Sonst wären wir schließlich alle reich, gesund, wunderschön und nie wieder schlecht gelaunt.) Nein, das Problem ist in meinen Augen vor allem, dass die gesamte Verantwortung auf das Individuum geschoben wird.

»Wenn Sie befürchten, dass Sie eine Erkältung bekommen könnten, weil jemand im Büro niest, wird Ihre Angst zu einer Bewegung Ihres eigenen Geistes, die genau das erschafft, was Sie erwarten, wovor Sie Angst haben und wovon Sie überzeugt sind. Sie werden bemerken, dass andere Kollegen in Ihrem Büro keine Erkältung bekommen, weil Sie nicht daran glauben. Sie glauben an die Gesundheit«[59], so Murphy.

Ähm, ja. Okay.

Ich wage zu behaupten, dass eine Erkältung durch eine Tröpfchen- oder Schmierinfektion übertragen wird. Andere Kolleg*innen haben ein anderes Immunsystem, konnten den Erreger deshalb vielleicht besser abwehren. Oder sie haben schlichtweg kein Virus abbekommen. Ende der Geschichte. Okay, zugegeben: Wer psychisch angeschlagen ist, hat häufig auch ein schwächelndes Immunsystem, weil vielleicht die Ernährung in stressigen Phasen nicht gut war oder mit einem Frust-Bierchen am Abend die körperliche Fitness eingeschränkt wurde. Diese Zusammenhänge kennen wir. Doch dass wir allein durch unsere Geisteshaltung Krankheiten »erschaffen«, ist doch wirklich Humbug. Wie können dann beispielsweise Krankheiten entstehen, von denen wir noch nie gehört haben? Wieso werden dann auch kleine Kinder krank, sogar Babys, die doch einen »reinen Geist« haben müssten?

Diese Behauptung blendet äußerliche Umstände völlig aus. Und schlägt auf diese Weise einen Weg zum Glück vor, der falscher kaum sein könnte – so sehe ich das zumindest. Ich verstehe schon, dass Menschen gern daran glauben wollen. Es ist so herrlich einfach. Es wäre doch wirklich schön, wenn das klappen könnte.

Doch wenn du mehr Geld verdienen möchtest, musst du etwas dafür tun. Und damit meine ich nicht, dass du beten oder Affirmationen aufsagen sollst. Damit meine ich, dass du dich im Job richtig reinhängst, überdurchschnittliche Leistungen bringst und mit deinem*deiner Chef*in verhandelst. Oder dass du überlegst, ob es sinnvoll wäre, das Unternehmen (oder den Job) zu wechseln, um die nächste Gehaltsstufe zu erreichen. Oder dass du neben dem Beruf noch studierst, um anschließend die Karriereleiter weiter hochklettern zu können. Ich weiß, das ist anstrengend. Aber hey, du kannst gern versuchen, ein paar Wochen einfach nur auf dem Balkon morgens nach Geld zu rufen und ein paar Post-its an deinen Spiegel zu kleben, um dich daran zu erinnern, dass du demnächst reich sein wirst. Schaden wird es dir nicht. Aber vermutlich auch nicht helfen.

Dadurch dass Murphy und seine Positiv-Denken-Freund*innen die Verantwortung stets in der Geisteshaltung des einzelnen Menschen sehen, liegt auch die Schuld beim Individuum. Keinen Parkplatz gefunden? Erkältung eingefangen? Immer noch Hartz IV? Mal wieder eine Panikattacke gehabt? Selbst schuld. Da hast du deine Affirmationen heute Morgen wohl vergessen, was?

Und wer an einer schweren Krankheit stirbt, hat das mit dem positiven Denken einfach nicht richtig hingekriegt. Versager*in.

Verstehst du, wieso mich diese Theorie wütend macht?

Die gleiche Aussage steckt übrigens hinter dem sogenannten Law of Attraction, auf Deutsch: »das Gesetz der Anziehung«. Das Prinzip ist ganz einfach: Gleiches wird von Gleichem angezogen. Wer sich gut fühlt und positiv denkt, der/dem wird Gutes und Positives widerfahren. Laut der Esoterik-Autor*innen Esther und Jerry Hicks handelt es sich dabei um eine »Wissenschaft des bewussten Erschaffens«, ganz nach dem Grundsatz: »Was ich denke, glaube oder erwarte, das ist.«[60]

Einige Anhänger*innen dieser Vorstellung behaupten, dieses Gesetz basiere auf der Quantenphysik. Wissenschaftler*innen hingegen kritisieren das Denkmodell als simplifiziert. Ehrlich gesagt habe ich keine Ahnung von Quantenphysik, deshalb kann ich keine stichhaltige Argumentation zu diesem Thema liefern. Doch als ich bei Wikipedia gelesen habe, dass Esther und Jerry Hicks behaupten, »ihr Wissen über das Gesetz der Anziehung von einer Gruppe außerkörperlicher Wesen, die unter dem Namen ›Abraham‹ auftreten, empfangen zu haben; es sei ihnen über das Medium Esther Hicks vermittelt worden«[61] ... ähm, na ja, du merkst es schon. Damit hat sich das für mich erledigt. Mein Verständnis von Wissenschaft ist ein anderes.

Ich habe mich auch mit Amanda Nentwig über diese Praktiken unterhalten. Als Therapeutin nutzt sie das Prinzip der »kognitiven Umstrukturierung« ebenfalls häufig und versucht, ihre Patient*innen darin zu unterstützen, unproduktives Klagen zu reduzieren.

»Doch hierbei höre ich oftmals folgende Aussage: ›Ich verstehe, dass ich so denken *sollte*. Aber ich *fühle* es nicht.‹«, berichtet sie aus ihrem Praxisalltag. »Diese Aussage begegnet mir deutlich häufiger, als dass eine kognitive Umstrukturierungsmaßnahme ohne Widerstand glückt und der depressive Mensch ganz plötzlich zur Optimistin oder zum Optimisten mutiert. Bevor der Mensch zu konstruktiven Gedanken kommen kann, erfordert es zuerst einen Prozess, in dem der Mensch lernt, eigene Emotionen wertungsfrei anzunehmen. Oder auch alte Wunden emotional zu heilen, was man zum Beispiel in der Schematherapie, einem gefühlsaktivierenden Therapieverfahren, ganz wunderbar umsetzen kann. Und hier entstehen meine Probleme mit Ansichten wie denen aus *The Secret:* Für mich wird nicht klar genug herausgearbeitet, dass es zur Veränderung von Gedanken und Emotionen zunächst einen Prozess benötigt, in dem belastende Emotionen angenommen, verstanden und gewürdigt werden. Erst wenn wir wissen, wie wir eigene belastende Emotionen verarbeiten können, können wir an einem positiven Mindset arbeiten. Nicht selten schlagen bei mir Patient*innen auf, die völlig frustriert und resigniert aus Coachings kommen. Sie haben das Gefühl, etwas ›falsch‹ zu machen, weil sie nicht mal eben alles positiv sehen und negative Gefühle hinter sich lassen können. So etwas kann immensen Schaden anrichten. Diese Entwicklung stimmt mich als Therapeutin besorgt.«

SPIRITUELLES FAST FOOD: AUF EIN KURZES HIGH FOLGT DAS SCHLECHTE GEFÜHL

Wenn wir negative Gefühle lieber durch spirituelle Praktiken verdrängen, statt uns mit ihnen auseinanderzusetzen, betreiben wir »Spiritual Bypassing«. Der Begriff wurde von dem Psychologen John Welwood geprägt, der Spiritual Bypassing als einen Prozess beschrieb, den er in einer buddhistischen Gemeinschaft auch bei sich selbst beobachtet habe. »Obwohl die meisten von uns aufrichtig versucht haben, an uns selbst zu arbeiten, bemerkte ich eine weitverbreitete Tendenz, spirituelle Ideen und Praktiken einzusetzen, um ungelösten emotionalen Problemen auszuweichen oder Probleme, psychische Wunden und unerledigte Entwicklungsaufgaben zu vermeiden.«[62]

Die Journalistin Esma Annemon Dil beschrieb das gleiche Phänomen bereits 2007 in einem Artikel in der *Süddeutschen Zeitung:* »Soziologen sehen die Abwendung von der protestantischen Arbeitsethik und eher intellektuellen Problemlösungen zurück zu naivem Aberglauben als Reaktion auf eine stets komplexer werdende Welt. Wenn schon Menschen in Talkshows berichten, wie die Kommunikation mit Engeln ihnen einen Scheck bescherte, warum sollte sich der desorientierte Mensch in der Post-Postmoderne nicht vorstellen, dass Wellen aus seinem Kopf in die Lotterietrommel eindringen und die richtigen Kugeln fallen lassen?«[63]

Es ist der Reiz des Einfachen, der uns in einer immer komplexer werdenden Welt lockt. Wenn schon alles so schnell, so kompliziert und so anstrengend ist, dann tut es gut zu hören, dass der Weg zum Glück ganz einfach ist. Ich vergleiche Spiritual Bypassing gern mit Fast Food. Wenn wir Hunger haben, können wir uns schnell einen Burger mit Pommes von einer Fast-Food-Kette besorgen. Geht schnell, ist einfach, beruhigt den knurrenden Magen und sorgt für ein kurzes High. Doch nur kurze Zeit später kehrt der Hunger zurück. Dazu kommt der schale Nachgeschmack des billigen Essens, das uns definitiv nicht gesünder gemacht hat. Ein selbst gemachtes Gemüsegericht wäre aufwendiger gewesen – aber besser für unseren Körper.

So ist es auch mit esoterischen oder spirituellen Techniken. Sie lenken uns ab und beruhigen die aufgewühlte Psyche. Doch genau wie der Hunger zurückkehrt, kommen auch die negativen Emotionen zurück. Wir können sie wieder wegomen, doch eine ausgiebige Auseinandersetzung mit ungelösten psychischen Problemen wäre heilsamer für unseren Geist.

Ab und an ist Fast Food völlig okay.

Ab und an ist auch Ablenkung von negativen Gefühlen völlig okay.

Doch wir sollten ein Bewusstsein dafür entwickeln, wann es zu viel wird. Spiritual Bypassing stellt eine Form von Toxic Positivity im Bereich von Spiritualität und Esoterik dar. Und auch hier gilt wie immer: Die Dosis macht das Gift.

VICTIM BLAMING UND GELDMACHEREI

All diese spirituellen Ansätze des positiven Denkens lassen mich mit vielen Fragezeichen zurück.

Wenn ich mich von »schlechten Vibes« fernhalten soll – das vermitteln ja sogar zahlreiche »Good Vibes Only«-Bilder auf Instagram –, beende ich dann alle Freundschaften, bei denen meine Freund*innen gerade in Krisen stecken und sich bei mir ausheulen wollen? Bei all der Beschäftigung mit negativen Gedanken könnte ich mich ja womöglich noch anstecken!

Auch im Hinblick auf Trauer, Krankheiten, Schicksalsschläge und strukturelle Ungerechtigkeiten finde ich den Ansatz, alles aus der eigenen Geisteshaltung heraus lösen zu wollen, fatal. Denn dadurch entsteht eine Täter-Opfer-Umkehr. Die »Schuld« für ein Ereignis wird nicht mehr bei dem*der Täter*in oder im System gesucht, sondern immer beim Opfer selbst. Es handelt sich hierbei um »Victim Blaming«. Bekannt wurde der Begriff des Victim Blamings vor allem durch Diskussionen rund um sexuelle Übergriffe. Hier heißt es gerne: »Wenn sich eine Frau zu sexy anzieht, muss sie sich nicht wundern, dass Männer übergriffig werden.« Wenn ich so was höre, könnte ich schreien. Und genauso ungerecht ist diese Täter-Opfer-Umkehr auch im

Bereich des positiven Denkens. Wenn du Opfer einer Krankheit, einer Verletzung, eines Unfalls, einer Kündigung oder sonst eines Schicksalsschlags wirst, gibt das »Gesetz der Anziehung« ebenfalls dem Opfer die Schuld: Du hast nicht positiv genug gedacht, sonst hättest du nicht so schlimme Dinge erlebt.

Bei ein paar Menschen – das muss ich zugeben – funktioniert es wirklich. Sie leben in Reichtum, sind erfolgreich und zumindest nach außen hin ziemlich zufrieden: Es sind die Motivationscoaches selbst, die uns diese Inhalte für sehr viel Geld verkaufen. Doch ich wage zu bezweifeln, dass dieses »Glück« auf den Techniken des positiven Denkens beruht. Nein, es ist die Verzweiflung der Kund*innen und ihr Wunsch nach einfachen Lösungen, eine gut funktionierende Marketing-Maschinerie und die Macht des Kapitalismus, die den Gurus unserer Zeit das Geld in die Taschen schiebt.

So warnt auch Sabine Riede, Geschäftsführerin der Beratungsstelle Sekten-Info NRW e. V., in einem eingespielten Ausschnitt in der Sendung *Chez Krömer* vor der Geldmacherei durch Selbstoptimierungsseminare: »Man nutzt die Stimmung, die bei dem Seminar ist, um möglichst schnell Menschen dazu zu veranlassen, das nächste Seminar zu buchen. Aus der Sicht der Psychologie sind solche Seminare wenig Erfolg versprechend, im Gegenteil, man bucht immer wieder Seminare, weil man süchtig nach diesem Gefühl, nach diesem Glücksgefühl wird. Das ist schon vergleichbar mit den Gefühlen, die auch Menschen erleben, wenn sie spielsüchtig sind. Und das ist genau die Abhängigkeit, die hier erzeugt wird und die letztendlich ja nur dem Coachinganbieter nützt, weil der damit sein Geld verdient.«[64]

Nachdem die Recherche für dieses Kapitel abgeschlossen ist, rasen meine Gedanken. Ich muss mich sortieren. Also gönne ich mir eine Auszeit, rolle die Matte aus und suche ein Yoga-Video auf YouTube. Socken aus, los geht's. Tief einatmen, lange ausatmen. Und noch einmal. Tief ein, laaange aus.

»Komme auf deiner Matte an«, sagt die Yoga-Lehrerin im Video. »Es ist egal, was gerade war und gleich ist. Es ist egal, was um dich herum passiert. Jetzt geht es nur um diesen Moment, um dich auf deiner Matte.«

Es tut gut, alles für eine halbe Stunde zu vergessen. Ich bewege mich, ich konzentriere mich auf einen geraden Rücken im herabschauenden Hund und genieße die Dehnhaltungen. In der Abschlussentspannung fühle ich mich leicht und ruhig. Ich spüre, wie sich alles lockerer anfühlt, und atme noch einmal tief ein und aus. »Namaste«, murmle ich am Ende des Videos, lächle und klappe meinen Laptop zu.

Moment – ist nicht genau das eine Form von Toxic Positivity? Ist das nicht die Flucht vor den eigenen Gedanken, die ich hier die ganze Zeit anprangere? Nein. Denn es gibt einen Unterschied zwischen Auszeiten und Ausflüchten. Ich kann anerkennen, dass im Leben nicht immer alles heiter bis sonnig ist, dass wir gegen strukturelle Ungerechtigkeiten ankämpfen sollten, dass es Missstände in der Welt gibt, dass wir über Beziehungs- oder Erziehungsfragen diskutieren müssen, dass wir für das Umsetzen unserer Träume mehr als Affirmationen und Wünsche ans Universum brauchen – und ich kann und muss dennoch auf mich achten, auftanken und Zeiten einplanen, in denen ich mit den Gedanken einfach ganz woanders bin.

Wie dieses Auftanken funktioniert, muss jede*r selbst für sich herausfinden. Die einen bauen Stress ab, indem sie sich beim Joggen auspowern, die anderen treffen sich mit Freund*innen auf ein Bierchen, schauen Fußball oder Filme, wieder andere blättern Magazine durch oder lesen ein Buch und trinken dabei in Ruhe eine Tasse Kaffee oder Tee. Und ja, auch Yoga, Meditation und Achtsamkeitstechniken können durchaus dabei helfen abzuschalten. Längst ist wissenschaftlich belegt, dass durch Meditation, Atemübungen und Yoga gezielt der Vagusnerv stimuliert werden kann. Dieser hat Einfluss auf unser gesamtes Nervensystem, auf Herz, Lunge und Magen-Darm. Ein starker Vagotonus geht mit einem erhöhten Serotonin- und Dopaminspiegel einher, sodass Stress besser abgebaut werden kann. Wir können uns besser beruhigen und sind besser drauf. Das sorgt für mehr Energie, mehr Kraft und mehr Gelassenheit. Mit »Techniken«, die irgendwo zwischen Spiritualität und Medizin liegen, können wir diesen Nerv selbst stimulieren. Und so haben wir langfristig mehr Kraft, um auch negative Gefühle besser annehmen und in Handlungen umsetzen zu können.

Wenn du also spürst, dass du aus dem Hamsterrad der negativen Emotionen nicht mehr rauskommst, wenn du kraftlos bist, wenn du keine Energie mehr hast vor lauter Wut und Stress – dann wird es Zeit, Auszeiten einzuplanen. Auch das ist ein Akzeptieren von Gefühlen. Denn auch wenn wir die Welt nicht aus unseren Gedanken heraus materialisieren und uns nicht ins große Lebensglück omen können, brauchen wir Kraft, um für unsere Bedürfnisse einzustehen und um die Herausforderungen des Lebens annehmen und verarbeiten zu können.

Im Flugzeug gibt es am Anfang bei den Sicherheitshinweisen die Durchsage: »Ziehen Sie sich erst selbst die Maske an, bevor Sie Kindern und weiteren Passagieren helfen.« Wir können anderen nur helfen, wenn wir selbst nicht umkippen. Und deshalb müssen wir auf unsere Bedürfnisse hören. Das steht an erster Stelle. Wie diese Bedürfnisse aussehen und was genau hilft, das muss jede*r für sich selbst herausfinden – hey, vielleicht ist es ja auch ein Meditationspodcast von Laura Malina Seiler. Erlaubt ist, was funktioniert. It's all about the balance.

»WIE ES MIR GERADE WIRKLICH GEHT? PUH, KEINE AHNUNG.«

DIE GEFAHREN VERDRÄNGTER GEFÜHLE

WAS VERDRÄNGUNGSMECHANISMEN MIT SÜCHTEN ZU TUN HABEN

Positives Denken hat einen gewissen Suchtfaktor. Motivations-trainer Jürgen Höller ruft auf seinem Seminar: »Wer von euch will wirklich erfolgreich sein? Hand hoch!« Das Publikum, das sowie-so schon steht, hebt die Hände und jubelt. »Und bist du wirklich bereit, dafür auch etwas zu tun und etwas einzusetzen, etwas zu machen dafür? Wer ist bereit dazu? Hand hoch!« Das Publikum hebt wieder die Hände und jubelt weiter. »Sag Ja! Sag lauter Ja!« Das Publikum ruft: »Ja!« Und noch mal: »Ja!« Weiter: »Wer von euch ist bereit, dafür auch mal ein bisschen Zeit zu investieren und vielleicht auch ein bisschen Geld zu investieren und zu sagen: Ich mache das jetzt, ich will mein Leben so führen, wie ich es will! Ich will auch meine Träume leben! Wer ist dazu jetzt bereit? Sag Ja! Sag lauter Ja!« Das Echo klingt ihm entgegen. Und wenn die Mas-sen dann angestachelt sind, präsentiert Jürgen Höller sein »Ge-schenk«: einen Rabatt auf das nächste, teurere Seminar. Natürlich nur, wenn man sofort vor Ort die Anmeldung ausfüllt. Mitgerissen von der Stimmung, mitgerissen von der geschickten Rhetorik Höllers.[65]

Marketing at its best. Die Menschen sind in der richtigen Stim-mung, um für »ihr Glück«, für »ihr Leben«, für »ihren Erfolg« richtig viel Geld auszugeben. Sie hängen dem Motivationstrainer an den Lippen und füllen bereitwillig Anmeldungen aus, die sie mehrere Tausend Euro kosten werden. Es ist die Hoffnung darauf, dass dieses Gefühl, alles schaffen zu können, ein bisschen länger bleibt. Und dass der Erfolg diesem Gefühl folgt.

Pah, da stehst du drüber, denkst du dir? Das könnte dir nie pas-sieren, du durchschaust dieses System sofort? Klar, das dachte ich auch. Doch diesen Suchtfaktor gibt es nicht nur bei Motivations-seminaren. Die Suche nach dem unspezifischen »Mehr«, den Wunsch nach Ablenkung vom schnöden Alltag und die Hoffnung, dass wir doch noch ein größeres Stück vom Glück abkriegen könnten, kennen wir alle. Ich auch.

Wenn ich an der Supermarktkasse in der Schlange stehe, beim Arzt im Wartezimmer sitze, wenn ich mit einer Freundin im Restaurant bin und sie kurz auf die Toilette geht, sogar wenn ich im Auto an der Ampel warte – ich greife zu meinem Smartphone. Vielleicht hat mir jemand eine Nachricht geschrieben, vielleicht sind wichtige Dinge in der Welt passiert. Keine Nachricht, keine News? Macht nichts. Statt das Handy wegzulegen, mich umzuschauen und die Welt oder mich selbst zu beobachten, schaue ich mir banale, nichtssagende Instagram-Storys an. Ich nehme nichts daraus mit, wirklich gar nichts. Es ist ein reiner Zeitvertreib, um die Alltäglichkeit des Moments und das Gefühl der Langeweile mit dem vermeintlich spannenderen Leben der anderen zu vertreiben. Jede zeitliche Lücke des Tages wird mit Input ausgefüllt. Input, der mich daran hindert, ein paar Minuten in mich hineinzufühlen und zu schauen, was in meinem Leben eigentlich gerade passiert – selbst wenn es nicht so spannend ist. Manchmal schreibt mir meine beste Freundin Marta einfach nur: »Wie geht es dir?«, und ich starre auf diese Nachricht und denke erschrocken: Ich weiß es nicht. Müsste ich mal drüber nachdenken.

In einem Artikel habe ich die Statistik gelesen, dass wir im Schnitt achtzigmal pro Tag auf das Handy schauen. Diese Zahl ist zwar ziemlich beeindruckend – stammt allerdings aus dem Jahr 2016. Die Information kam von Apple.[66] 2017 veröffentlichten Forscher*innen des deutschen »Menthal Balance«-Projekts der Uni Bonn, die über eine App das Verhalten von sechzigtausend Smartphone-Nutzer*innen beobachteten, die Information, dass im Durchschnitt jede*r Nutzer*in 88 Mal pro Tag das Smartphone einschaltet.[67]

Ich frage mich, ob die Wahrheit nicht noch viel krasser ist. Denn Nutzer*innen einer »Menthal Balance«-App haben vermutlich schon ein gewisses Bewusstsein dafür, dass eine exzessive Smartphone-Nutzung nicht gesund sein kann. Wie oft wird der Bildschirm aktiviert, wenn wir *nicht* darauf achten, wie oft wir auf unser Handy schauen? Zudem sind wir heute einige Jahre weiter – und noch abhängiger von den kleinen Geräten. Ehrlich gesagt will ich gar nicht wissen, welche Ergebnisse solch eine Untersuchung bei mir ergeben würde. Ich meide sogar den Blick auf meine Bildschirmzeit, obwohl ich diese jederzeit einsehen könnte – zu groß ist die Scham vor mir selbst.

Bei mir ist es »nur« die Flucht in digitale Welten, die grenzwertig ist. Andere Menschen flüchten in Spielhallen, in den Rausch des Alkohols oder das High der Drogen.

»Ein Sprichwort lautet: ›Sucht kommt von suchen.‹ Erfahrungen wie ›Die Droge macht mich glücklich‹ oder ›Sie hilft mir aus einem Tief‹ stehen meist am Ende einer längeren Entwicklung. Sie können jedoch dazu führen, dass der Betroffene die Droge erneut konsumiert. Denn sie ›hilft‹ ja. Nach wiederholtem Gebrauch kann die erhoffte Wirkung nachlassen oder sogar ganz ausbleiben. Um die gleiche positive Reaktion zu erzielen, benötigt der Konsument nun eine höhere Dosis. Eine Spirale hat begonnen: Um das ›gute‹ Gefühl zu erreichen beziehungsweise bei längerem Gebrauch die Entzugssymptome zu lindern, reicht auch die neue Dosis bald nicht mehr aus«[68], erklärt die Techniker Krankenkasse auf ihrer Website.

Natürlich spielen auch genetische Faktoren und der Einfluss des sozialen Umfelds eine große Rolle bei der Entstehung von Süchten. Doch die Suche nach diesem Gefühl des Glückes, das einen (teilweise im wahrsten Sinne des Wortes) »high« macht, ist nicht zu unterschätzen. Dieses High kann nicht nur durch chemische Drogen hervorgerufen werden, sondern beispielsweise auch durch exzessives Sporttreiben oder zahlreiche Überstunden. Denn all das führt dazu, die Belastungen und Sorgen des Alltags vergessen zu können. Ein paar Minuten mit den eigenen Gedanken allein sein? Bloß nicht, das könnte unangenehm werden! Das funktioniert ganz unbewusst. Das Bearbeiten der Mail, die gerade reinkommt, obwohl längst Feierabend ist. Der Blick aufs Handy, wenn man an der Kasse warten muss. Die zwei Gläschen Wein am Abend, wenn man einfach mal abschalten will. Wir denken nicht viel darüber nach. Wir haben diese Verdrängungsstrategien längst verinnerlicht.

HINHÖREN STATT ABLENKEN – WIE GEHT DAS EIGENTLICH?

Wie können wir es besser machen? Wie bekommen wir wieder Zugang zu unseren Emotionen? Dieser Weg ist so individuell, wie wir es als Menschen sind. Manchen Menschen hilft es, sich mit einem Notizbuch hinzusetzen und alle Gedanken, die durch den Kopf rattern, aufzuschreiben, in Ruhe zu sortieren und zu hinterfragen. Für diesen Prozess kann man sich feste Termine im Kalender einplanen – beispielsweise ein wöchentlicher Rückblick am Sonntagabend oder ein kurzer allabendlicher Tagebucheintrag. Nein, es geht nicht um ein Dankbarkeitstagebuch, sondern eher um ein Emotionstagebuch. Es geht einfach darum, den Status quo mal wieder wahrzunehmen und zu erkennen, zu schauen, was eigentlich die eigenen Werte und Bedürfnisse sind und inwieweit man diese gerade wirklich verfolgt.

Ich muss zugeben: Ich bin nicht diszipliniert genug, um mir diese Termine einzuplanen und regelmäßig aufzuschreiben, was mich beschäftigt. Ich mache das zweimal und dann sechs Monate gar nicht mehr. Und dann habe ich ein schlechtes Gewissen, was auch totaler Quatsch ist. Denn Emotionen wahrzunehmen, sollte nie zum Stressfaktor werden. Nicht jede Strategie funktioniert für jeden Menschen.

Ich kann am besten Gedanken sortieren, indem ich mit anderen rede. Man kann mit Freund*innen oder dem*der Partner*in sprechen, aber auch Coaches oder Therapeut*innen können dabei sehr hilfreich sein. Mir geben solche Gespräche und die Reaktionen anderer Gedankenanstöße, die sich dann automatisch weiterentwickeln. Dann lasse ich bei der nächsten Autofahrt, der nächsten Dusche oder dem nächsten Warten an der S-Bahn-Station das Radio oder das Handy aus und hänge einfach nur meinen Gedanken nach. Nach und nach komme ich mir so selbst näher und verstehe, was mir wichtig ist und wo ich Prioritäten setzen muss.

Andere Menschen nehmen negative Emotionen vor allem körperlich wahr – durch Kopf- oder Rückenschmerzen oder durch Magenprobleme. Auch hier gilt es, nicht nur die Symptome zu bekämpfen, sondern den Ursachen auf den Grund zu gehen und die echten Bedürfnisse zu erkennen. Ich bekomme beispielsweise in stressigen Phasen oft einen leichten Hautausschlag an den Handgelenken. Obwohl ich im Alltag zwischen all den To-do-Listen noch gar nicht wahrgenommen habe, dass der Stress langsam zu viel wird, denke ich dann: Ach, schau mal, es ist wieder so weit. Ich brauche eine Pause.

Pausen, Auszeiten und Selfcare-Techniken sind gesund. Es geht darum, sich selbst Momente zu gönnen, in denen alles andere Pause hat, um dann mit reduziertem Stresspegel die Kraft zu haben, zu priorisieren und nach und nach die »Baustellen« des Lebens abzuarbeiten. In einem Podcast mit der psychologischen Psychotherapeutin Dr. Alena Rentsch habe ich den Tipp gehört, dass man sich in guten Zeiten eine Liste mit Dingen anlegen kann, die guttun.[69] Zum Beispiel laute Musik aufdrehen und durch die Wohnung tanzen. Joggen gehen. Meditieren. Kuchen backen. Schwimmen gehen. Mit Freund*innen eine Nacht im Klub durchtanzen. Ein Buch lesen. Ans Meer fahren. Immer dann, wenn alles über einem zusammenzubrechen droht, schaut man auf diese Liste, tut sich etwas Gutes und kann dann, wenn das körperliche Gleichgewicht erst mal wiederhergestellt ist, weitermachen und die eigenen Bedürfnisse wieder klarer sehen und einordnen.

Übrigens: Diese Auszeiten und Selfcare-Strategien werden toxisch, wenn man danach genauso weitermacht wie zuvor und nichts aus den Signalen des Körpers gelernt hat, also wenn der Stress einfach weitergeht, sobald die Stresshormone abgebaut sind. Wer also bei Stress immer nur laute Musik aufdreht, joggen geht und die Laune hochputscht, danach aber genauso weiterarbeitet wie davor, hat keine Auszeit genommen, sondern eine Verdrängungsstrategie angewandt. Eine Pause sollte beides beinhalten: Selfcare im Sinne von »Vagusnerv aktivieren, Stress abbauen und Glückshormone genießen« und Selfcare im Sinne von »in sich hineinhören, Bedürfnisse erkennen und Strategien überlegen, wie man diese erfüllen kann«.

Wer über Jahre und Jahrzehnte nur immer neue Verdrängungsstrategien angewandt hat, braucht vielleicht Hilfe von außen, um den eigenen Bedürfnissen näherzukommen. Zudem gibt es viele Fälle, in denen Verdrängungsmechanismen und Süchte nicht nur durch alltäglichen Stress entstehen, sondern beispielsweise durch nicht verarbeitete Kindheitstraumata und verdrängte Gewalterfahrungen. Auch hier ist Hilfe von außen laut Expert*innen unbedingt nötig, da solch tiefe Verletzungen nicht allein aufgearbeitet werden können.

»Gefühle zu unterdrücken, kostet den Körper Energie. Therapeuten benutzen in diesem Zusammenhang gerne die Metapher, einen mit Luft gefüllten Ballon unter Wasser zu drücken. Es ist möglich, erfordert aber stetige Aufmerksamkeit und Anstrengung«[70], habe ich in einem Artikel der Oberberg Kliniken gelesen, einem Verbund privater Fachkliniken im Bereich Psychiatrie, Psychosomatik und Psychotherapie. Diese Metapher fand ich sehr einleuchtend. Deshalb finde ich es so erleichternd, über Ängste und Sorgen zu sprechen, Tränen fließen und die Wut rauszulassen. In diesem Moment lasse ich den Luftballon einfach an die Oberfläche flutschen und muss keine Energie mehr aufwenden, um ihn unter Wasser zu halten. Plopp. Ist doch kein Wunder, dass ein ständiges Herunterdrücken von Sorgen-Ballons irgendwann dazu führt, dass es uns noch schlechter geht.

Statt die eigenen Emotionen ständig zu unterdrücken, ist es besser, sie anzunehmen, zu reflektieren und die dahinterliegenden Bedürfnisse zu verstehen. Mit dem Luftballon spielen, statt ihn unter Wasser zu halten, sozusagen.

Wir alle sind Menschen und als solche nicht perfekt. Doch Unsicherheiten, Schuldeingeständnisse und Ängste gelten in unserer Gesellschaft nicht als »gute« Gefühle, die uns »voranbringen«. Dabei ist das doch die einzig anerkannte Richtung: nach vorn und nach oben. Starke Persönlichkeiten werden mit Meinungsstärke, Durchsetzungsvermögen und einem sicheren Auftreten verbunden. Von diesem Ideal abzuweichen, ist hart. Wir haben es anders gelernt, und so wollen wir nach außen hin immer dem Ideal entsprechen. Und auch im Privaten und vor uns selbst wollen wir es erfüllen.

Ein Freund von mir sagte vor ein paar Jahren mal zu mir: »Männer brauchen keine Therapie. Männer können saufen.« Alles an dieser Aussage ist toxisch. Das Männlichkeitsbild, die Verdrängung der Emotionen, die Verharmlosung des Suchtmittels Alkohol. Und es zeigt gut, wie tief solche toxischen Verhaltensweisen in uns verankert sind – denn damals habe ich ehrlich gesagt über diesen Spruch gelacht. Kennen wir doch alle. Geht doch jedem so. Wir haben fast alle schon mal nach einem harten Tag einen »über den Durst« getrunken, um unsere Sorgen zu vergessen. Doch dieses Denken zeigt, wie gefährlich es ist, schwierige Gefühle nicht zuzulassen und dass wir schlimmstenfalls in Abhängigkeiten rutschen können.

EMOTIONALES UNGLEICHGEWICHT – EINE TICKENDE ZEITBOMBE

Die Verleugnung, Abwehr oder Verdrängung von negativen Gefühlen hat also viele mögliche Folgen. Sie kann zu Abhängigkeiten – von der Smartphone-Sucht bis zum Drogenmissbrauch – führen, zu toxischen Verdrängungsmechanismen und dem allseits bekannten Gedankenkarussell abends im Bett. Und schlimmstenfalls riskieren wir, durch das Wegdrücken von negativen Gefühlen nicht nur uns selbst zu schaden oder eine schlaflose Nacht zu haben, sondern sogar gesellschaftliche Missstände mitzutragen.

Denn wenn wir verunsichert sind, suchen wir nach Sicherheit. Wir möchten uns nicht unseren unklaren Emotionen stellen, sie aushalten lernen – nein, wir wollen die Kontrolle zurückgewinnen.

Solche emotionalen Minenfelder sind der perfekte Nährboden für Verschwörungstheorien, Diskriminierung und üble Nachrede oder Mobbing. Ich denke da beispielsweise an die »Coronakritiker*innen« – eine Menschengruppe, von der alle in den letzten Monaten viel gehört haben. Durch Zufall bin ich über eine Mütter-WhatsApp-Gruppe auch mal in solch eine WhatsApp-Gruppe gerutscht, in der diverse Verschwörungstheorien, zweifelhafte YouTube-Videos und Fake News geteilt wurden. Ich war schockiert. Ich kämpfte, argumentierte, recherchierte, verschickte Artikel, die diese Ansichten widerlegten. All das kostete eine Menge Zeit und Nerven. Erreicht habe ich gar nichts. Ich sei ja nur eine von denen, die dem Mainstream glauben würden, eine, die sich von der deutschen Presse belügen ließe. Am Ende trat ich resigniert aus der

Gruppe aus. Aber ich habe durch diesen Einblick viel darüber gelernt, wie solche Bewegungen funktionieren.

»Gruppen«, egal ob on- oder offline, vermitteln das Gefühl von Gemeinschaft. Man gehört dazu, man ist Teil eines besonderen Kreises, der sich in seinen Überzeugungen immer wieder selbst bestätigt. Es ist die Suche nach einem besonderen Wissen, nach einer Exklusivstellung, die die Teilhabe an einer solchen Gruppe so attraktiv machen. Man erhebt sich über die anderen, die doch alle keine Ahnung haben – und erhöht damit ganz automatisch das eigene Selbstwertgefühl. Diese Gemeinschaft und diese Abgrenzung geben Sicherheit und Kontrolle, also genau das, was wir in unsicheren Zeiten vermissen. Die Abgrenzung von den anderen geht teilweise so weit, dass bestimmte Gruppen diskriminiert oder beleidigt werden. Journalist*innen gehören gehängt, heißt es dann beispielsweise – das kam nicht in dieser WhatsApp-Gruppe vor, ich habe diese Aussage aber aus anderen Kreisen gehört. Uff.

Klar, die Coronapandemie nervt uns alle. Während ich dieses Buch schreibe, befinden wir uns schon im zweiten Lockdown. Natürlich ist das ätzend. Ich wüsste auch gern, wie die Welt in sechs, acht oder zehn Monaten aussieht. Ich würde auch lieber Hochzeiten feiern, mit gutem Gefühl in Bars sitzen und ohne Maske Bahn fahren. Natürlich vermisse ich mein altes Leben. Aber gerade ist es nun mal wichtig, diese Unsicherheit auszuhalten. Niemand von uns hat dieses Virus wirklich im Griff. Das ist für uns alle neu. Verschwörungstheorien versuchen, das Problem wegzureden, indem sie ein ganz anderes Fass aufmachen und behaupten, die Pandemie existiere nicht und die Maßnahmen hätten völlig andere Gründe. Aber für uns als Gesellschaft ist diese Strategie des Umgangs nicht hilfreich.

Die Suche nach Kontrolle und Sicherheit und das Wegschieben von Unsicherheiten und Ängsten können auch zu diskriminierenden Verhaltensweisen oder Mobbing führen. Es geht eben immer um dieses Gefühl, etwas besser zu wissen, besser zu machen oder besser zu durchschauen.

Dicke Menschen sind doch alle verfressen!

Dünne Menschen sind doch alle magersüchtig!

Menschen mit Behinderung sitzen doch alle im Rollstuhl und sind geistig nicht ganz da!

Arbeitslose sind doch faul!

Selbst wenn solche Meinungen und Theorien stark vereinfacht und in der Konsequenz falsch sind, unserem Gehirn verschafft dieses Schubladendenken Erleichterung. »Auf der Ebene der Erkenntnis erlauben Stereotype die Reduktion der Komplexität der sozialen Welt: Menschen sind nicht in der Lage, alle Sinneseindrücke und Informationen, die sie aus ihrer Umwelt erhalten, im Detail zu verarbeiten. Deswegen ist das menschliche ›Schubladendenken‹ ein nützlicher Mechanismus, um die soziale Umwelt schneller erfassbar und begreifbar zu machen«, schreiben Prof. Dr. Hans-Werner Bierhoff, Dr. Elke Rohmann und Dr. Phillip Ozimek in einem Artikel über Stereotype. »Die Aktivierung beziehungsweise der Abruf von Stereotypen geschieht automatisch und unbewusst. Das bedeutet, dass Menschen nicht die freie Wahl darüber haben, anderen unvoreingenommen zu begegnen.«[71]

Huch! Heißt das, wir können nichts gegen unsere Vorurteile tun? Doch. Es gibt Hoffnung. Denn auch das steht in dem Artikel der Expert*innen: »Auch wenn die automatische Aktivierung von Stereotypen in einer Vielzahl weiterer Untersuchungen nachgewiesen werden konnte, zeigen Studien auch, dass dies nicht zwangsläufig zu stereotypen Wahrnehmungs- und Beurteilungsmustern führen muss. Dies scheint vor allem davon abhängig zu sein, ob ein weiterer, elaborierter Verarbeitungsprozess nachgeschaltet wird oder nicht. (...) Dieser Prozess kann den vorherigen Effekt der automatischen Aktivierung von Stereotypen modifizieren oder sogar vollkommen verdrängen.«[72]

Anstatt uns von unseren Ängsten leiten zu lassen und ins Schubladendenken zu rutschen, können wir zugeben, wenn uns ein Thema völlig fremd ist und wir (noch) nicht ganz den Durchblick haben. Berührungsängste sind normal, wenn wir uns auf unsicherem Terrain befinden – doch das ist kein Grund, uns vor allem Neuen oder Unbekannten zu verschließen und an unseren eigenen, oftmals nicht ausreichend differenzierten Meinungen und Stereotypen festzuhalten wie an einem Strohhalm im Wasser. Ich nehme mir in letzter Zeit immer wieder vor, häufiger innezuhalten, zuzuhören und auch zu meinen Unsicherheiten zu stehen, wenn ich zu einem Thema keine Ahnung habe oder merke, wie ich in Schubladen denke. Dabei fühle ich mich weder bloßgestellt noch schwach. Im Gegenteil!

Blöde Diskussionen, bei denen man sowieso nur um den heißen Brei herumreden würde, weil man keine Fakten zur Hand hat und mit gefühlten Wahrheiten um sich wirft, sind mit einem »Keine Ahnung, darüber weiß ich zu wenig« schnell beendet, beziehungsweise kann ich mich dann guten Gewissens in eine zuhörende Position begeben und mir verschiedene Meinungen anhören, bevor ich mich sofort einer anschließe.

Unsicherheiten im Umgang mit anderen sind auch leichter zu lösen. Wenn ich eine Person mit einer Behinderung treffe und nicht weiß, wie ich mich verhalten soll, ob diese Person meine Hilfe braucht oder gut allein zurechtkommt, muss ich mir nicht mehr das Hirn zermartern und mache am Ende durch meine Unwissenheit vielleicht genau das Falsche – ich frage einfach nach. Klar, das ist nicht immer einfach, insbesondere wenn wir von klein auf gelernt haben, dass es etwas Schlechtes ist, Unsicherheiten zuzugeben. Aber wie sollen wir denn lernen, wenn wir nicht nachfragen? Schlussendlich sind wir doch alle Menschen, und als solche kann Kommunikation uns einander nur näher bringen. Nur durch das Zugeben der eigenen Unzulänglichkeiten, durch

Empathie und emotionale Offenheit können wir dazulernen und wachsen. Ganz persönlich und als Gesellschaft.

Mein Fazit: Wenn wir lernen, unsere »negativen« Gefühle auszuhalten, sie genauer anzuschauen und die dahinterliegenden Bedürfnisse zu erkennen, beugen wir nicht nur gefährlichem Suchtverhalten vor, wir können in manchen Fällen sogar Depressionen und andere psychische Krankheiten vermeiden. Denn wenn wir unsere Bedürfnisse kennen, passen wir besser auf uns auf, erkennen rechtzeitig Überforderungen und geraten gar nicht erst in extreme Belastungen, die in einem Burn-out oder Ähnlichem enden können. Darüber hinaus können wir diskriminierende Strukturen aufbrechen, indem wir nicht nur unseren eigenen, sondern auch anderen Gefühlen offen gegenüberstehen und hinhören, statt sofort zu (ver-)urteilen. Wer lernt, Unsicherheiten zuzugeben, läuft weniger Gefahr, sich in Verschwörungstheorien oder extremen politischen Haltungen zu verfangen, denn häufig überspielen diese nur irrationale Ängste mit (oftmals falschen oder verdrehten) Fakten. Ein gefährlicher Ausweg aus der Angst. Besser wäre es, sich mit den Ängsten an sich zu beschäftigen und diese ganz rational zu betrachten. Mehr Offenheit für unsere Gefühle bedeutet mehr Offenheit für andere Menschen, für Unbekanntes und für Neues. Statt Vorurteile zu hegen, können wir neugierig auf andere zugehen, uns offen für neue Situationen zeigen und akzeptieren, dass jeder Mensch anders ist und wir niemals ausgelernt haben.

Easy. Oder?

… und dann treffe ich Freund*innen, die mit Mitte dreißig noch jede Party mitnehmen, das Thema Kinder überhaupt nicht auf dem Schirm haben, und denke mir: Das werden die noch bereuen!

… und dann sehe ich eine Frau mit unrasierten Beinen und denke: Das ist doch nicht schön.

... und dann höre ich von einer erfolgreichen Vorstandsfrau und denke: Die hat bestimmt keine Kinder.

... und dann merke ich: Es ist doch nicht so einfach, Vorurteile loszulassen und anderen völlig offen gegenüberzutreten. Auch ich habe noch jede Menge Schubladen im Kopf. Oh je!

Amanda Nentwig beruhigt mich: »Sehr vielen Menschen fällt es schwer, Vorurteile abzulegen. In der Steinzeit waren diese nötig; fremde Menschen waren beispielsweise früher eine reale potenzielle Gefahr für uns. Daher fremdeln die meisten von uns zu einem gewissen Ausmaß, das uns mehr oder weniger bewusst ist. Vorurteile gehören zu unserer kognitiven und emotionalen Grundausstattung dazu. Zum Problem wird das Ganze, wenn unsere Vorurteile bewusst oder unbewusst in uns wüten, keine Gegenmaßnahme zur Eindämmung antreffen und schlimmstenfalls zu diskriminierenden Maßnahmen führen. Je bewusster wir uns dieses Phänomens sind, desto besser können wir eigene Vorurteile reflektieren und lernen, diese bewusst zu hinterfragen und uns nicht zu sehr von ihnen lenken zu lassen.«

Das ist hilfreich zu wissen. Der gute alte Kalenderspruch »Einsicht ist der erste Schritt zur Besserung« gilt also nach wie vor. Wir müssen nicht perfekt sein. Wir dürfen Schubladen im Kopf haben – das ist menschlich. Doch ab und zu sollten wir Inventur machen und mal schauen, ob das, was in diesen Schubladen steckt, eigentlich noch dahin gehört.

»GLÜCK ENTSTEHT AUCH AUS DEM UNGLÜCK«

EIN POSITIVER UMGANG MIT »NEGATIVEN« EMOTIONEN

EIN KOMPLIMENT UND MEINE GEDANKEN DAZU

Meine Freundin Liske schrieb mir neulich: »Du kommst mit Krisen super klar, finde ich. Du schaffst es, vieles für dich zu klären, auch ohne Therapie und ohne Hilfe von außen. Da bist du sehr stark.«

Mein erstes Gefühl: Stolz. Ich bin stark! Wooow. Schaut alle her, ich bin ein Krisenbewältigungsprofi! Innerlich zeigte ich der Welt meinen mentalen Bizeps und fühlte mich verdammt gut dabei.

Nach dem High landete ich wieder auf dem Boden der Tatsachen und dachte über Liskes Aussage nach. Ja, ich wusste, was sie meinte. Ich habe in den letzten Jahren viel erlebt. Ich habe meinen Vater verloren, eine Trennung überstanden, mit den Krisen der Selbstständigkeit gehadert, habe während meiner ersten Schwangerschaft um das Leben meiner Mutter gebangt. Danach hatte ich viele Monate mit Baby kaum Ruhe, weil mein Sohn nicht viel davon hielt, nachts mehr als zwei Stunden am Stück zu schlafen. Ich musste meine Prioritäten neu ordnen und konnte nur noch sehr selten einfach in den Tag hineinleben. Wie jede Mutter musste ich lernen, dass meine Zeit nun viel knapper ist und ich deswegen viele Bedürfnisse hintanstellen muss. Also: Ja, ich habe notgedrungen gelernt, viel zu reflektieren, und habe dabei viele neue Erkenntnisse über mich selbst und das Leben gewonnen.

Aber bin ich wirklich ein Krisenprofi? Weiß ich immer, was zu tun ist, kann in schwierigen Phasen einen kühlen Kopf bewahren und ganz ohne fremde Hilfe die perfekte Lösung finden? Ha! Schön wär's. Meine »Problemlösungsstrategie« sieht in der Realität eher so aus: Tagelang habe ich das Gefühl, dass sich ein Berg von To-dos und emotionalen Baustellen vor mir auftürmt. Ich ignoriere dieses Gefühl und versuche, den Alltag zu bewältigen. Irgendwann sitze ich dann weinend auf dem Sofa, schluchze wie ein kleines Kind und sage zu Micha: »Ich kann nicht mehr, es ist alles einfach zu viel!« Er seufzt. Er kennt das schon.

Mein Mann geht viel rationaler an Probleme heran als ich, und es hilft mir, mit ihm über meine Sorgen zu sprechen. Er hilft mir dann beim Ordnen meiner Gedanken und sagt: »Siehste. Ist doch alles nicht so schlimm.« Seine bedingungslose Rationalität führt zwar oft zu Konflikten, da ich mir manchmal einfach nur eine Umarmung und etwas Mitgefühl wünsche, eröffnet mir aber auch eine andere Perspektive.

Es gibt dazu ein sehr lustiges Video auf YouTube, es heißt »It's not about the nail«[73]. Darin spricht eine Frau über ihre Gefühle. Da sei dieser ständige Druck in ihrem Kopf, der einfach nicht aufhört. Sie könne diesen Druck geradezu körperlich spüren und habe unglaubliche Angst, dass der Schmerz nie wieder aufhöre. In der nächsten Einstellung sieht man, dass sie einen langen Nagel in der Stirn stecken hat.

Der Mann neben ihr schaut sie an. »Du hast einen Nagel im Kopf«, sagt er.

Sie ist empört: »Es geht nicht um den Nagel.«

Er ist verwirrt. »Bist du sicher? Ich glaube, wenn wir den Nagel entfernen ...«

Sie ist genervt. »Hör auf, das Problem zu lösen. Du sollst einfach nur zuhören.«

Sie streiten sich. Er will das Problem lösen, sie braucht Mitgefühl. Ich musste bei diesem Video sehr lachen, denn ich kenne diese Situation nur zu gut. Aber schlussendlich hat der Mann ja recht: Wenn man den Nagel einfach rausziehen würde, wäre das Problem gelöst. Der rationale Problemlösungsansatz ist nicht immer der mitfühlendste, aber einer der wichtigsten.

Anders läuft die Kommunikation mit meiner besten Freundin Marta. Sie ist mitfühlender, aber trotzdem kritisch. Ich nenne sie oft meinen »Life Coach« – sie hat das Talent, die richtigen Fragen zu stellen und mich damit auf neue Gedanken zu bringen.

Zudem höre ich oft und gern Interview-Podcasts und lausche bekannten Persönlichkeiten, Coaches, Therapeut*innen, Psycholog*innen und Expert*innen aus allen Gebieten dabei, wie sie ihre Erkenntnisse und Tipps teilen. Ich nehme daraus viele Denkanstöße mit, und oft passiert es mir, dass ich über eine bestimmte Aussage so intensiv nachgrüble, dass ich die nächsten Minuten des Gesprächs verpasse.

Dann weine ich wieder ein bisschen, verschicke mindestens drei zehnminütige Sprachnachrichten an Freundinnen, in denen ich während des Sprechens meine Gedanken ordne, und nach einer Nacht, in der ich alle Gedanken sacken lasse, geht es mir besser. Voilà, so sieht meine Realität aus, wenn ich Probleme bewältigen muss.

Kurz: Ohne Hilfe und nur aus mir selbst heraus schaffe ich es nicht wirklich. Aber ich habe Menschen um mich herum, die mir helfen. Diese Hilfe anzunehmen, ist wichtig und völlig in Ordnung. Außerdem habe ich gelernt: Alle Emotionen sind okay. Ich schäme mich nicht mehr, sondern rede offen und frei über alles, was mich beschäftigt. Ich weiß, dass das Leben nicht schwarz oder weiß ist und dass Gefühle heute so und morgen ganz anders aussehen können. Manchmal ist das Leben großartig, manchmal ist es hart. Manchmal geht man durch heftige Phasen, in denen man es nicht schafft, mit einem breiten Grinsen und einer rosaroten Brille durch die Gegend zu laufen. Muss man ja auch nicht. In jedem vermeintlich perfekten Leben kommen Dramen vor. »Unter jedem Dach ein Ach«, lautet ein Sprichwort. Das rufe ich mir immer wieder in Erinnerung.

Also, zurück zur Frage: Hatte Liske recht mit ihrer Aussage? Komme ich mit Krisen gut klar, bin ich stark? Ja und nein. Ich komme mit Krisen klar, aber nicht immer gut. Ich bin manchmal stark – und manchmal schwach. Und so langsam entwickle ich das nötige Selbstmitgefühl, um das zu akzeptieren.

EMPATHIE ZEIGEN STATT TOXIC POSITIVITY

Ich habe viele Geschichten und Beispiele aus meinem Leben erzählt und habe mit Menschen gesprochen, die sich über Toxic Positivity Gedanken gemacht haben. Ich habe erklärt, wieso ich glaube, dass emotionale Offenheit und Vielfalt sowie mehr Empathie und (Selbst-)Mitgefühl uns alle weiterbringen und langfristig zufriedener machen. Doch ich weiß, wie es läuft: Selbst wenn du alles nachvollziehen konntest und meiner Meinung bist, wird es Situationen geben, in denen du wieder in das gute alte »Don't worry be happy«-Narrativ zurückfällst. Geht mir auch so. Wenn du dich mit einer Freundin unterhältst und diese klagt dir ihr Leid, dann fällt dir wieder kein besserer Spruch ein als »Das schaffst du schon«, »Wird schon werden« oder »Konzentrier dich auf die schönen Dinge des Lebens«. Wieder machst du Gefühle klein und gehst ernsthaften Sorgen oder psychischen Problemen aus dem Weg. Das geht mir doch auch so. Aber wie können wir es besser machen?

Ich habe mir überlegt, eine Gegenüberstellung zu machen – Toxic Positivity versus Empathie. Welche Aussagen sind toxisch, und wie können wir sie durch Aussagen ersetzen, aus denen ehrliche Empathie spricht? Die Ergebnisse fand ich selbst spannend und werde versuchen, sie in Zukunft in meinem eigenen Leben umzusetzen. Vielleicht gibt diese Hilfestellung ja auch dir ein paar Impulse für deinen Alltag. Ganz wichtig: All diese

Gegenüberstellungen sind Anregungen, keine Vorschriften. Ich will dir ein paar Gedanken mitgeben, keinesfalls eine Anleitung. Mach das draus, was sich für dich gut und richtig anfühlt.

Was mir dabei besonders am Herzen liegt: Versuch nicht nur, deine Kommunikation mit anderen empathischer und mitfühlender zu gestalten, sondern auch die Kommunikation mit dir selbst. Die meisten von uns sind mit sich selbst am strengsten. Deshalb lies diese Tabelle am besten zweimal. Einmal als Hilfe für die zwischenmenschliche Kommunikation mit anderen, einmal als Impuls für einen liebevolleren Umgang mit dir selbst.

Toxic Positivity	Empathie
Du musst positiv bleiben!	Ich verstehe, dass das gerade hart ist.
Alles passiert aus einem bestimmten Grund.	Das ist wirklich unfair! Was passiert ist, ist richtig scheiße, und es ist okay, dass du dich gerade mies fühlst.
Anderen geht es doch viel schlechter.	Das ist hart, und es ist einfach ätzend, dass du da gerade durchmusst.
Schau nach vorn und mach weiter, das wird schon wieder!	Nimm dir so viel Zeit, wie du brauchst. Ich bin für dich da!
Übertreibst du nicht ein bisschen?	Erklär mir deine Gefühle.
Du solltest dankbar sein für das, was du hast!	Tiefpunkte sind Teil des Lebens, du darfst auch einfach mal traurig sein und leiden.
Sei doch nicht so negativ, das bringt niemandem etwas.	Kann ich dir irgendwie helfen? Willst du reden?
Das haben schon viele andere geschafft, das schaffst du auch. Locker!	Jede*r hat andere Voraussetzungen, Grenzen und Fähigkeiten. Und das ist okay.

Toxic Positivity	Empathie
Aufgeben ist keine Option!	Wenn nichts mehr geht, ist es manchmal gesünder, aufzugeben, als an der Aufgabe zu zerbrechen.
Du solltest einfach die negativen Gedanken durch positive ersetzen. Das klappt!	Negative Gedanken gehören zum Leben dazu. Versuch zu verstehen, was sie dir sagen wollen ... Vielleicht hilft es dir, darüber zu reden?
Es geht nur um deine innere Einstellung!	Es geht um viel mehr als nur deine innere Einstellung. Gesellschaftliche Strukturen und Emotionen sind komplex!
Was dich nicht umbringt, macht dich stärker!	Was dich nicht umbringt, kann trotzdem ernsthafte psychische Folgen haben. Pass auf dich auf und hol dir Hilfe, wenn du allein nicht mehr rauskommst.
Schau dich doch mal um, du hast so viele tolle Menschen um dich herum!	Ich weiß, manchmal kann man sich einsam fühlen, obwohl man in einer Menschenmenge sitzt. Du darfst so fühlen!
Mach das Beste draus!	Ich fühle mit dir. Das nervt.
Hinfallen ist keine Schande, nur Liegenbleiben!	Hinfallen ist keine Schande. Liegenbleiben ist keine Schande. Bleib liegen, solange du willst. Heile und tanke auf. Das Leben ist kein Marathon.
Jede Veränderung beginnt bei dir selbst!	Der Fehler liegt nicht immer bei dir. Wenn eine Blume krank ist, schauen wir auch nach, was an der Erde oder an der Umgebung nicht stimmt, statt die Blume zu beschuldigen.

Toxic Positivity	Empathie
Jetzt zieh durch, egal wie scheiße es dir dabei geht! Am Ende wirst du stolz sein, dass du durchgehalten hast!	Bertolt Brecht hat mal gesagt: »Wer A sagt, der muss nicht B sagen. Er kann auch erkennen, dass A falsch war.«
Wenn du dich verletzlich zeigst, wirst du ausgenutzt. Also: Stark bleiben!	Sich verletzlich zu zeigen, beweist die größte Stärke. Das ist ein sehr mutiger Schritt!
Tränen in der Öffentlichkeit müssen nicht sein.	Lass deine Gefühle raus, wenn dir danach ist. Manchmal muss das sein.
Good vibes only!	All vibes are welcome!

WIE UNS DIE AKZEPTANZ NEGATIVER EMOTIONEN ZUFRIEDENER MACHEN KANN

»Was ist denn los?«, fragt mich Micha. Beim Frühstück grummle ich vor mich hin, rege mich über herumliegende Krümel vom Abendessen auf und finde meinen Tee zu bitter. Ich bin mit dem falschen Fuß aufgestanden, würde man sagen.

Früher hätte ich eine Antwort gegeben, die viele von uns kennen: »Nichts.«

Kennt jede*r. »Nichts.« Schreckliche Antwort. Anspannung pur. Die Atmosphäre wirkt wie vergiftet, genau aus dieser Stimmung heraus entstehen Streitigkeiten. Denn wenn ich mit »Nichts« antworte, geht bei meinem Gegenüber das Gedankenkarussell los. Liegt es an der kurzen Auseinandersetzung gestern Abend? Muss ich sie unterstützen? Hab ich irgendwas Falsches gesagt?

Wenn dann auch diese Fragen nicht ausgesprochen werden, spüre ich wiederum, dass sich mein Gegenüber Gedanken macht. Es gibt eine stumme Diskussion, jede*r denkt sich seinen Teil und wird immer genervter. Und obwohl vielleicht einfach nur

Müdigkeit schuld an der schlechten Laune war, eskaliert die Situation am Ende, wenn alle Gedanken herausbrechen.

Kurz: Es ist fast nie nichts. Manchmal ist es nichts Großes, stimmt. Aber irgendetwas ist eigentlich immer. Es hilft, das auszusprechen.

»Ich habe heute einfach schlechte Laune, weil ich zu wenig geschlafen habe«, antworte ich also stattdessen.

»Ach so. Dann ruh dich heute mal aus im Laufe des Tages.«

Eine kurze Analyse der Emotionen, die allen Beteiligten Erleichterung verschafft. Den anderen, weil sie wissen, dass es nicht an ihnen liegt, und mir selbst, weil ich allein durch das Aussprechen dieses Fakts ein Stück Kontrolle zurückgewinne.

Durch das Benennen von Emotionen verlieren sie oft ihren Schrecken. Das klingt erst mal sehr vereinfacht, aber tatsächlich gewinne ich mit dem einfachen Satz »Ich habe heute einfach schlechte Laune, weil ich zu wenig geschlafen habe« schon beim Aussprechen Abstand von diesem Gefühl. Ich bin wieder bei mir, in meiner Mitte, wenn man so sagen will. Ich habe einfach nur schlecht geschlafen und bin müde, mehr nicht. Alles halb so wild. Trotzdem ist es okay, sich so doof zu fühlen, weil mein Bedürfnis nach Schlaf nicht erfüllt wurde.

Das ist natürlich nur ein sehr kleines und sehr alltägliches Problem. Doch auch in einem größeren Kontext kann die Akzeptanz unangenehmer Gefühle hilfreich sein. Viele Aspekte davon habe ich bereits erwähnt – weil ich aber nicht oft genug sagen kann, wie sinnvoll das Annehmen negativer Emotionen ist, habe ich diese Liste erstellt. Denn wer an der Idee festhält, dass ausschließlich positives Denken dazu führt, ein glücklicheres Leben zu führen, könnte einige Dinge verpassen.

1. Sich selbst finden

Meiner Meinung nach ist eine abschließende Selbstfindung nicht möglich – schließlich verändern wir uns im Laufe unseres

Lebens ständig. Die sogenannte Selbstfindung ist für mich eher ein »Selbstbewusstsein«, das wir nach und nach im Bezug zu uns selbst entwickeln. Dieser Prozess erfordert ein immerwährendes Hinhören, Hinschauen und Reflektieren. Was hat mich in meinem Leben geprägt? Welche Werte und Bedürfnisse sind mir wichtig? Was kann ich gut, was nicht? Was kratzt an meinem Ego, wovor habe ich Angst? Es bringt nichts, bei dieser »Inventur« schlechte Erfahrungen wegzuwischen, denn auch diese haben Spuren hinterlassen.

Ein kleines Beispiel: Meine Mutter war alleinerziehend und hat immer Vollzeit gearbeitet. Sie hatte keine Unterstützung, keine Erbschaft, keinen Partner, musste alles allein regeln. Nach und nach verstehe ich, dass ich dadurch viele Prägungen mitgenommen habe, die zwar teilweise gesund sind (»Achte darauf, dich nicht abhängig zu machen«, »Sei fleißig«), sich teilweise aber auch negativ auf mich auswirken (»Du musst immer funktionieren«). Wenn ich krank bin, halte ich es beispielsweise nur schwer aus, im Bett zu bleiben. Wenn ich ausfalle, bricht alles zusammen, denke ich dann. Das ist natürlich Quatsch. Ich habe einen tollen Mann an meiner Seite, der den Laden am Laufen hält und als Vater genauso gut ist wie ich als Mutter. Allein durch das Verständnis meiner kindlichen Prägung fällt es mir mittlerweile immer leichter, die Verantwortung auch mal abzugeben und Schwäche (oder Krankheit) zuzulassen.

2. Die eigenen Bedürfnisse erkennen

Viele von uns kennen die sogenannte Maslowsche Bedürfnispyramide oder auch andere Modelle, die beschreiben, welche unserer täglichen Bedürfnisse erfüllt sein müssen, damit wir ein zufriedenes und glückliches Leben führen können. Ich bin keine Psychologin und will hier gar keine großen Theorien aufstellen. Doch ich finde den Ansatz hilfreich, bei überschäumenden

Emotionen innezuhalten und zu überlegen: Moooment, welches Bedürfnis meldet sich da gerade? Denn am Ende sind unsere Emotionen ja nur Hinweise, die uns etwas vermitteln wollen.

Da sind die ganz grundlegenden Dinge wie Essen, Trinken, Wärme, Licht und Schlaf, die wir zum Überleben brauchen. Daneben sehnen wir uns nach materieller und beruflicher Sicherheit sowie dem Gefühl, als Person geschützt und geborgen zu sein. Auch soziale Bedürfnisse, also Partnerschaften, der Kontakt zu Familie und Freund*innen und ein generelles Zugehörigkeitsgefühl sind wichtig. Dazu kommen dann noch Individualbedürfnisse, die von Mensch zu Mensch verschieden sind und sich ständig ändern. Das können je nach Priorität Lob, Anerkennung und Erfolg sowie Unabhängigkeit und Freiheit sein. Und nicht zuletzt ist auch unsere eigene Selbstverwirklichung von großer Bedeutung für uns, also die Möglichkeit, unser Potenzial entfalten, unsere Persönlichkeit entwickeln und eigene Ideen umsetzen zu können.

Wenn du das nächste Mal merkst, dass du wegen jeder Kleinigkeit an die Decke gehen könntest, dann halt kurz inne und frag dich: Was ist hier gerade los? Kann es sein, dass hinter diesem »negativen« Gefühl ein unerfülltes Bedürfnis steckt? Vielleicht hast du dich seit Ewigkeiten mit keinem*keiner guten Freund*in mehr zum Quatschen getroffen? Vielleicht steckst du noch in der Probezeit in einem neuen Job und bist angespannt, weil du Angst hast, die Sicherheit der Anstellung wieder zu verlieren? Vielleicht brauchst du dringend mal wieder eine Nacht, in der du durchschlafen kannst? Oder Zeit, um mal wieder in Ruhe ein Buch zu lesen? Hast du vielleicht einfach Hunger? Es klingt so banal, aber manchmal sind es tatsächlich diese Grundbedürfnisse, die erst mal erfüllt sein müssen, damit wir mit dem Auf und Ab im Alltag gelassener umgehen können.

3. Gewaltfrei kommunizieren

Der Ansatz der gewaltfreien Kommunikation ist mir schon häufiger begegnet. Ich finde das Konzept von Marshall B. Rosenberg total spannend, und es kann meines Erachtens definitiv dazu beitragen, die zwischenmenschliche Kommunikation im Alltag angenehmer zu gestalten.

Dieser Kommunikationstechnik liegt die Annahme zugrunde, dass es bei Gesprächen nicht nur darum geht, was man sagt, sondern auch darum, wie man etwas sagt. Damit sind nicht Mimik oder Gestik gemeint, sondern das geschickte Formulieren.

Leuchtet ein! Es fühlt sich nicht gut an, wenn Micha sagt: »Du hast schon wieder das Messer auf der Küchenzeile liegen lassen! Das kann echt nicht sein! Unser Kleiner kommt da dran, und das ist total gefährlich!« Zack – ich fühle mich angegriffen, und der Streit ist vorprogrammiert. Natürlich hat Micha recht, es ist gefährlich, das Messer da einfach so liegen zu lassen. Aber seine Kommunikation ist wertend und verurteilend, sodass ich mich nicht respektiert fühle und in die Verteidigungshaltung gehe.

Die vier Schritte der gewaltfreien Kommunikation sollen dafür sorgen, dass wir auch in Streitgesprächen respektvoll mit unserem Gegenüber umgehen. Das funktioniert so:

Erstens: Beobachtung. Eine Situation wird wahrgenommen und wertfrei beschrieben. Ohne Interpretation.

Zweitens: Gefühl. Die beschriebene Situation hat Emotionen ausgelöst, diese werden erst jetzt, im zweiten Schritt, benannt.

Drittens: Bedürfnis. Aus dem Gefühl heraus entsteht ein Bedürfnis, das nun ebenfalls benannt wird.

Viertens: Bitte. Aus dem Bedürfnis entsteht eine Bitte, die am Schluss formuliert wird.[74]

Das wirkt auf den ersten Blick vielleicht etwas hölzern, und im Alltag wird man sicherlich nicht immer jeden einzelnen dieser Schritte befolgen können. Aber ich finde es sehr heilsam, sich diese Technik ab und an wieder ins Bewusstsein zu rufen. Wenn Micha sagt: »Ich weiß, du hast das Messer nicht mit Absicht liegen lassen, aber ich hab echt Angst, dass sich der Kleine irgendwann mal in so einer dummen Situation richtig wehtut … Kannst du da noch mal vermehrt drauf achten?«, dann ist diese Aussage viel respektvoller. Meine Reaktion in diesem Fall wäre vermutlich einfach nur: »Klar, stimmt. Ich achte drauf.«

Die Schwierigkeit bei der Sache ist, dass gewaltfreie Kommunikation nur funktioniert, wenn wir offen mit unseren Emotionen umgehen. Schritt zwei und drei (Gefühl und Bedürfnis) funktionieren nur, wenn wir Traurigkeit, Wut, Angst oder fehlende Wertschätzung zugeben. Mit mehr Akzeptanz und Einfühlungsvermögen – uns selbst und anderen gegenüber – gelingt es möglicherweise, im alltäglichen Miteinander respektvoller miteinander umzugehen.

4. Empathie und Mitgefühl zeigen

Empathie, Mitgefühl und Einfühlungsvermögen sorgen nicht nur dafür, dass unsere Streitkultur respektvoller wird – auch der alltägliche zwischenmenschliche Umgang wird dadurch angenehmer.

Ein Beispiel: Wenn mein Kind mal wieder unerwartet krank wird und das Kartenhaus aus Betreuung, Arbeit und Verabredungen zusammenbricht, bin ich mit den Nerven schnell am Ende. Ich habe von Bekannten dann Aussagen gehört wie: »Zeit mit deinem Kind ist nie verlorene Zeit« oder »Es hilft jetzt aber niemandem, schlecht drauf zu sein, also mach das Beste draus«.

Ja, natürlich hat die Gesundheit meines Kindes immer Priorität. Trotzdem nervt es, wenn nichts so läuft wie geplant. Als ich meiner Freundin Catleen in solch einer Situation eine genervte Nachricht geschickt habe, hat sie ganz anders reagiert: Sie hatte Mitgefühl.

»Du darfst dich jederzeit bei mir auskotzen. Ich kann dich so gut verstehen, ich hasse das auch. Nachdem ich drei Wochen

Urlaub hatte, wurde nach einer Woche meine Tochter krank – superunangenehm, mich schon wieder bei der Arbeit abzumelden und noch eine Woche zu Hause zu sein. Und dann Homeoffice und krankes Kind ... ätzend. Davon erzählt dir keiner, bevor du Kinder kriegst.«

Diese Nachricht und die Gewissheit, mit meinen Gefühlen nicht allein zu sein, halfen mir mehr als alle Positiv-denken-Ratschläge. Ich musste mich nicht selbst verurteilen, sondern durfte mir zugestehen, genervt zu sein, obwohl mein armes Kind fieberte. Es war okay, ja, es war sogar total normal. Anderen ging es auch so. Prompt fühlte ich mich besser. Das ist das Geheimnis der emotionalen Akzeptanz: Lässt man negativ konnotierte Gefühle bei sich selbst und bei anderen zu, verlieren sie ihre Macht. Darüber hinaus ermöglicht emotionale Offenheit zwischenmenschliche Nähe, nährt unsere Beziehungen und tut der Seele gut.

5. Kindern ein gutes Vorbild sein

Kleinen Mädchen vorleben, dass man als Mädchen nicht wütend sein darf? Kleinen Jungs vorleben, dass man als Junge nicht weinen darf? Kleinen Kindern vorleben, dass der einzige Weg zum Glück ein Lächeln ist? Bitte nicht! Jede*r Erziehungscoach bestätigt, dass ein gesunder Umgang mit Emotionen ein essenzieller Bestandteil der psychischen Entwicklung der Kleinen ist. Klar, wir können lernen, unsere Kinder zu begleiten, wir können die Tipps aus Beziehungsratgebern befolgen und beim nächsten Wutanfall verständnisvoll sagen: »Es ist okay, dass du wütend bist, ich verstehe das.« Doch langfristig sind wir nicht authentisch, wenn wir bei uns selbst diese Emotionen nie zulassen, wenn wir als Frau nie wütend sind oder als Mann nie weinen.

Als ich Mutter wurde, sagte irgendjemand mal zu mir: »Du brauchst deine Kinder nicht erziehen. Sie machen dir einfach alles nach.« An diesen Ratschlag muss ich immer wieder denken.

Klar, meine eigene Wut sollte nicht gegen meine Kinder gerichtet sein. Aber wenn ich es schaffe, mit meinen Emotionen offen umzugehen, wenn ich meine Wut annehme, benenne und versuche, sie zu hinterfragen, dann machen mir meine Kinder das vielleicht irgendwann mal nach.

6. Die Welt verbessern

Anhänger*innen des Happiness-Narrativs sind der Meinung: Wenn alle Menschen positiv denken würden, wäre die Welt friedlicher und schöner. Wir kehren einfach alle vor unserer eigenen Tür, fegen unnötige Sorgen und schlechte Laune weg, und schon ist die ganze Stadt sauber und wir können frei von negativen Einflüssen glücklich leben.

Das Problem an diesem vereinfachten Modell: Wenn wir alle vor unserem Haus fegen, bleiben da immer noch ziemlich viele öffentliche Flächen, die von allen gemeinsam genutzt werden. Wir sind keine Inseln, sondern Teil einer Gesellschaft. Und diese Gesellschaft hat über Jahre und Jahrzehnte hinweg gewisse strukturelle Ungerechtigkeiten entwickelt, die sich nur ändern können, wenn Menschen, die von diesen Ungerechtigkeiten betroffen sind oder die sich mit Betroffenen solidarisieren, Frust und Wut äußern. Durch »positive Energie« allein wird die Welt bestimmt nicht besser – denn viele Diskriminierungsmechanismen werden nicht durch »negative« Gefühle angetrieben, sondern durch Unwissen, »Das haben wir immer so gemacht«-Gedanken, persönliche Befindlichkeiten und falsche Idealbilder.

Um ein Beispiel zu nennen: Der Afroamerikaner George Floyd starb im Mai 2020 durch heftige Polizeigewalt – nicht der erste Fall, in dem tief verwurzelter Rassismus in Amerika tödlich endete. Wie soll positives Denken hier helfen?

Nur wenn sich die Frustration über Diskriminierung entlädt, wenn diese Emotionen rausgelassen werden, nur wenn es richtig unangenehm wird und jede*r von uns seine Überzeugungen hinterfragen muss, ja, nur dann kann sich etwas ändern.

Es gibt eigentlich gar keine »guten« und »schlechten« Emotionen. Denn alles, was wir fühlen, also auch das, was uns erst mal unangenehm erscheint, kann nützlich sein. Durch unsere Gefühle können wir Veränderungen bei uns selbst und in der Gesellschaft anschieben, unsere eigene Persönlichkeit kennenlernen, besser kommunizieren und unsere Freundschaften intensivieren. Kurz: Wer alle Emotionen zulässt, ist auf lange Sicht zufriedener. Das Glück entsteht auch aus dem Unglück. Verrückt, oder?

EPILOG: »ALL VIBES WELCOME!«

Das Happiness-Narrativ ist ein Ergebnis unseres ständigen Dranges nach Selbstoptimierung. Es heißt zwar nun offiziell nicht mehr »höher, schneller, schöner, reicher«, sondern »glücklicher, ausgeglichener, zufriedener«, doch wenn man genauer hinschaut, sind die Hoffnungen und Ziele dahinter oftmals die gleichen. Wer ausgeglichener ist und sich besser fokussieren kann, arbeitet meist effizienter. Wer in sich ruht, zettelt im Büro seltener einen Aufstand an. Wer in der Mittagspause einen Meditations- oder Achtsamkeitskurs von dem*der Arbeitgeber*in bekommt, hat den Ärger des Vormittags schneller vergessen und kann neue, frische Ideen liefern. Am Ende steht also die Effizienzsteigerung, die Basis des kapitalistischen Denkens. Und wer im Alltag gelassen bleibt, den ganzen täglichen Stress nicht mehr an sich ranlässt und immer einen lockeren Spruch auf den Lippen hat, ist einfach ein*e angenehmere*r Zeitgenoss*in. Niemand eckt an, niemand vertreibt die gute Laune. Und gute Laune, die wollen wir doch alle haben. Ständig. Also können wir nicht einfach alle so lässig sein? Gibt's dafür einen Wochenend-Crashkurs? 899 Euro? Klar, nehm ich! Hauptsache, diese schlechten Vibes verschwinden.

Die Ansätze des positiven Denkens sorgen nicht nur für leere Taschen, sondern auch dafür, die Verantwortung für Probleme und Missstände auf das Individuum zu verlagern. Nicht die anderen, sondern jede*r einzelne ist »selbst schuld«, wenn sich gerade alles blöd anfühlt. Sogar Diskriminierungen von außen werden zum inneren Konflikt, schließlich könnte man doch »drüberstehen«. Und wenn jede*r erst mal in sich selbst statt im eigenen Umfeld nach Fehlern sucht, gibt es für alle weniger Ärger. Praktisch.

Ich will ehrlich sein: Als ich angefangen habe, die Idee für dieses Buch zu entwickeln, war mir gar nicht bewusst, wie viele

Lebensbereiche von Toxic Positivity betroffen sind. Ich hatte nicht erwartet, dass es so gesellschaftlich und politisch werden, dass ich in so viele verschiedene Themenbereiche von Diskriminierungen aller Art über Frauenbilder und Trauerbewältigung bis hin zu Spiritualität und Esoterik abtauchen würde.

Auf dieser Reise habe ich viel gelernt. Ich habe mit spannenden Menschen gesprochen und Texte gelesen, die mich erschreckt haben. Ich habe mich selbst immer wieder hinterfragt und erkannt, dass es auch bei mir noch einige Baustellen gibt. Viele meiner eigenen Texte und Blogartikel würde ich nach diesem Buch anders schreiben. Und auf andere bin ich nun besonders stolz. Ich bin mir meiner selbst bewusster geworden und merke, dass ich andere seltener für ihre Handlungen verurteile. Ich kann klarer und intensiver fühlen, in jede Richtung, und versuche immer besser zu verstehen, welche Bedürfnisse welche Reaktionen auslösen. Ich akzeptiere die Verletzlichkeit des Lebens.

Susan David sagte in ihrem TED Talk: »Die Schönheit des Lebens ist untrennbar mit seiner Zerbrechlichkeit verbunden. Wir sind jung, bis wir es nicht mehr sind. Wir gehen sexy durch die Straßen, bis wir eines Tages merken, dass wir unsichtbar sind. Wir meckern unsere Kinder an, und bemerken eines Tages die Stille, dort, wo das Kind einst war, das nun eigene Wege durch die Welt geht. Wir fühlen uns gesund, bis uns eine Diagnose in die Knie zwingt. Die einzige Gewissheit ist die Ungewissheit.«[75]

Mich berühren diese Worte. Sie zeigen, wie fragil das Gerüst unseres Lebens ist – und dass alle Emotionen und Erlebnisse miteinander verbunden sind. Man könnte nun sagen, dass diese Einsicht doch ziemlich deprimierend ist. Soll ich nun ständig daran denken, dass ich krank werden könnte, mein Kind mich irgendwann nur noch alle paar Monate besucht und mein gutes Aussehen in ein paar Jahren komplett verschwunden ist? Nein, natürlich sollte man mit solchen Gedanken nicht jede gute Laune im Keim ersticken. Es geht einfach nur darum, völlig normale Gefühle, die zum Lauf des Lebens dazugehören, nicht sofort als schwere Belastung zu empfinden, sondern einen gesunden Umgang mit ihnen zu entwickeln.

»Schwer zu ertragende Gefühle sind Teil unseres Vertrags mit dem Leben. Man hat keine bemerkenswerte Karriere oder erzieht eine Familie oder macht die Welt zu einem besseren Ort ohne Stress und Unannehmlichkeiten. Missbehagen ist der Preis für den Zugang zu einem bedeutungsvollen Leben«[76], so Susan David. Alles hängt miteinander zusammen. Keine Emotion ist besser oder schlechter als die andere. Sie sind alle einfach da, ob wir wollen oder nicht. Zu jedem Hoch gehört auch ein Tief. Also sollten wir lernen, auch mit den unangenehmen Gefühlen umzugehen, statt sie wegzudrücken. Wir sagen doch immer, dass wir bedeutsame Beziehungen und ein Leben mit Tiefgang wollen. Das Wort »Tiefgang« verrät es bereits: Dafür müssen wir auch durch das Tief gehen.

Ich habe mit diesem Buch auch mir selbst einige Gedankenanstöße gegeben. Viele Learnings werde ich vermutlich erst in den nächsten Monaten und Jahren so richtig verarbeiten und umsetzen können. Den inneren Druck, ständig happy und gut gelaunt zu sein, habe ich aber schon jetzt abgelegt. Das bedeutet keinesfalls, dass ich ein negativer Mensch geworden bin. Im Gegenteil, mein Umfeld kennt mich eher als Frohnatur. Das ist das Paradoxe an der emotionalen Akzeptanz: Je mehr negative Gefühle ich zulasse, desto zufriedener bin ich. Ich ruhe viel stärker in mir, seit ich akzeptiere, dass diese Emotionen zum Leben dazugehören. Dadurch mache ich sie nicht größer, als sie sind – und kann ins Handeln kommen, um gewisse Umstände besser zu machen oder zumindest ein Zeichen zu setzen. Ich bin kein schlechterer Mensch, wenn ich sensibel und emotional bin. Ich habe nicht versagt, wenn ich nicht die ganze Zeit positiv auf die Welt blicke.

Das bedeutet natürlich nicht, dass wir uns von negativen Emotionen in die Tiefe reißen lassen und nie wieder Dinge tun sollten, die uns aus der schlechten Laune herausholen. Auch ich höre laute, fröhliche Musik und tanze durchs Haus, wenn ich mich in einer Negativspirale wiederfinde. Aber ich liege auch im Bett und heule, wenn mir danach ist. Es geht einfach nur darum, dass wir uns annehmen, so wie wir sind und so wie wir uns fühlen. Vermeintliche Happy-Life-Idealbilder sind Konstruktionen der Werbung und gesellschaftlicher Prägungen – das sollten wir uns immer wieder bewusst machen. Und wir sollten uns und die Menschen um uns herum beobachten, um zu verstehen, was sie und wir alle gerade brauchen. Ich bin davon überzeugt, dass wir als Gemeinschaft durch Akzeptanz und Mitgefühl langfristig zu mehr Zufriedenheit finden können, als wenn wir immer nur versuchen, positiv zu denken.

Bei meiner Recherche zu diesem Buch bin ich auch auf einen TED Talk des Psychotherapeuten Artūrs Miksons gestoßen. Darin erzählt er unter anderem die Geschichte der kleinen Lucy: Artūrs Miksons stand gerade vor dem Regal mit den Keksen im Supermarkt, als Lucy, ein kleines Mädchen, neben ihm auftauchte. Ihre Augen leuchteten, sie nahm zehn Packungen Kekse und warf sie in den Einkaufswagen. In ihrem Gesicht spiegelte sich pure Freude. Doch als Lucys Mutter all die Kekse im Wagen sah, räumte sie neun von zehn Packungen wieder zurück ins Regal. Lucy wurde sauer. Richtig sauer. Sie begann zu schreien, zu wüten, zu weinen. Wie reagierte ihre Mutter? Sie hätte vieles tun können. Sie hätte sagen können: »So verhalten sich Mädchen nicht. Und guck mal, der Mann hinter dir guckt schon ganz komisch.« Aber sie tat nichts dergleichen. Sie hat Lucy nicht abgewertet oder verurteilt. Stattdessen nahm sie ihre Tochter auf den Arm. Lucy sagte immer wieder leise: »Ich wollte diese Kekse so sehr.« Und das Einzige, was Lucys Mutter erwiderte, war: »Ich weiß, Schatz. Ich weiß, dass du sie wolltest. Es ist okay, dass du wütend bist, es ist okay, dass du traurig bist.« Mehr nicht.

Am Abend nach diesem Supermarkteinkauf weinte Artūrs Miksons. Denn einige Monate nach dem Tod seines Vaters brachte das Erlebnis mit der kleinen Lucy den gestandenen Mann endlich dazu, vor seiner Freundin auszusprechen, dass er seinen Vater vermisste.

»Es ist einfach, Gefühle im Kopf zu haben. Aber es ist schwieriger, sie auszusprechen«, so Miksons. Wieso? Wieso macht das einen Unterschied? »Der Unterschied ist, dass da jemand ist, der nicht nur versteht, was du durchmachst, sondern in dem Moment mitfühlt, was du fühlst. Lucy brauchte ihre Mutter, die da war. Ich brauchte meine Freundin, die da war. Und ich hoffe für alle von euch, dass ihr jemanden habt, der euch nicht nur versteht, sondern mit euch fühlt.«[77]

Diese Worte haben mich zu Tränen gerührt. Denn genau darum geht es. Offenheit, Ehrlichkeit und Mitgefühl bringen uns so viel weiter als »positives Denken«. Ein digitaler Happiness-Fake-Lifestyle und Dankbarkeitstagebücher können nie die Tiefe des Lebens ersetzen, die wir mit gegenseitigem Verständnis und Akzeptanz erreichen können.

»All Vibes Welcome« statt »Good Vibes Only«. Lasst es uns doch mal probieren!

Wir sollten Schluss machen. Schluss mit Toxic Positivity, Schluss mit dem Dauerlächeln, wenn es uns nicht gut geht. Stattdessen sollten wir das Auf und Ab des Lebens zelebrieren. Du kannst verzückt in die Sonne blinzeln, voller Liebe mit deinen Kindern kuscheln, leidenschaftlich diskutieren, weinen, wenn dir danach ist, laut und wütend für deine Rechte einstehen. Du kannst endlich das schlechte Gewissen ablegen, wenn du gerade mal keinem Happiness-Idealbild entsprichst – und es umso mehr auskosten, wenn sich ein paar Stunden oder Tage lang alles perfekt anfühlt. Vergiss den Druck, ständig »die beste Version deiner selbst« sein zu müssen. Sei einfach du selbst. Das reicht.

DANKE!

Als Erstes danke ich ganz unkonventionell mir selbst. Schließlich hatte ich die ganze Arbeit, oder? Dafür kann ich mir einfach mal selbst auf die Schulter klopfen, finde ich.

Danke, Marta, einfach dafür, dass du du bist. Soulsista.

Danke, Liske, für Tischtennisplattenrituale, Glashaus-Heul-Nachmittage und eine verrückte Jugend. Danke für deine Denkanstöße und deine Offenheit für andere Meinungen und Diskussionen. Danke auch für deine Hilfe bei der Verlagssuche.

Danke, Karin, du wundervoller Mensch.

Danke, Josi, du kluge Inspirationsquelle.

Danke, Mama, dass du mich zu dem Menschen gemacht hast, der ich heute bin.

Danke an meinen Verlag: Jennifer, Julia, Juliane, Marion, Chiara – es ist so toll, dass ihr an mich und meine Gedanken glaubt, dass ihr dieses Buch möglich macht und mit so viel Leidenschaft dabei seid.

Tanja, danke dir für deine Motivation, deine Kritik, deine Ideen. Ohne dich wäre das Buch nur halb so gut geworden!

Danke, Tilman, du Rakete.

Tausend Dank auch an meine Interviewpartnerinnen:

Amanda, du hast diesem Buch mit deiner Expertise, deinen Erfahrungen und deiner wundervollen Persönlichkeit die nötige Substanz gegeben.

Sabrina, ich glaube, dass du mit deiner reflektierten Art vielen Menschen helfen kannst. Du schaffst es, positiv, aber nicht toxisch zu sein. Bleib, wie du bist.

Ciani, du bist einfach so eine coole Socke, und ich bin so froh, dass du Zeit für mich gefunden hast! Mach weiter so, die Welt braucht Menschen wie dich.

Imke, deine Arbeit und deine Denkanstöße sorgen immer wieder für neue Impulse in meinem Familienleben und in meinem Umgang mit mir selbst. Danke!

Melanie, danke dir für deine offenen Worte, deine Erfahrungen und deine Ansichten, die wir uns alle zu Herzen nehmen sollten.

Carina, du bist ein absolutes Vorbild, wenn es darum geht, mit Emotionen offen umzugehen. Bleib mutig!

So, und zum Schluss: Danke, Micha. ♥

NACHWEISE UND ANMERKUNGEN

1. Norman Vincent Peale: *Die Kraft positiven Denkens*, 2. Auflage der Neuausgabe 2016, Oesch Verlag, Zürich, S. 7–8.

2. Susan David: »The gift and power of emotional courage«, ted.com, November 2017. https://www.ted.com/talks/susan_david_the_gift_and_power_of_emotional_courage/transcript#t-269819

3. Vgl. »COVID Impact Survey«, 12.06.2020. https://www.norc.org/Research/Projects/Pages/covid-impact-survey.aspx

4. Vgl. M. Pilar Matud: »Gender differences in stress and coping styles«, *Personality and Individual Differences,* Band 37, Ausgabe 7, November 2004, S. 1401–1415.

5. Konstantin Lukin: »Toxic Positivity: Don't Always Look on the Bright Side«, *Psychology Today,* 01.08.2019. https://www.psychologytoday.com/us/blog/the-man-cave/201908/toxic-positivity-dont-always-look-the-bright-side

6. Vgl. »Häusliche Gewalt nimmt vielerorts zu«, tagesschau.de, 12.07.2020. https://www.tagesschau.de/inland/haeusliche-gewalt-corona-101.html

7. Vgl. »Mediziner berichten von massiver Gewalt gegen Kinder«, *Der Tagesspiegel,* 15.05.2020. https://www.tagesspiegel.de/politik/knochenbrueche-oder-schuetteltraumata-mediziner-berichten-von-massiver-gewalt-gegen-kinder/25833740.html

8. Vgl. »Digital in 2019«, wearesocial.com, 31.01.2019. https://wearesocial.com/global-digital-report-2019

9. Vgl. »Jeder Fünfte folgt Online-Stars in sozialen Netzwerken«, bitkom.org, 16.03.2018. https://www.bitkom.org/Presse/Presseinformation/Jeder-Fuenfte-folgt-Online-Stars-in-sozialen-Netzwerken.html

10. »Jeder Fünfte folgt Online-Stars in sozialen Netzwerken«, bitkom.org, 16.03.2018. https://www.bitkom.org/Presse/Presse-information/Jeder-Fuenfte-folgt-Online-Stars-in-sozialen-Netzwerken.html

11. Nena Schink: *Unfollow! Wie Instagram unser Leben zerstört,* 1. Auflage 2020, Eden Books, Berlin, E-Book.

12. Maya Götz und Josephine Becker: »Das ›zufällig‹ überkreuzte Bein: Selbstinszenierungsmuster von Influencerinnen auf Instagram«, *TELEVIZION*, Heft 32, Januar 2019, S. 21–32. https://malisastiftung.org/wp-content/uploads/%C3%9Cberkreuztes-Bein.pdf

13. Vgl. Anna Maas: »Schlank & fit: Mit diesen fünf Tricks habe ich in der Schwangerschaft kaum zugenommen!«, thinkfem.de, 23.07.2018. https://www.thinkfem.de/after-baby-body/

14. Vgl. Kira E. Riehm, Kenneth A. Feder, Kayla N. Tormohlen et al.: »Associations Between Time Spent Using Social Media and Internalizing and Externalizing Problems Among US Youth«, *JAMA Psychiatry*, Ausgabe 76, Nr. 12, September 2019, S. 1266–1273. https://jamanetwork.com/journals/jamapsychiatry/fullarticle/2749480

15. *Das Dilemma mit den sozialen Medien*, Netflix, 2020. https://www.netflix.com/title/81254224

16. »Girls' Attitudes Survey 2019«, girlguiding.org.uk, 2019. https://www.girlguiding.org.uk/globalassets/docs-and-resources/research-and-campaigns/girls-attitudes-survey-2019.pdf

17. Vgl. https://www.destatis.de/DE/Themen/Gesellschaft-Umwelt/Gesundheit/Todesursachen/Tabellen/suizide.html

18. Vgl. https://tod-unplugged.de/

19. »Kein Wein, viel weinen: 5 Gründe, wieso eine Schwangerschaft manchmal echt nervt«, thinkfem.de, 17.01.2018. https://www.thinkfem.de/schwangerschaft-nervt/

20. https://de.wikipedia.org/wiki/Uterusatonie

21. »Kleine Jahre, große Fragen #6: Wieso gehen Job und Familie für Frauen so schlecht zusammen?«, littleyears.de, 08.05.2019. https://www.littleyears.de/blog/kleine-jahre-grose-fragen-6-wieso-gehen-job-und-familie-fur-frauen-so-schlecht-zusammen/

22. Susan David: »The gift and power of emotional courage«, ted.com, November 2017. https://www.ted.com/talks/susan_david_the_gift_and_power_of_emotional_courage/transcript#t-269819

23. Soraya Chemaly: *Speak out! Die Kraft weiblicher Wut*, deutsche Erstauflage 2020, Suhrkamp Verlag, Berlin, E-Book.

24. Vgl. https://www.deutsche-depressionshilfe.de/depression-infos-und-hilfe/was-ist-eine-depression/haeufigkeit

25. Vgl. https://gendermedwiki.uni-muenster.de/mediawiki/index.php/Depression/Fachartikel

26. »›Lächel doch mal‹: Warum Frauen immer das Gefühl haben, nett sein zu müssen«, *PULS*, 30.01.2017. https://www.br.de/puls/themen/leben/laechel-doch-mal-100.html

27. Soraya Chemaly: *Speak out! Die Kraft weiblicher Wut,* deutsche Erstauflage 2020, Suhrkamp Verlag, Berlin, E-Book.

28. Maya Götz: »›Man braucht ein perfektes Bild‹ Die Selbstinszenierung von Mädchen auf Instagram«, TELEVIZION Digital, Heft 32, Januar 2019, S. 10. http://www.br-online.de/jugend/izi/deutsch/publikation/televizion/Digital/Goetz-Perfektes_Bild.pdf

29. https://www.instagram.com/p/CD6gpqvH3d-/

30. Teresa Bücker: »Ist es radikal, wütend zu sein?«, *SZ Magazin*, Heft 10/2020, 05.03.2020. https://sz-magazin.sueddeutsche.de/freie-radikale-die-ideenkolumne/wut-feminismus-88440

31. Ebd.

32. https://www.youtube.com/watch?v=MsKo3KyyypA

33. Kristina Appel: »Weibliche Wut: Warum sie die Welt verändern kann«, *EMOTION*, Ausgabe 1/19, 16.09.2019. https://www.emotion.de/leben-arbeit/weibliche-wut

34. Vgl. »Studie: Frauen und Mädchen tragen Fridays-for-Future-Protest«, *ZEIT ONLINE*/dpa, 29.05.2019. https://www.zeit.de/news/2019-05/29/studie-frauen-und-maedchen-tragen-fridays-for-future-protest-190529-99-435470

35. Prof. Dr. Mathias Albert, Prof. Dr. Klaus Hurrelmann und Prof. Dr. Gudrun Quenzel, Kantar: »Jugend 2019: Eine Generation meldet sich zu Wort«, Deutsche Shell Holding GmbH, Oktober 2019. https://www.shell.de/ueber-uns/shell-jugendstudie.html

36. Kristina Appel: »Weibliche Wut: Warum sie die Welt verändern kann«, *EMOTION*, Ausgabe 1/19, 16.09.2019. https://www.emotion.de/leben-arbeit/weibliche-wut

37. Alice Hasters: »Warum weiße Menschen so gerne gleich sind«, deutschlandfunk.de, 19.01.2020. https://www.deutschlandfunk.de/identitaeten-7-7-warum-weisse-menschen-so-gerne-gleich-sind.1184.de.html?dram:article_id=466836

38. Ebd.

39. Vgl. Ciani-Sophia Hoeder: »Warum toxische Positivität Rassismus unterstützt«, rosa-mag.de, 05.08.2020. https://rosa-mag.de/warum-toxische-positivitat-rassismus-unterstutzt/

40. Susan David: »The gift and power of emotional courage«, ted.com, November 2017. https://www.ted.com/talks/susan_david_the_gift_and_power_of_emotional_courage/transcript#t-269819

41. Artūrs Miksons: »The benefit of expressing your emotions (constructively)«, ted.com, November 2018. https://www.ted.com/talks/arturs_miksons_the_benefits_of_expressing_your_emotions_constructively

42. Vgl. Allen Frances: *Normal – Gegen die Inflation psychiatrischer Diagnosen*, deutsche Erstauflage 2013, DuMont Buchverlag, Köln.

43. Megan Devine: *It's OK That You're Not OK: Meeting Grief and Loss in a Culture That Doesn't Understand*, First Edition 2017, Sounds True, Boulder, CO, S. 15.

44. Ebd., S. 31.

45. Megan Devine: *It's OK That You're Not OK: Meeting Grief and Loss in a Culture That Doesn't Understand*, First Edition 2017, Sounds True, Boulder, CO, S. 24.

46. Vgl. ebd., S. 34–37.

47. https://www.instagram.com/p/B70UTKOAHMH/

48. Megan Devine: *It's OK That You're Not OK: Meeting Grief and Loss in a Culture That Doesn't Understand*, First Edition 2017, Sounds True, Boulder, CO, S. 55.

49. Dr. Lars Eric Kroll, Stephan Müters und Thomas Lampert: »Arbeitslosigkeit und ihre Auswirkungen auf die Gesundheit«, springer.com, 02.12.2015. https://link.springer.com/article/10.1007/s00103-015-2282-7

50. Vgl. Rhonda Byrne und Karl Friedrich Hörner (Übersetzer): *The Secret – Das Geheimnis*, deutsche Erstausgabe 2012, Arkana, München, E-Book.

51. »Positives Denken kann Krebs nicht besiegen«, *SPIEGEL ONLINE*, 24.01.2018. https://www.spiegel.de/gesundheit/diagnose/positives-denken-kann-krebs-nicht-heilen-a-1189546.html

52. Barbara Ehrenreich: *Smile or Die: Wie die Ideologie des positiven Denkens die Welt verdummt*, deutsche Erstausgabe 2013, Antje Kunstmann GmbH, München, E-Book.

53. Vgl. »Psychische Faktoren als Ursache für Krebs – was hält die Bevölkerung von dieser Theorie?«, krebsinformationsdienst.de, 29.08.2017. https://www.krebsinformationsdienst.de/aktuelles/ 2017/news72-psychische-faktoren-krebsursache.php

54. Ebd.

55. Megan Devine: *It's OK That You're Not OK: Meeting Grief and Loss in a Culture That Doesn't Understand*, First Edition 2017, Sounds True, Boulder, CO, S. 50.

56. Harold G Koenig: »Research on Religion, Spirituality, and Mental Health: A Review«, *The Canadian Journal of Psychiatry*, Ausgabe 54, Nr. 5, Mai 2009. https://journals.sagepub.com/doi/pdf/ 10.1177/070674370905400502

57. Vgl. *Der Motivationstrainer*, NDR Dokfilm, 03.04.2019. https:// www.ndr.de/fernsehen/sendungen/Der-Motivationstrainer,doku1318.html

58. Joseph Murphy: *Die Macht Ihres Unterbewusstseins*, deutsche Ausgabe 2016, Random House GmbH, München, S. 22.

59. Ebd.

60. https://de.wikipedia.org/wiki/Gesetz_der_Anziehung

61. Ebd.

62. Tina Fossella: »Human Nature, Buddha Nature: An interview with John Welwood«, *TRICYCLE*, Ausgabe 20, Nr. 3, Frühjahr 2011. https://tricycle.org/magazine/human-nature-buddha-nature/

63. Esma Annemon Dil: »Denken Sie sich froh!«, *Süddeutsche Zeitung*, 22.05.2010. https://www.sueddeutsche.de/leben/selbsthilfe-denken-sie-sich-froh-1.879620-0

64. *Chez Krömer*, rbb, Staffel 1, Episode 1, 03.09.2019. https://www. youtube.com/watch?v=fbe2qUFNR54

65. Vgl. *Der Motivationstrainer*, NDR Dokfilm, 03.04.2019. https:// www.ndr.de/fernsehen/sendungen/Der-Motivationstrainer,doku1318.html

66. Ben Bajarin: »Apple's Penchant for Consumer Security«, *Tech.-pinions*, 18.04.2016. https://techpinions.com/apples-penchant-for-consumer-security/45122

67. Anna Fischhaber und Mirjam Hauck: »Im digitalen Dauerstress«, süddeutsche.de, 06.01.2017. https://www.sueddeutsche.de/digital/immer-online-digitaler-dauerstress-1.3322626

68. https://www.tk.de/techniker/gesundheit-und-medizin/behand-lungen-und-medizin/sucht/wie-entsteht-sucht-2015586

69. Vgl. »Hotel Quarantäne – Psychologische Psychotherapeutin Dr. Alena Rentsch«, *Hotel Matze Podcast*, 26.03.2020. https://www.podcast.de/episode/441863107/Hotel+Quarant%C3%A4ne+%E2%80%93+Psychologische+Psychotherapeutin+Dr.+Alena+Rentsch/

70. https://www.oberbergkliniken.de/artikel/die-macht-von-unter-drueckten-gefuehlen-wie-sich-innere-wut-auf-die-psychische-gesundheit-auswirken-kann

71. Prof. Dr. Hans-Werner Bierhoff, Dr. Elke Rohmann und Dr. Phillip Ozimek: »Schubladendenken überwinden: Stereotype – Funktion, Wirkung, Reduktion«, *Weiterbildung*, Ausgabe 1/2020, Februar 2020, Seite 12–15. https://www.researchgate.net/publication/339076734_Schubladendenken_uberwinden_Stereotype_-_Funktion_Wirkung_Reduktion

72. Ebd.

73. Vgl. https://www.youtube.com/watch?v=-4EDhdAHrOg

74. Vgl. Claudia Doyle: »Gewaltfreie Kommunikation: Wie man sich im Streit höflich, aber bestimmt ausdrückt«, *GEOkompakt*, Nr. 63, 01.10.2020. https://www.geo.de/wissen/gesundheit/16296-rtkl-gewaltfreie-kommunikation-wie-man-sich-im-streit-hoeflich-aber-bestimmt

75. Susan David: »The gift and power of emotional courage«, ted.com, November 2017. https://www.ted.com/talks/susan_david_the_gift_and_power_of_emotional_courage/transcript#t-269819

76. Ebd.

77. Artūrs Miksons: »The benefits of expressing your emotions (constructively)«, ted.com, November 2018. https://www.ted.com/talks/arturs_miksons_the_benefits_of_expressing_your_emotions_constructively

QUELLENVERZEICHNIS

Alle Webseiten wurden zuletzt am 18.01.2021 aufgerufen.

»Christine Blasey Ford says her strongest memory of attack is ›uproarious laughter‹«. https://www.youtube.com/watch?v=MsKo3KyyypA

»COVID Impact Survey«. https://www.norc.org/Research/Projects/Pages/covid-impact-survey.aspx

»Digital in 2019«, wearesocial.com, 31.01.2019. https://wearesocial.com/global-digital-report-2019

»Girls' Attitudes Survey 2019«, girlguiding.org.uk, 2019. https://www.girlguiding.org.uk/globalassets/docs-and-resources/research-and-campaigns/girls-attitudes-survey-2019.pdf

»Häusliche Gewalt nimmt vielerorts zu«, tagesschau.de, 12.07.2020. https://www.tagesschau.de/inland/haeusliche-gewalt-corona-101.html

»Hotel Quarantäne – Psychologische Psychotherapeutin Dr. Alena Rentsch«, *Hotel Matze Podcast,* 26.03.2020. https://www.podcast.de/episode/441863107/Hotel+Quarant%C3%A4ne+%E2%80%93+Psychologische+Psychotherapeutin+Dr.+Alena+Rentsch/

»It's not about the nail«. https://www.youtube.com/watch?v=-4EDhdAHrOg

»Jeder Fünfte folgt Online-Stars in sozialen Netzwerken«, bitkom.org, 16.03.2018. https://www.bitkom.org/Presse/Presseinformation/Jeder-Fuenfte-folgt-Online-Stars-in-sozialen-Netzwerken.html

»Kleine Jahre, große Fragen #6: Wieso gehen Job und Familie für Frauen so schlecht zusammen?«, littleyears.de, 08.05.2019. https://www.littleyears.de/blog/kleine-jahre-grose-fragen-6-wieso-gehen-job-und-familie-fur-frauen-so-schlecht-zusammen/

»Mediziner berichten von massiver Gewalt gegen Kinder«, *Der Tages-spiegel,* 15.05.2020. https://www.tagesspiegel.de/politik/knochen-brueche-oder-schuetteltraumata-mediziner-berichten-von-massiver-gewalt-gegen-kinder/25833740.html

»Positives Denken kann Krebs nicht besiegen«, *SPIEGEL ONLINE,* 24.01.2018. https://www.spiegel.de/gesundheit/diagnose/positives-denken-kann-krebs-nicht-heilen-a-1189546.html

»Psychische Faktoren als Ursache für Krebs – was hält die Bevölkerung von dieser Theorie?«, krebsinformationsdienst.de, 29.08.2017. https://www.krebsinformationsdienst.de/aktuelles/2017/news72-psychische-faktoren-krebsursache.php

»Studie: Frauen und Mädchen tragen Fridays-for-Future-Protest«, *ZEIT ONLINE/*dpa, 29.05.2019. https://www.zeit.de/news/2019-05/29/studie-frauen-und-maedchen-tragen-fridays-for-future-pro-test-190529-99-435470

Alice Hasters: »Warum weiße Menschen so gerne gleich sind«, deutschlandfunk.de, 19.01.2020. https://www.deutschlandfunk.de/identitaeten-7-7-warum-weisse-menschen-so-gerne-gleich-sind.1184.de.html?dram:article_id=466836

Allen Frances: *Normal – Gegen die Inflation psychiatrischer Diagnosen,* deutsche Erstauflage 2013, DuMont Buchverlag, Köln.

Ann-Kathrin Wetter: »›Lächel doch mal‹: Warum Frauen immer das Gefühl haben, nett sein zu müssen«, *PULS,* 30.01.2017. https://www.br.de/puls/themen/leben/laechel-doch-mal-100.html

Anna Fischhaber und Mirjam Hauck: »Im digitalen Dauerstress«, süddeutsche.de, 06.01.2017. https://www.sueddeutsche.de/digital/immer-online-digitaler-dauerstress-1.3322626

Anna Maas: »Kein Wein, viel weinen: 5 Gründe, wieso eine Schwangerschaft manchmal echt nervt«, thinkfem.de, 17.01.2018. https://www.thinkfem.de/schwangerschaft-nervt/

Anna Maas: »Schlank & fit: Mit diesen fünf Tricks habe ich in der Schwangerschaft kaum zugenommen!«, thinkfem.de, 23.07.2018. https://www.thinkfem.de/after-baby-body/

Artūrs Miksons: »The benefits of expressing your emotions (constructively)«, ted.com, November 2018. https://www.ted.com/talks/arturs_miksons_the_benefits_of_expressing_your_emotions_constructively

Barbara Ehrenreich: *Smile or Die: Wie die Ideologie des positiven Denkens die Welt verdummt,* deutsche Erstausgabe 2013, Antje Kunstmann GmbH, München.

Ben Bajarin: »Apple's Penchant for Consumer Security«, *Tech.pinions,* 18.04.2016. https://techpinions.com/apples-penchant-for-consumer-security/45122

Chez Krömer, rbb, Staffel 1, Episode 1, 03.09.2019. https://www.youtube.com/watch?v=fbe2qUFNR54

Claudia Doyle: »Gewaltfreie Kommunikation: Wie man sich im Streit höflich, aber bestimmt ausdrückt«, *GEOkompakt,* Nr. 63, 01.10.2020. https://www.geo.de/wissen/gesundheit/16296-rtkl-gewaltfreie-kommunikation-wie-man-sich-im-streit-hoeflich-aber-bestimmt

Das Dilemma mit den sozialen Medien, Netflix, 2020. https://www.netflix.com/title/81254224

Der Motivationstrainer, NDR Dokfilm, 03.04.2019. https://www.ndr.de/fernsehen/sendungen/Der-Motivationstrainer,doku1318.html

Dr. Lars Eric Kroll, Stephan Müters und Thomas Lampert: »Arbeitslosigkeit und ihre Auswirkungen auf die Gesundheit«, springer.com, 02.12.2015. https://link.springer.com/article/10.1007/s00103-015-2282-7

Esma Annemon Dil: »Denken Sie sich froh!«, *Süddeutsche Zeitung,* 22.05.2010. https://www.sueddeutsche.de/leben/selbsthilfe-denken-sie-sich-froh-1.879620-0

Harold G Koenig: »Research on Religion, Spirituality, and Mental Health: A Review«, *The Canadian Journal of Psychiatry*, Ausgabe 54, Nr. 5, Mai 2009. https://journals.sagepub.com/doi/pdf/10.1177/070674370905400502

https://de.wikipedia.org/wiki/Gesetz_der_Anziehung

https://gendermedwiki.uni-muenster.de/mediawiki/index.php/Depression/Fachartikel

https://www.destatis.de/DE/Themen/Gesellschaft-Umwelt/Gesundheit/Todesursachen/Tabellen/suizide.html

https://www.deutsche-depressionshilfe.de/depression-infos-und-hilfe/was-ist-eine-depression/haeufigkeit

https://www.instagram.com/p/B70UTKOAHMH/

https://www.instagram.com/p/CD6gpqvH3d-/

https://www.oberbergkliniken.de/artikel/die-macht-von-unterdrueckten-gefuehlen-wie-sich-innere-wut-auf-die-psychische-gesundheit-auswirken-kann

https://www.tk.de/techniker/gesundheit-und-medizin/behandlungen-und-medizin/sucht/wie-entsteht-sucht-2015586

Joseph Murphy: *Die Macht Ihres Unterbewusstseins,* deutsche Ausgabe 2016, Random House GmbH, München.

Kira E. Riehm, Kenneth A. Feder, Kayla N. Tormohlen et al.: »Associations Between Time Spent Using Social Media and Internalizing and Externalizing Problems Among US Youth«, *JAMA Psychiatry,* Ausgabe 76, Nr. 12, September 2019, S. 1266–1273. https://jamanetwork.com/journals/jamapsychiatry/fullarticle/2749480

Konstantin Lukin: »Toxic Positivity: Don't Always Look on the Bright Side«, *Psychology Today,* 01.08.2019. https://www.psychologytoday.com/us/blog/the-man-cave/201908/toxic-positivity-dont-always-look-the-bright-side

Kristina Appel: »Weibliche Wut: Warum sie die Welt verändern kann«, *EMOTION*, Ausgabe 1/19, 16.09.2019. https://www.emotion.de/leben-arbeit/weibliche-wut

M. Pilar Matud: »Gender differences in stress and coping styles«, *Personality and Individual Differences*, Band 37, Ausgabe 7, November 2004.

Maya Götz und Josephine Becker: »Das ›zufällig‹ überkreuzte Bein: Selbstinszenierungsmuster von Influencerinnen auf Instagram«, *TELEVIZION*, Heft 32, Januar 2019, S. 21–32. https://malisas-tiftung.org/wp-content/uploads/%C3%9Cberkreuztes-Bein.pdf

Megan Devine: *It's OK That You're Not OK: Meeting Grief and Loss in a Culture That Doesn't Understand*, First Edition 2017, Sounds True, Boulder, CO.

Nena Schink: *Unfollow! Wie Instagram unser Leben zerstört*, 1. Auflage 2020, Eden Books, Berlin, E-Book.

Norman Vincent Peale: *Die Kraft positiven Denkens*, 2. Auflage der Neuausgabe 2016, Oesch Verlag, Zürich.

Prof. Dr. Hans-Werner Bierhoff, Dr. Elke Rohmann und Dr. Phillip Ozimek: »Schubladendenken überwinden: Stereotype – Funktion, Wirkung, Reduktion«, *Weiterbildung*, Ausgabe 1/2020, Februar 2020, Seite 12–15. https://www.researchgate.net/publication/339076734_Schubladendenken_uberwinden_Stereotype_-_Funktion_Wirkung_Reduktion

Prof. Dr. Mathias Albert, Prof. Dr. Klaus Hurrelmann und Prof. Dr. Gudrun Quenzel, Kantar: »Jugend 2019: Eine Generation meldet sich zu Wort«, Deutsche Shell Holding GmbH, Oktober 2019. https://www.shell.de/ueber-uns/shell-jugendstudie.html

Rhonda Byrne und Karl Friedrich Hörner (Übersetzer): *The Secret – Das Geheimnis*, deutsche Erstausgabe 2012, Arkana, München, E-Book.

Soraya Chemaly: *Speak out! Die Kraft weiblicher Wut*, deutsche Erstauflage 2020, Suhrkamp Verlag, Berlin, E-Book.

Susan David: »The gift and power of emotional courage«, ted.com, November 2017. https://www.ted.com/talks/susan_david_the_gift_and_power_of_emotional_courage/transcript#t-269819

Teresa Bücker: »Ist es radikal, wütend zu sein?«, *SZ Magazin*, Heft 10/2020, 05.03.2020. https://sz-magazin.sueddeutsche.de/freie-radikale-die-ideenkolumne/wut-feminismus-88440

Tina Fossella: »Human Nature, Buddha Nature: An interview with John Welwood«, *TRICYCLE*, Ausgabe 20, Nr. 3, Frühjahr 2011. https://tricycle.org/magazine/human-nature-buddha-nature/

Gesprächspartnerinnen

Amanda Nentwig: https://www.psychotherapie-nentwig.de/
Instagram: https://www.instagram.com/mindful_amy/
YouTube: https://www.youtube.com/c/MindfulAmy/

Carina Stöwe auf Instagram: https://www.instagram.com/carinastoewe/
Podcast »Am Ende interessiert es jede*n«: https://tod-unplugged.de/

Ciani-Sophia Hoeder: http://cianisophiahoeder.de/
RosaMag: https://rosa-mag.de/

Imke Dohmen: https://mutterhelden.de/uber-mich/
Podcast »Gemeinsam aus dem Mamsterrad«: https://mamsterrad.de/podcast

Melanie Weinhönig: https://www.hebamme-zuhause.de/

Miriam Bartsch: https://leibniz-hbi.de/de/mitarbeiter/miriam-bartsch

Sabrina Lorenz: https://www.fragmentsofliving.com/
Instagram: https://www.instagram.com/fragments_of_living/
Podcast »Herzgedanken«: https://soundcloud.com/herzgedankenpodcast